BERND KRAFZIK

Die Spruchpraxis der Hanseatischen Schiedsgerichte

Schriften zum Prozessrecht

Band 36

Die Spruchpraxis der
Hanseatischen Schiedsgerichte

Unter besonderer Berücksichtigung des Gedankens
der Rechtsfortbildung

Von

Dr. Bernd Krafzik

DUNCKER & HUMBLOT / BERLIN

Alle Rechte vorbehalten
© 1974 Duncker & Humblot, Berlin 41
Gedruckt 1974 bei Buchdruckerei Richard Schröter, Berlin 61
Printed in Germany

ISBN 3 428 03120 2

Vorwort

Die folgende Untersuchung wurde dem Fachbereich Rechtswissenschaft der Universität Augsburg im Sommertrimester 1973 als Dissertation vorgelegt. Sie geht auf eine Anregung meines verehrten Lehrers, Herrn Prof. Dr. Peter Schlosser, zurück, der mich nicht nur mit vielen wertvollen Ratschlägen, sondern vor allem auch bei der Kontaktaufnahme mit den einschlägigen Verbänden unterstützte. Für seine Hilfe danke ich ihm ebenso wie den leitenden Herren der untersuchten Verbände für deren freundliches Entgegenkommen, wobei ich insbesondere den Syndikus des Waren-Vereins der Hamburger Börse e. V., Herrn Rechtsanwalt Dr. Sieveking, erwähnen möchte. Mein Dank gilt schließlich auch dem Deutschen Ausschuß für Schiedsgerichtswesen sowie den Handelskammern Bremen und Hamburg, die durch die Gewährung von Druckkostenzuschüssen den Druck dieser Arbeit gefördert haben.

Bernd Krafzik

Inhaltsverzeichnis

Einleitung 11

A. Objektive Voraussetzungen schiedsrichterlicher Rechtsfortbildung .. 18

    I. Umfang der Spruchtätigkeit 20
        1. Angaben zu den einzelnen Schiedsgerichten 22
        2. Rückgang der Spruchtätigkeit 27
    II. Personelle Bedingungen 30
        1. Beständigkeit in der Besetzung der Schiedsgerichte 30
        2. Mitwirkung von Juristen 34
            a) Juristen als Schiedsrichter 35
            b) Juristen als Berater 35
            c) Juristen als Prozeßvertreter 39
    III. Entscheidung nach Recht oder nach Billigkeit 41
        1. Streitstand 41
        2. Praxis der Schiedsgerichte 43
        3. Parteilichkeit der Schiedsrichter 49
    IV. Veröffentlichung und Auswertung der Schiedssprüche 51
        1. Sammlung von Schiedssprüchen 52
        2. Veröffentlichung 53
        3. Auswertung 56
            a) Verbandsinterne Auswertung 56
            b) Wissenschaftliche Auswertung 56
            c) Berücksichtigung durch staatliche Gerichte 57
    V. Einflußbereich schiedsgerichtlicher Rechtsprechung 58
    VI. Zusammenfassung 62

B. Rechtsfortbildender Inhalt schiedsgerichtlicher Rechtsprechung 65

    I. Allgemeine Bemerkungen 65
        1. Art der Rechtsverhältnisse 65
        2. Rechts- oder Tatsachenstreitigkeiten 67

Inhaltsverzeichnis

- II. Fortbildung staatlichen Gesetzesrechts 68
  1. Verdrängung staatlichen Rechts 68
  2. Verbleibender Anwendungsbereich staatlichen Rechts 71
  3. Keine rechtsfortbildende Funktion der Schiedsgerichte 74
- III. Fortbildung von Handelsgewohnheitsrecht 76
  1. Begriffliche Trennung von Handelsgewohnheitsrecht und Handelsbrauch 76
  2. Keine Anwendung von Handelsgewohnheitsrecht 77
- IV. Fortbildung von Handelsbräuchen 79
  1. Anwendungsbereich von Handelsbräuchen 80
     a) Verdrängung und Auslegung staatlichen Rechts 80
     b) Ergänzung und Auslegung von Verbandsrecht 82
     c) Vertragsauslegung 83
  2. Tatsachenfeststellung statt Rechtsfortbildung 84
  3. Verfahrensweise der Schiedsgerichte 89
- V. Fortbildung von Verbandsrecht 94
  1. Auslegung 95
  2. Ergänzung und Änderung 99
  3. Präjudizien und ständige Rechtsprechung 102
  4. Einfluß auf Änderungen des Verbandsrechts 105
- VI. Fortbildung allgemeiner Handelsklauseln 110
- VII. Fortbildung von außerstaatlichem Recht des internationalen Handels 113
  1. Die Lehre von Fouchard 115
  2. Praxis der Schiedsgerichte 117
- VIII. Zusammenfassung 120

Literaturverzeichnis 124

Abkürzungsverzeichnis

Soweit die in der Arbeit verwandten Abkürzungen hier nicht erläutert werden, folgen sie H. Kirchner, Abkürzungsverzeichnis der Rechtssprache, 2. Aufl., Berlin 1968.

Baumwolle	Bremer Baumwollbörse e. V.
BBB	Bedingungen der Bremer Baumwollbörse e. V.
Bremer Importeure	Verein Bremischer Importeure e. V.
Caffee Hamburg	Verein der am Caffeehandel betheiligten Firmen
Därme	Zentralverband der deutschen Darm-Importeure e. V. Hamburg
Drogen	Vereinigung der am Drogen- und Chemikalien-Groß- und Außenhandel beteiligten Firmen e. V.
ED	Fachzeitschrift „Ernährungsdienst" — Deutsche Getreidezeitung —
Eiprodukte	Deutscher Eiproduktenverband e. V.
E. K. K.	Europäischer Kaffee-Kontrakt, herausgegeben vom Komitee der Europäischen Kaffee-Vereine
Fasern	Fachhandelsverband Fasern und Haare e. V. Hamburg
Getreide Bremen	Verein Bremer Getreide- und Futtermittelbörse e. V.
Getreide Hamburg	Verein der Getreidehändler der Hamburger Börse e. V.
Grofor	Verband des Deutschen Großhandels mit Ölen, Fetten und Ölrohstoffen e. V.
Häute	Verein des Hamburger Häute- und Fell-Einfuhrhandels e. V.
Harz	Verein des Deutschen Einfuhrgroßhandels von Harz, Terpentinöl und Lackrohstoffen e. V.
HK	Handelskammer
Holz	Verein Deutscher Holzeinfuhrhäuser e. V.
JB	Jahresbericht des Waren-Vereins der Hamburger Börse e. V.
Kaffee Bremen	Verein der am Kaffeehandel beteiligten Firmen in Bremen e. V.
Kartoffeln	Verband des Kartoffelgroßhandels Schleswig-Holstein und Hamburg e. V.
Kautschuk	Verein der am Kautschukhandel beteiligten Firmen e. V.
Mitteilungen	Mitteilungen der Handelskammer Hamburg
Rauhfutter	Bund Deutscher Rauhfutter- und Fouragehändler e. V.
Reis-Schlußnota	Reis-Schlußnota E 51, herausgegeben vom Reismaklerverein in Hamburg e. V.
Rohkakao	Verein der am Rohkakaohandel beteiligten Firmen e. V.
Rucip	Règles et usages du commerce intereuropéen de pommes de terre, herausgegeben von der Europäischen Union des Kartoffelgroßhandels und der Genossenschaften des Europäischen Landwirtschaftsverbandes;

	gleichzeitig Codewort für den Europäischen Kartoffelhandel[1] und dessen Schiedsgerichtsbarkeit.
Saathandelsusancen	Hamburger Usancen im Saathandel, herausgegeben vom Verein der am Saathandel beteiligten Firmen zu Hamburg e. V.
SchGO	Schiedsgerichtsordnung (-bestimmungen, -regulativ) des jeweils genannten Verbandes
Schiedsspruch	Schiedsspruch des jeweils bezeichneten Verbandes
Waren	Waren-Verein der Hamburger Börse e. V.
Wolle	Vereinigung des Wollhandels e. V.
WVB	Geschäftsbedingungen des Waren-Vereins der Hamburger Börse e. V.

---

[1] Siehe des näheren im Text unten A. I. 1. Anm. 18.

Einleitung

Obwohl es an konkreten Unterlagen über die Entwicklung des Schiedsgerichtswesens fehlt und der Umfang der Schiedsgerichtsbarkeit mangels statistischer Zahlenangaben nur geschätzt werden kann[1], wird sowohl im zivilprozeßrechtlichen Schrifttum als auch in der Spezialliteratur zur privaten Schiedsgerichtsbarkeit vielfach die Meinung vertreten, das private Schiedsgerichtswesen habe einen beträchtlichen Umfang angenommen[2]; eine große Rolle spiele die Schiedsgerichtsbarkeit vor allem im Wirtschaftsleben[3], wo sie vielfach die staatlichen Gerichte verdrängt habe[4]; eine besondere Bedeutung besitze sie im internationalen Handelsverkehr[5]. Dort habe sie heute eine überragende Ausbreitung gewonnen[6] und sei geradezu unentbehrlich[7].

Wenngleich allgemein anerkannt ist, daß die Schiedsgerichtsbarkeit diese Bedeutung nur aufgrund gewisser Vorteile gegenüber der staatlichen Gerichtsbarkeit erlangen konnte, wird die Entwicklung des Schiedsgerichtswesens nicht ohne Bedenken verfolgt. Diese richten sich nicht nur gegen die angeblich oft zu beobachtende Parteilichkeit der Schiedsrichter[8] und die von den wirtschaftlichen Verbänden eingerich-

---

[1] v. *Brunn* NJW 69, 824 Anm. 17. Auch die Methode *Langens* S. 9 f., aus der geringen Anzahl veröffentlichter Entscheidungen staatlicher Gerichte aus dem internationalen Wirtschaftsrecht einen Schluß auf den Umfang der schiedsgerichtlichen Rechtsprechung auf diesem Rechtsgebiet zu ziehen, dürfte nur einen gewissen Anhalt gewähren, eine Schätzung an Genauigkeit jedoch kaum übertreffen.
[2] Siehe statt vieler *Lent - Jauernig* § 94 I (S. 268); vgl. auch *Balser - Bögner* S. 5; *K. Blomeyer* S. 52 f. *Bruns* § 64 II (S. 521) spricht davon, daß die private Schiedsgerichtsbarkeit mit der industriellen Umwälzung des 19. Jahrhunderts für einen umfangreichen gesellschaftlichen Teilbereich ein erstaunliches come back gefeiert habe.
[3] *Bernhardt* § 1 V (S. 10); ähnlich *Zeiss* § 94 I (S. 315).
[4] *Hoche* S. 565; *Kornblum* KTS 68, 143; ähnlich *de Boor-Erkel* § 38 I 3 (S. 198). *Berges* KTS 60, 99 spricht von einer gegenwärtig zu beobachtenden Abwanderung zivilrechtlicher Streitigkeiten von den staatlichen zu den privaten Gerichten, die nicht zu Unrecht als Gerichtsflucht bezeichnet werde. *Landolt* S. 2 meint, in einzelnen Zweigen des Wirtschaftslebens scheine die Schiedsgerichtsbarkeit die Regel darzustellen; ebenso *Wünsch* S. 5.
[5] *Rosenberg* § 166 I 1 (S. 844); *Habscheid* KTS 64, 146; *Kessler*, Schiedsgerichtsvertrag S. 12; *Schottelius*, Kaufmännische Schiedsgerichtsbarkeit S. 19.
[6] *A. Blomeyer* § 124 II (S. 707); *Lorenz* AcP 157, 265.
[7] *Schönke - Schröder - Niese* § 99 I (S. 475); *Mezger* in *Eisemann - Mezger - Schottelius* S. 20.
[8] Vgl. statt vieler *Rosenberg - Schwab* § 173 II 2 (S. 931); *Bernhardt* § 1 V (S. 10).

teten ständigen Schiedsgerichte, die den Parteien oft ebenso aufgezwungen würden wie die Gerichte des Staates[9]. Man verleiht vielmehr auch der Befürchtung Ausdruck, mittels dieser „Zwangsschiedsgerichtsbarkeit"[10] werde der Staatsgerichtsbarkeit ein fühlbarer Abbruch getan[11]. Der Staat dürfe es nicht zulassen, daß die Schiedsgerichtsbarkeit als private Ersatzgerichtsbarkeit in Konkurrenz zur staatlichen Gerichtsbarkeit trete und diese daher notwendig verkümmern müsse[12]. Darüber hinaus führe ganz allgemein das Schiedsgerichtswesen dazu, daß der Staat leicht die Kontrolle über ganze Rechtsgebiete verliere; seine Gerichte seien von der Rechtsfortbildung ausgeschlossen, und die Rechtseinheit drohe Schaden zu nehmen[13]. Für die Rechtspflege sei es schädlich, wenn rechtliche Grundsatzfragen in bestimmten Bereichen wegen dort üblicher Schiedsvereinbarungen nicht von staatlichen Gerichten entschieden würden[14]; durch die Schiedsgerichtsbarkeit werde der Staat aus seiner Stellung als Hüter der Rechtsprechung in gewissem Umfange völlig verdrängt[15]. Die Gerichte würden einseitig und bekämen nicht die nötige Kenntnis des sozialen Lebens, wenn ihnen wirtschaftlich wichtige Fallgruppen entzogen würden[16]. Durch den häufigen Abschluß von Schiedsverträgen aufgrund allgemeiner Geschäftsbedingungen und den Ausschluß der Öffentlichkeit von den schiedsgerichtlichen Verhandlungen würden wichtige Gebiete des Handels der Beobachtung, insbesondere auch der wissenschaftlichen Überprüfung und Auswertung entzogen[17]. Der vereinzelt vertretenen gegenteiligen Meinung, eine Beeinträchtigung der Rechtsfortbildung auf gewissen Gebieten sei unbeachtlich, denn die Parteien dürften nicht vor die ordentlichen Gerichte gezwungen werden, um der Rechtsprechung Material zu

---

[9] *Baumbach - Schwab* 1 B III (S. 51); vgl. auch *Kees* S. 2.
[10] *Lorenz* AcP 157, 268 gebraucht den Ausdruck „Zwangsgerichtsbarkeit"; von einer „Art Schiedszwang" der Verbandsschiedsgerichte spricht auch *Köppel* KartRsch. 41, 379.
[11] *Rosenberg* § 166 I 1 (S. 844).
[12] *Lorenz* AcP 157, 267 f. *Bruns* § 64 II (S. 522 f.) ist dagegen der Meinung, die Konkurrenz der organisierten Schiedsgerichtsbarkeit zur staatlichen Gerichtsbarkeit habe in Deutschland anders als etwa in den USA, wo sich besorgte Stimmen höchster Richter mehrten, noch nicht ein aufsehenerregendes Maß erreicht.
[13] *Weidemann* S. 34; vgl. auch *Schiffer* JZ 53, 5; *Nikisch* § 143 I 2 (S. 588); *Kees* S. 1, 77.
[14] *Stein - Jonas - Schlosser* vor § 1025 Anm. I 4; ähnlich bereits *Katz* S. 13.
[15] *Mroch* S. 56 m. w. Nachw.
[16] *de Boor-Erkel* § 38 I 3 (S. 198).
[17] *Capelle* § 1 V (S. 6 f.). Auch *Straatmann* S. 4 weist darauf hin, daß es immer wieder großen Schwierigkeiten begegne, die Erkenntnisse der Schiedsgerichte für die Rechtspflege auszuwerten; erfreuliche Ausnahmen beständen allerdings bei einigen Branchenschiedsgerichten.

bieten[18], wird entgegengehalten, die staatliche Kontrolle über bestimmte soziale Bereiche stehe auf dem Spiel[19].

Solche zumeist unbelegten Auffassungen über den Umfang der schiedsgerichtlichen Rechtsprechung und deren Nachteile für die Rechtsfortbildung seitens der staatlichen Gerichte werfen nicht nur die Frage auf, ob die Schiedsgerichtsbarkeit tatsächlich ein Hindernis für die Rechtsfortbildung und die Rechtseinheit darstellt. Sie geben vielmehr auch zu der weiterreichenden Überlegung Anlaß, ob denn nicht die Schiedsgerichtsbarkeit auf jenen Rechtsgebieten, auf denen sie — angeblich — die staatliche Gerichtsbarkeit teilweise verdrängt, selbst in der Lage ist, anstelle der staatlichen Gerichte eine rechtsfortbildende Funktion wahrzunehmen. Hierbei ist in erster Linie an die Rechtsprechung institutioneller Schiedsgerichte[20] zu denken, da die Vorstellung, das Recht könne auch durch die punktuellen Entscheidungen anonymer Gelegenheitsschiedsgerichte fortgebildet werden, als doch recht fernliegend betrachtet werden muß. In dieser Arbeit soll deshalb untersucht werden, ob überhaupt und gegebenenfalls in welchem Umfang die Schiedsgerichtsbarkeit als ein neben der staatlichen Rechtsprechung stehender Träger der Rechtsfortbildung angesehen werden kann, soweit sie durch institutionelle Schiedsgerichte ausgeübt wird.

Eine über Vermutungen hinausgehende Antwort auf diese Frage läßt sich nur aufgrund von Kenntnissen über Umfang und Inhalt der schiedsgerichtlichen Spruchpraxis geben. Umfassendere statistische Angaben finden sich jedoch außer in einigen größtenteils veralteten Einzeluntersuchungen weder hinsichtlich der Zahl von erlassenen Schiedssprüchen[21] noch bezüglich der Anzahl der vorhandenen institutionellen Schiedsgerichte[22]. Auch über die inhaltliche Ausgestaltung von Schieds-

---

[18] A. *Blomeyer* § 124 II 3 (S. 708); ähnlich *Zweigert* S. 165.
[19] *Weidemann* S. 34 Anm. 7.
[20] Unter institutionellen Schiedsgerichten (auch ständige Schiedsgerichte genannt) werden hier solche Schiedsgerichte verstanden, die bei einem Verband, einer Handelskammer oder einer anderen Körperschaft errichtet worden sind, über eine Verfahrensordnung und eine Geschäftsstelle verfügen und jederzeit in Anspruch genommen werden können, ohne daß die Schiedsgerichte ständig tagen oder besetzt sein müßten. Vgl. zum Begriff des ständigen Schiedsgerichts v. *Staff* DJZ 25, 775 ff.; *Kees* S. 40 f.
[21] Siehe jedoch die Angaben bei *Magnus* DJZ 12, 1179; *Kollmann* S. 34; *Mathies*, Schiedsgerichtswesen des Großhandels S. 270 ff.; *Grote* S. 9 ff., 19 ff.; *Devin* S. 38 f., 42 f.; *Kohler* S. 44 f., 60 f., 144 ff. Die Justizstatistik gibt keinen Aufschluß über die Zahl der nach § 1039 ZPO niedergelegten Schiedssprüche; im übrigen läßt die Zahl der Niederlegungen keinen Rückschluß auf die Anzahl der tatsächlich gefällten Schiedssprüche zu, da diese nur zu einem geringen Teil niedergelegt zu werden pflegen, so auch *Kohler* S. 60; *Mathies*, Ständige Schiedsgerichte S. 14 Anm. 2; *Berges* KTS 60, 98.
[22] *Reimer - Mußfeld* berücksichtigen in ihrer — durch die tatsächlichen Verhältnisse allerdings überholten — Arbeit 242 Schiedsgerichtsordnungen ständiger Schiedsgerichte, ohne den Anspruch auf Vollständigkeit zu er-

sprüchen ist wenig bekannt, da diese kaum veröffentlicht zu werden pflegen[23] und sich aus veröffentlichten Entscheidungen staatlicher Gerichte in Aufhebungs- oder Vollstreckbarkeitsverfahren äußerst selten ein Hinweis auf den Inhalt und die Begründung des umstrittenen Schiedsspruchs ergibt. Es mußte deshalb zunächst versucht werden, das verstreut liegende und nur schwer zugängliche Material im Wege einer Auswertung der bei institutionellen Schiedsgerichten vorhandenen Unterlagen zu erschließen.

Dabei bestand aus arbeitstechnischen Gründen von vornherein die Notwendigkeit, die Untersuchung unter Ausschluß der Schiedsgerichtsbarkeit in öffentlich-rechtlichen Angelegenheiten[24], der arbeitsrechtlichen Schiedsgerichtsbarkeit[25] sowie erst recht der auf völkerrechtlichen Verträgen beruhenden internationalen Schiedsgerichtsbarkeit[26] sachlich und örtlich auf ein überschaubares Gebiet der privatrechtlichen Schiedsgerichtsbarkeit[27] zu beschränken. Im übrigen kam nur die Rechtsprechung solcher Schiedsgerichte in Betracht, die von unbeteiligten Institutionen (Verbände, Industrie- und Handelskammern etc.) Interessierten zur Verfügung gestellt werden, während Schiedsgerichte, die satzungsgemäß nach § 1048 ZPO zur Schlichtung vereinsinterner Streitigkeiten und zur Wahrung von Verbandsinteressen errichtet worden sind, wegen ihres internen Wirkens außer acht gelassen werden mußten.

Als besonders geeignetes Untersuchungsobjekt erwies sich die Spruchpraxis der in Hamburg und Bremen bestehenden kaufmännischen Schiedsgerichte, die aufgrund ihrer Geschichte[28] und ihrer engen Verknüpfung mit dem Außenhandel ein einigermaßen in sich geschlossenes und gleichzeitig bedeutendes Gebiet des Schiedsgerichtswesens darstellen. Besonders in Hamburg entwickelte sich bereits in den achtziger Jahren des 19. sowie zu Beginn des 20. Jahrhunderts eine größere

---

heben. Eine auch nur geschätzte Zahl der gegenwärtig bestehenden Schiedsgerichte ist selbst dem Deutschen Ausschuß für Schiedsgerichtswesen nicht bekannt, wie auf Anfrage mitgeteilt wurde.

[23] *Kohler* S. 16; *Sulzer* S. 13; *Fouchard* S. 450; *Kahn* S. 41 Anm. 2; *Langen* S. 11; *Schottelius* in U. I. A. S. 52.
[24] Vgl. hierzu *Weidemann*, insbesondere S. 96 ff.
[25] Vgl. hierzu *Hueck - Nipperdey* § 104 (S. 987 ff.).
[26] Vgl. hierzu *Wieczorek* § 1025 Anm. A II.
[27] Zu deren Begriff vgl. *Baumbach - Schwab* 1 A (S. 49).
[28] Das älteste Hamburger Schiedsgericht ist das des Vereins der Getreidehändler der Hamburger Börse e. V. aus dem Jahre 1868. Zur Geschichte dieses Schiedsgerichts vgl. *Klein* S. 61 ff., 117 f., 155 f.; *Grote* S. 7 ff. — Das im Jahre 1872 gegründete Schiedsgericht der Bremer Baumwollbörse e. V. ist das älteste Bremer Schiedsgericht. Vgl. zu dessen Entwicklung *Schottelius*, Kaufmännische Schiedsgerichtsbarkeit S. 22 ff. — Vgl. zum folgenden den allgemeinen Überblick über die Entwicklung der Hamburger Schiedsgerichte bei *Mathies*, Ständige Schiedsgerichte S. 15 ff. sowie *Mathies*, Schiedsgerichtswesen des Großhandels S. 272 ff.

Anzahl von ständigen kaufmännischen Schiedsgerichten, so daß *Mathies* im Jahre 1921 von 22 ständigen Schiedsgerichten sprechen konnte[29], von denen allerdings einige zu jenem Zeitpunkt nicht mehr in Tätigkeit waren[30]. Weitere Schiedsgerichte stellten in den folgenden Jahren und Jahrzehnten aufgrund der wirtschaftlichen Entwicklung ihre Tätigkeit ein oder kamen durch die Auflösung der sie tragenden Verbände in Fortfall[31]. Andererseits wurden besonders in den ersten Nachkriegsjahren, aber auch in jüngster Zeit Versuche unternommen, neue Schiedsgerichte ins Leben zu rufen. Wenn diese Neugründungen auch nicht immer erfolgreich verliefen[32], so glichen sie doch im wesentlichen den Abbau älterer Schiedsgerichte aus. Die Gesamtzahl der in Hamburg vorhandenen kaufmännischen Schiedsgerichte ist deshalb trotz vieler wirtschaftlicher Veränderungen über einen langen Zeitraum konstant geblieben und liegt heute — soweit ersichtlich — einschließlich der Schiedsgerichtsbarkeit nach § 20 der Platzusancen für den Hamburgischen Warenhandel[33] bei 23.

Obgleich die Bremer kaufmännische Schiedsgerichtsbarkeit weniger eindrucksvoll erscheint — in Bremen gibt es gegenwärtig 7 institutionelle kaufmännische Schiedsgerichte — so mag es angesichts der Gesamtzahl der in Hamburg und Bremen bestehenden Schiedsgerichte nicht übertrieben sein, wenn der Außenhandel, insbesondere der Einfuhrhandel der genannten Städte gelegentlich als das wichtigste Gebiet des Schiedsgerichtswesens bezeichnet wird[34]. Dies zeigt auch ein Blick

---

[29] *Mathies*, Ständige Schiedsgerichte S. 14.
[30] Es handelte sich hierbei um das Unterelbische Schiedsgericht, das Hamburger Schiedsgericht für Kollisionssachen und das Hamburger Seeschiedsgericht.
[31] So die von den Verbänden verschiedenster Branchen getragenen Schiedsgerichte: Spiritusinteressenten, Baumwollhandel, Butterhandel (vgl. *Mathies*, Schiedsgerichtswesen des Großhandels S. 280 f.), Metallhandel, Interessenten für Kartoffelfabrikate, Futtermittelhandel, Korkhandel, Reishandel, Südfruchthandel, Eier-Importeure, Salzherings-Importeure, Teehändler, Holz in Norddeutschland, Lederhandel, Gummihandel, außerdem das von der Handelskammer Hamburg errichtete Oberelbische Schiedsgericht.
[32] So ist beispielsweise aufgrund der bei *Schottelius*, Kaufmännische Schiedsgerichtsbarkeit S. 10 unter Nr. 10 und 19 genannten Schiedsgerichtsordnungen in Hamburg weder ein Schiedsgericht für den Eiergroßhandel noch für den Obst- und Gemüsehandel errichtet worden. Die in diesen Branchen anfallenden Streitigkeiten pflegen vielmehr bis auf den heutigen Tag im Wege der Hamburger freundschaftlichen Arbitrage erledigt zu werden.
[33] Siehe hierzu unten A. I. 1. Anm. 29 ff.
[34] So von *Grimm - Rochlitz* S. 17; auf die führende Rolle Hamburgs in der Entwicklung der ständigen Schiedsgerichte des Handels weist auch *Richter* S. 1 f. hin; *Schottelius*, Kaufmännische Schiedsgerichtsbarkeit S. 13 spricht von den Hamburger und Bremer ständigen Schiedsgerichten als „dem wesentlichen Teil der kaufmännischen Schiedsgerichtsbarkeit in Deutschland"; auch *Runge* S. 31 betont, daß die private Schiedsgerichtsbarkeit in allen deutschen Verkehrszentren, „vor allem aber in den Hansestädten" verbreitet sei.

auf die Zahl der nach § 1039 ZPO niedergelegten Schiedssprüche. Wenngleich die Niederlegungen nicht den tatsächlichen Umfang schiedsgerichtlicher Rechtsprechung wiedergeben[35], so dürfte dennoch dieser Vergleich die Bedeutung der hanseatischen Schiedsgerichtsbarkeit hervorheben: Während beim Landgericht Frankfurt in den Jahren 1955 bis 1964 jährlich durchschnittlich 10 Schiedssprüche und Schiedsvergleiche niedergelegt wurden[36], kam es im Zeitraum 1960 - 1969 beim Landgericht Hamburg zu 75 und beim Landgericht Bremen zu 9 Niederlegungen im Jahresdurchschnitt. In Hamburg und Bremen durfte daher mit der regen Tätigkeit einer größeren Anzahl institutioneller Schiedsgerichte und infolgedessen mit umfangreichem Material, vor allem auch mit schiedsgerichtlicher Rechtsprechung aus dem internationalen Handelsverkehr gerechnet werden[37].

Die nicht immer ganz einfache Gewinnung des Tatsachenmaterials ging in der Weise vor sich, daß zunächst Fragebogen an die heute in Hamburg und Bremen bestehenden kaufmännischen Schiedsgerichte verschickt wurden. Soweit sich aus deren Beantwortung ergab, daß die betreffenden Schiedsgerichte über geeignetes Material verfügten, wurde um die Erlaubnis zur Einsichtnahme in die vorhandenen Schiedssprüche nachgesucht, die auch fast durchweg erteilt wurde. Eine Auswertung aller auf diese Weise zugänglich gewordenen Schiedssprüche war eine nicht zu bewältigende Aufgabe. Deshalb fanden nur solche Schiedsgerichte Berücksichtigung, die häufiger in Anspruch genommen werden, auch wurde darauf geachtet, daß möglichst viele Branchen vertreten waren. Diese beiden Gesichtspunkte standen jedoch nicht selten in einem unvereinbaren Gegensatz zueinander, in solchen Fällen wurde dem ersten von beiden der Vorzug gegeben.

Wegen der zum Teil erheblichen Unterschiede in der Anzahl der von den einzelnen Schiedsgerichten pro Jahr gefällten Schiedssprüche[38] war es unmöglich, für alle Schiedsgerichte einen einheitlichen Untersuchungszeitraum festzusetzen. Deshalb wurden die verschiedenen Schiedsgerichte zwar nicht zeitlich, dafür aber hinsichtlich der Zahl der ausgewerteten Schiedssprüche möglichst gleichmäßig berücksichtigt. Dennoch wurde in keinem Fall die Rechtsprechung eines Schieds-

---

[35] Vgl. oben Anm. 21.
[36] *Kohler* S. 148.
[37] Vgl. auch *Luithlen* S. 65 Anm. 49: Im Jahre 1955 seien in Hamburg nicht mehr als zwei internationale kaufmännische Streitigkeiten vor die ordentlichen Gerichte gebracht worden, für die überwiegende Zahl der Fälle seien Schiedsgerichte kompetent gewesen.
[38] So erließ z. B. das Schiedsgericht des Vereins der Getreidehändler der Hamburger Börse e. V. im Jahre 1967 564 erstinstanzliche Schiedssprüche, während das Schiedsgericht der Vereinigung des Wollhandels e. V. nur auf 5 Schiedssprüche kam.

gerichts weiter als bis zum Ende des zweiten Weltkrieges zurückverfolgt. Der zeitliche Schwerpunkt der Untersuchung lag in den Jahren 1960 - 1969; insgesamt wurden etwa 1200 Schiedssprüche von 10 Schiedsgerichten ausgewertet.

Zur Ergänzung des aus den Schiedssprüchen gewonnenen Bildes wurden mannigfache Gespräche mit den Rechtsberatern der Schiedsgerichte sowie mit Parteien und Schiedsrichtern geführt. Dabei wurde darauf Wert gelegt, auch mit den Geschäftsführern und Rechtsberatern gerade jener Schiedsgerichte in Kontakt zu kommen, deren Schiedssprüche nicht ausgewertet wurden. Mit Zustimmung der Parteien und der Schiedsrichter war auch die Teilnahme an mehreren Schiedsgerichtsverhandlungen und -beratungen möglich. Eine Zurückhaltung der maßgebenden Herren bei der Nennung oder Freigabe von Tatsachen- oder Zahlenmaterial, wie sie von *Kohler*[39] beobachtet worden ist, war zwar gelegentlich nicht zu übersehen, doch wurde dieser Arbeit andererseits auch viel Verständnis entgegengebracht.

---

[39] *Kohler* S. 16 unter Hinweis auf weitere Stimmen aus der Literatur, die ebenfalls die Schwierigkeit der Materialbeschaffung betonen und den Grund hierfür in der unterschiedlichen Einstellung von Kreisen der Wirtschaft zur Publizität sehen.

A. Objektive Voraussetzungen schiedsrichterlicher Rechtsfortbildung

Anders als der staatlichen Rechtsprechung, die anerkanntermaßen neben der Rechtswissenschaft eine führende Rolle in dem Prozeß der Rechtsfortbildung einnimmt[1], wird der schiedsgerichtlichen Rechtsprechung trotz des ihr zugeschriebenen Umfangs im Zusammenhang mit Fragen der Rechtsfortbildung nur wenig Beachtung geschenkt. Sofern dies nicht ohnehin nur unter den negativen Aspekten einer möglichen Rechtszersplitterung und einer befürchteten Beeinträchtigung der Rechtsfortbildung geschieht, wird der Schiedsgerichtsbarkeit allenfalls auf dem Gebiete der Usancenbildung und des Handelsgewohnheitsrechts[2] sowie in neuerer Zeit hinsichtlich der Bildung eines internationalen Handels- und Wirtschaftsrechts[3] gelegentlich einige Bedeutung beigemessen. Eine solche unterschiedliche Bewertung der staatlichen und der schiedsgerichtlichen Rechtsprechung liegt auch nahe, wenn man bedenkt, daß es durchaus fraglich ist, ob jene äußeren Voraussetzungen, auf denen die rechtsfortbildende Funktion der staatlichen Gerichtsbarkeit beruht, bei der Schiedsgerichtsbarkeit, selbst soweit diese durch institutionelle Schiedsgerichte ausgeübt wird, erfüllt sind.

Die Bedeutung der staatlichen Rechtsprechung für die Rechtsfortbildung fußt einmal darauf, daß aufgrund des Rechtsprechungsmonopols und des Justizverweigerungsverbots alle Rechtsstreitigkeiten, die nicht außergerichtlich oder schiedsgerichtlich beigelegt werden, vor den staatlichen Gerichten zur Austragung kommen, so daß den Gerichten neben unproblematischen Fällen eine Fülle bisher ungeklärter Rechtsfragen unterbreitet wird, die einer Entscheidung bedürfen. Nach Meinung *Schumanns* wurzelt das Justizverweigerungsverbot geradezu in der Vorstellung, daß der Prozeß um der Gerechtigkeit willen auch zur Rechtsfortbildung berufen und daß der Richter eines der wichtigsten

---

[1] Die Gerichte selbst sehen überwiegend die Rechtsfortbildung als ihre Aufgabe an (vgl. etwa BGH NJW 69, 269 ff. (275); OVG Münster NJW 69, 765; BAG Betr. 62, 911), und auch in der Literatur wird die Befugnis des Richters zur Rechtsfortbildung nicht grundsätzlich in Frage gestellt, sondern allenfalls dem Umfange nach begrenzt. Anerkannt ist die Befugnis zur Rechtsfortbildung durch Auslegung und Lückenergänzung, *Larenz*, Methodenlehre S. 350, 399; umstritten ist lediglich die Befugnis zur gesetzesändernden Rechtsfortbildung, vgl. *Stein* NJW 64, 1748 f.

[2] *Runge* S. 35 f.; *Haage*, Abladegeschäft S. 4.

[3] Vgl. hierzu im einzelnen unten B. VII. Anm. 14.

A. Voraussetzungen schiedsrichterlicher Rechtsfortbildung

Organe bei der Verfeinerung und Fortbildung des Rechts sei[4]. Zum anderen stellt die staatliche Gerichtsbarkeit sowohl organisatorisch als auch ihrer Funktion nach ein geschlossenes Ganzes dar, das über gut ausgebildete Berufsrichter verfügt, die eine Stetigkeit der Rechtsprechung des einzelnen Gerichts, aber auch eine Berücksichtigung der Entscheidungen anderer, insbesondere höherer Gerichte verbürgen. Vor allem die Einrichtung der Revision führt zur Wahrung der Rechtseinheit und der Fortbildung des Rechts. Entscheidungen grundlegenden oder zumindest bemerkenswerten Inhalts pflegen veröffentlicht und alsbald auch in der Literatur zitiert und erörtert zu werden, so daß die solchermaßen entstehende Diskussion zwischen Rechtsprechung und Rechtswissenschaft ebenfalls die Rechtsfortbildung fördert[5].

Ob alle oder wenigstens einige dieser erwähnten, für eine Rechtsfortbildung günstigen äußeren Bedingungen (umfangreiche Tätigkeit; organisatorische und funktionelle Einheit; Richterschaft; Sammlung, Veröffentlichung und wissenschaftliche Auswertung von Entscheidungen) bei der Schiedsgerichtsbarkeit vorliegen, erscheint aber zweifelhaft. Damit stellt sich die Frage, ob der Schiedsgerichtsbarkeit unabhängig vom Inhalt ihrer Rechtsprechung nicht schon mangels der objektiven Voraussetzungen eine der staatlichen Gerichtsbarkeit auch nur ähnliche rechtsfortbildende Funktion abgesprochen werden muß und allenfalls eine „Mitwirkung" bei der Rechtsfortbildung in Betracht gezogen werden kann, wie sie *Larenz* in der Tätigkeit derjenigen sieht, die ihrer Meinung über Rechtsfragen öffentlich Ausdruck geben und damit das allgemeine Rechtsbewußtsein irgendwie mitbestimmen[6]. Vor einer Untersuchung des Inhalts der schiedsgerichtlichen Rechtsprechung sei daher zunächst ein Blick auf die bei den Schiedsgerichten vorliegenden äußeren Gegebenheiten geworfen.

Wenn dabei im folgenden ohne besonderen Hinweis von Rechtsfortbildung die Rede ist, so wird darunter nicht nur die echte (lückenausfüllende oder gesetzesändernde) Rechtsfortbildung verstanden, sondern auch die Auslegung des Rechts[7]. Hierfür sprechen zwei Gesichtspunkte.

---

[4] *Schumann* ZZP 81, 101.
[5] Zu der Aufgabe der Rechtsprechung, das Gesetz mit dem allgemeinen Rechtsbewußtsein zu vermitteln, siehe *Larenz*, Methodenlehre S. 222 ff., insbesondere S. 226 ff.
[6] *Larenz*, Methodenlehre S. 224.
[7] Die Unterscheidung zwischen beiden wird dahingehend getroffen, für die Auslegung sei es kennzeichnend, daß der Ausleger dem Gesetz nichts beizufügen, sondern es nur so zu verstehen bemüht sei, wie es sich jedem „Kundigen" darbiete, *Larenz*, Methodenlehre S. 292. Hingegen gehe die (offene) Rechtsfortbildung im Gegensatz zur Auslegung (= verdeckten Rechtsfortbildung; vgl. zu diesem Ausdruck *Larenz*, Methodenlehre S. 343) über den möglichen Wortsinn des Gesetzes hinaus, indem sie dieses einschränke oder ergänze, *Larenz*, Methodenlehre S. 304 m. w. Nachw.

Einmal sind Interpretation und Rechtsfortbildung nicht wesensverschieden, sondern vielmehr zwei Stufen eines gedanklichen Verfahrens[8], die nicht scharf voneinander abzugrenzen sind[9]. Zum anderen liegt der Schwerpunkt dieser Untersuchung im rechtstatsächlichen Bereich, so daß es nicht so sehr auf die Beantwortung der Frage ankommt, wie bestimmte Erkenntnisse aus der schiedsgerichtlichen Rechtsprechung im einzelnen begrifflich einzuordnen sind, als vielmehr darauf, ob überhaupt und gegebenenfalls in welchem Umfang die Schiedsgerichtsbarkeit neben den staatlichen Gerichten an der Fortbildung des Rechts teilnimmt.

I. Umfang der Spruchtätigkeit

Als ein nicht unwesentlicher Faktor vermag die kaufmännische Schiedsgerichtsbarkeit Hamburgs und Bremens an der Fortbildung des staatlichen Rechts, des Verbandsrechts[1] oder eines wie auch immer gearteten internationalen Handelsrechts nur dann mitzuwirken, wenn sie über eine schiedsgerichtliche Rechtsprechung gewissen Umfangs verfügt. Bei nur vereinzelter Inanspruchnahme der verschiedenen Schiedsgerichte sind diese bereits mangels Gelegenheit nicht in der Lage, eine rechtsfortbildende Funktion wahrzunehmen, zumal sich ein nicht unbeträchtlicher Teil der anfallenden Streitigkeiten in der Auseinandersetzung über Tatsachenfragen oder Fragen der Vertragsauslegung erschöpft, ohne den Schiedsgerichten eine Entscheidung in Rechtsfragen abzufordern[2].

Entsprechend der allgemeinen Sachlage fehlt es auch hinsichtlich der Hamburger und Bremer kaufmännischen Schiedsgerichte an Zahlenmaterial, das einen Überblick über den Umfang der schiedsgerichtlichen Rechtsprechung gestatten könnte. Ältere Untersuchungen sind durch veränderte Verhältnisse überholt[3], aus einer neueren einschlägigen Arbeit ist allenfalls die ungefähre Gesamtzahl[4] der in Hamburg und Bremen ansässigen Schiedsgerichte zu ersehen, die aber ebenfalls nicht

---
[8] *Larenz*, Methodenlehre S. 342.
[9] Zum Übergang von der Auslegung zur Rechtsfortbildung vgl. auch *Engisch* S. 146; *Wieacker* S. 6 f.; *Esser* S. 255.
[1] Zum Begriff des Verbandsrechts vgl. des näheren unten B. V.
[2] Siehe hierzu näher unten B. I. 2.
[3] So die von *Mathies*, Ständige Schiedsgerichte S. 120 ff.; ders., Schiedsgerichte des Großhandels S. 286 ff. in den Jahren 1924 - 1928 erarbeiteten Statistiken über die Tätigkeit der Hamburger kaufmännischen Schiedsgerichte.
[4] *Schottelius*, Kaufmännische Schiedsgerichtsbarkeit S. 19 gibt die Zahl der im Jahre 1953 in Hamburg und Bremen vorhandenen Schiedsgerichte mit 23 an, übersieht dabei allerdings alteingesessene Schiedsgerichte (etwa des Hamburger Saathandels und des Hamburger Kaffeehandels), wohingegen er Schiedsgerichte berücksichtigt, die in Hamburg in Wahrheit nicht existierten, vgl. oben Einl. Anm. 32.

A. I. Umfang der Spruchtätigkeit 21

mehr zutrifft. Zudem läßt die Anzahl der auf einem bestimmten wirtschaftlichen Gebiet errichteten Schiedsgerichte nur recht grobe Rückschlüsse auf das Ausmaß schiedsgerichtlicher Spruchtätigkeit zu. Wie eine von *Kohler* in Frankfurt durchgeführte Untersuchung ergeben hat, ist die Zahl der wirklich aktiven und damit für eine eventuelle Rechtsfortbildung bedeutenden Schiedsgerichte im Verhältnis zu der Anzahl der mehr oder weniger nur auf dem Papier bestehenden Schiedsgerichte äußerst gering[5]. Wenngleich diese Ergebnisse nicht ohne weiteres auf die Verhältnisse der hanseatischen Schiedsgerichte übertragen werden können[6], so ist es doch unumgänglich, die Tätigkeit jedes einzelnen der heute in Hamburg und Bremen bestehenden kaufmännischen Schiedsgerichte zu betrachten, um einen Eindruck vom Umfang der schiedsgerichtlichen Rechtsprechung in den genannten Städten zu gewinnen.

Eine statistische Genauigkeit soll hierbei nicht angestrebt werden. Deshalb werden in der folgenden Übersicht, die überwiegend auf Auskünften der Verbände beruht[7], im wesentlichen lediglich die Zahlen der für eine Rechtsfortbildung allein maßgebenden Schiedssprüche berücksichtigt, obwohl die Gesamttätigkeit der Schiedsgerichte hierdurch nur unvollkommen zum Ausdruck gelangt, da — dies ist von Schiedsgericht zu Schiedsgericht verschieden — auf einen Schiedsspruch durchschnittlich 1 - 3 Vergleiche[8] oder Klagrücknahmen entfallen.

Außerhalb der Betrachtung bleiben auch die in einem besonderen Arbitrageverfahren getroffenen Qualitätsfeststellungen und Preisfestsetzungen, also die in Hamburg und Bremen üblichen, oftmals der Vorbereitung eines Schiedsverfahrens dienenden Qualitätsarbitragen[9].

---

[5] Vgl. *Kohler* S. 44 f. Von 44 befragten Schiedsgerichten wirtschaftlicher Verbände erteilten nur 22 Auskunft. Von 11 dieser 22 Schiedsgerichte waren innerhalb von 10 Jahren (1955 - 1964) nur 1 - 7 Schiedsverfahren durchgeführt worden, während es bei weiteren 7 Verbänden im Untersuchungszeitraum „von Zeit zu Zeit", „ab und zu", „manchmal" oder „selten" zu Schiedsverfahren gekommen war. Lediglich bei den restlichen 4 Schiedsgerichten kam es zu häufigerer Inanspruchnahme (2 Schiedsgerichte mit jährlich jeweils 40 - 50 Schiedsverfahren, von denen 90 % mit einem Vergleich endeten, ein Schiedsgericht mit durchschnittlich 25 und eines mit etwa 10 Schiedsverfahren pro Jahr).
[6] So auch *Schütte* S. 7 Anm. 24.
[7] Eigene Feststellungen erfolgten nur bei den Schiedsgerichten, deren Schiedssprüche inhaltlich ausgewertet wurden.
[8] Die von *Baur* S. 2 erwähnten Auskünfte von Anwälten, denen zufolge mindestens die Hälfte aller Schiedsverfahren durch einen Vergleich beendet werde, können im großen und ganzen bestätigt werden.
[9] Vgl. hierzu *Grimm - Rochlitz* S. 114 ff.; *Rauscher* S. 32 ff.; *Mathies - Grimm - Sieveking* § 43 Rdnr. 23 ff. Manche Verbände kennen überhaupt nur die Qualitätsarbitrage, besitzen hingegen kein eigenes Schiedsgericht, so etwa der Verein der Hamburger Caffeeimport-Agenten und -Makler e. V., der Verein der am Handel mit Jute, Hanf und Flachs beteiligten Firmen, Hamburg, e. V. und der Deutsche Eiproduktenverband e. V.

Abgesehen davon, daß es sich bei diesen ohnehin nicht um Schiedssprüche, sondern um Schiedsgutachten handelt, und solche ganz überwiegend als nicht den gesetzlichen Bestimmungen über die Schiedsgerichtsbarkeit unterliegend angesehen werden[10], sind sie deshalb für die Frage der Rechtsfortbildung ohne Bedeutung, weil sie keine Rechtsfragen entscheiden, sondern nur verbindliche Feststellungen über den Minderwert von Waren, also über Tatsachen enthalten[11].

1. Angaben zu den einzelnen Schiedsgerichten

Eine solchermaßen auf die Erfassung von Schiedssprüchen ausgerichtete Untersuchung zeigt, daß allein etwa der Hälfte der in Hamburg und Bremen bestehenden kaufmännischen Schiedsgerichte eine praktische Bedeutung nicht zukommt. Manche der Schiedsgerichte haben seit ihrer Errichtung[12], andere seit dem zweiten Weltkrieg[13] oder zumindest im vergangenen Jahrzehnt nicht einen einzigen Schiedsspruch gefällt[14], während eine Reihe weiterer Schiedsgerichte zwar nicht völlig untätig geblieben ist, eine mehr als nur gelegentliche Inanspruchnahme aber auch nicht aufzuweisen vermag[15].

Andere Schiedsgerichte haben unter Berücksichtigung eines größeren Zeitraums zwar eine durchaus umfangreichere Rechtsprechung zu verzeichnen, doch ist bei ihnen gerade in der Zeit seit 1960 ein erheblicher

---

[10] Siehe für viele *Rosenberg - Schwab* § 173 III 2 (S. 932); grundsätzlich für eine entsprechende Anwendung der Vorschriften über den Schiedsvertrag neuerdings *Rauscher* S. 188 ff.; *Stein - Jonas - Schlosser* vor § 1025 Anm. II 3 c.

[11] Zur *wirtschaftlichen* Bedeutung der Qualitätsarbitrage vgl. *Rauscher* S. 26 ff.; *Grimm*, Einfuhrhandel S. 117 ff.

[12] So die in Bremen ansässigen Schiedsgerichte der Vereinigung der am Honighandel beteiligten Firmen des Bundesgebietes e. V. (errichtet im Jahre 1948) und des Vereins Bremischer Importeure e. V. (errichtet im Jahre 1959).

[13] So das Schiedsgericht des Vereins der am Zuckerhandel beteiligten Firmen in Hamburg; beim Schiedsgericht des Vereins der Mitglieder der Wertpapierbörse in Hamburg kam es lediglich kurz nach dem Krieg zu zwei Verfahren.

[14] Es sind dies die Schiedsgerichte des Vereins Deutscher Kohlenimporteure e. V. (ehemals Verein der Importeure englischer Kohlen), des Fachverbandes der Fischkonserven-Importeure e. V., des Vereins Hamburger Exporteure e. V. und des Reismaklervereins in Hamburg e. V.

[15] Während es in den Jahren 1960 - 1969 beim Schiedsgericht des Vereins der am Kautschukhandel beteiligten Firmen e. V. zu einem, beim Schiedsgericht der Handelskammer Bremen zu 3 und beim Schiedsgericht des Zentralverbandes der deutschen Darm-Importeure e. V. zu 5 Verfahren kam und das Schiedsgericht des Fachhandelsverbandes Fasern und Haare e. V. „in den letzten 10 Jahren kaum in Anspruch genommen wurde", fällte das Schiedsgeircht des Vereins Deutscher Holzeinfuhrhäuser e. V., Geschäftsstelle Hamburg, „alle 3 - 5 Jahre einen Schiedsspruch" (bei der Geschäftsstelle Bremen wurden ebenfalls 2 Verfahren im Zeitraum 1960 - 1969 abgewickelt) und das Schiedsgericht des Vereins des Deutschen Einfuhrgroßhandels von Harz, Terpentinöl und Lackrohstoffen e. V. „in den letzten 5 Jahren 2 - 3 Schiedssprüche" (so die von den Verbänden gewählten Formulierungen).

1. Angaben zu den einzelnen Schiedsgerichten

Rückgang oder sogar Stillstand ihrer Tätigkeit zu beobachten. So hat das Schiedsgericht des Verbandes des Deutschen Großhandels mit Ölen, Fetten und Ölrohstoffen e. V. in den Jahren 1949 - 1969 zwar insgesamt 70 Schiedssprüche erlassen, doch entfallen hiervon allein 40 Entscheidungen in den Zeitraum 1949 - 1952 und nur 15 in die Jahre 1960 - 1969, wobei von 1967 - 1969 überhaupt kein Schiedsspruch mehr gefällt worden ist.

Auch das Schiedsgericht des Vereins Bremer Getreide- und Futtermittelbörse e. V. erließ zwar in den Jahren 1960 - 1962 noch jeweils 8 bzw. 5 und 10 Schiedssprüche, doch hat sich seit 1963 die schiedsgerichtliche Tätigkeit auf 1 - 2 Schiedssprüche pro Jahr reduziert; 1967 - 1969 kam es zu keiner Entscheidung mehr. Ein noch stärkerer Rückgang der Inanspruchnahme zeigt sich bei den Schiedsgerichten des Verbandes des Kartoffelgroßhandels Schleswig-Holstein und Hamburg e. V. und des Bundes Deutscher Rauhfutter- und Fouragehändler e. V. Während das erstgenannte Schiedsgericht in den Jahren 1948 - 1959 ungefähr 170 Rechtsstreitigkeiten durch Schiedsspruch entschieden hat, beträgt die Zahl der in den Jahren 1960 - 1969 gefällten Schiedssprüche lediglich 16, in den Jahren 1967 - 1969 wurde gar kein Schiedsspruch erlassen. Das Rauhfutter-Schiedsgericht wurde in den Jahren 1949 bis 1959 insgesamt 255mal in Anspruch genommen[16], in den Jahren 1960 bis 1969 jedoch nur noch 24mal.

Indes gibt es auch Schiedsgerichte mit einer ausgeglicheneren und bis in die neueste Zeit hineinreichenden Tätigkeit[17]. Zu diesen gehören nicht nur das für den Bereich der Bundesrepublik Deutschland zuständige Schiedsgericht für den Europäischen Kartoffelhandel in Hamburg[18], das erst seit 1959 tätig ist und bis 1969 bei 37 anhängig gewor-

---

[16] Angaben über die Zahl der durch Schiedssprüche beendeten Verfahren konnte der Bund nicht erteilen, da die Schiedsgerichtsklagen zwar beim Bund einzureichen sind, dieser aber die Akten zur Verhandlung an das örtlich zuständige Bezirksschiedsgericht weiterreicht, vgl. § 9 SchGO Rauhfutter.

[17] Hierzu zählt vermutlich auch das Schiedsgericht des Vereins der am Saathandel beteiligten Firmen zu Hamburg e. V., dessen Syndikus lediglich gewisse Andeutungen machte, eine genaue Auskunft aber unter Berufung auf seine Verschwiegenheitspflicht verweigerte.

[18] Die Schiedsgerichtsbarkeit für den Europäischen Kartoffelhandel wurde im Jahre 1956 durch die Europäische Union des Kartoffelgroßhandels begründet, die die „Europäischen Kartoffelgeschäftsbedingungen" nebst einer Schiedsgerichtsordnung erstellte. Im Jahre 1963 bildeten Vertreter der Union und der Genossenschaften des Europäischen Landwirtschaftsverbandes auf paritätischer Ebene das sogenannte „Europäische Komitee", das die Geschäftsbedingungen und die Schiedsgerichtsordnung mit den zwischen den beiden Organisationen vereinbarten Änderungen neu herausgab. In jedem angeschlossenen Land gibt es ein „Nationales Komitee", das eine ständige nationale Geschäftsstelle für das Schiedsgericht erster Instanz einrichtet und eine Schiedsrichterliste aufstellt.

denen Verfahren insgesamt 11 Schiedssprüche erlassen hat, sondern auch die Schiedsgerichte der Handelskammer Hamburg und der Vereinigung der am Drogen- und Chemikalien-Groß- und Außenhandel beteiligten Firmen e. V., die in den Jahren 1960 - 1969 jährlich immerhin jeweils etwa 2 Schiedssprüche gefällt haben und damit eine zwar nicht sehr eindrucksvolle, jedoch gleichmäßige Inanspruchnahme aufzuweisen vermögen. Ähnliches gilt für die Schiedsgerichte des Woll- und Baumwollhandels. Während das Schiedsgericht der Vereinigung des Wollhandels e. V. in den Jahren 1959 - 1969 58 Schiedssprüche erließ, kam es beim Schiedsgericht der Bremer Baumwollbörse e. V. im Zeitraum 1949 - 1969 zu 117 Schiedssprüchen der ersten, 29 der zweiten und 9 der dritten Instanz, wovon 39 erstinstanzliche Entscheidungen auf die Jahre 1960 - 1969 entfielen.

Auch im Bereich des Kaffeehandels ist eine bemerkenswerte und ausgeglichene Inanspruchnahme der Schiedsgerichte zu verzeichnen. So wurden vom Schiedsgericht des Vereins der am Caffeehandel betheiligten Firmen in Hamburg im Zeitraum 1950 - 1969 insgesamt 80 Schiedssprüche (davon allein 27 in den Jahren 1960 - 1969) erlassen, wohingegen es beim Schiedsgericht des Vereins der am Kaffeehandel beteiligten Firmen in Bremen e. V. im letztgenannten Zeitraum sogar im Durchschnitt zu 8 - 10 Entscheidungen pro Jahr kam.

Nur eine ungenaue Aussage läßt sich über die Rechtsprechung des Schiedsgerichts des Vereins des Hamburger Häute- und Fell-Einfuhrhandels e. V. treffen. Zwar ist die Gesamtzahl der pro Jahr erlassenen Schiedssprüche feststellbar (sie schwankt in den Jahren 1960 - 1969 zwischen 20 und 30), doch sind in dieser Zahl auch die getroffenen Arbitragegutachten[19] enthalten, da nach der Schiedsgerichtsordnung auch reine Qualitätsstreitigkeiten, die bei anderen Verbänden im Wege der Qualitätsarbitrage entschieden zu werden pflegen, in einem Schiedsverfahren ausgetragen werden[20]. Der Anteil der durch Schiedsspruch entschiedenen Rechtsstreitigkeiten, die in § 9 der Schiedsgerichtsordnung „sonstige Streitigkeiten" genannt und von den Häute- und Fellkaufleuten anschaulich im Unterschied zu den Qualitätsstreitigkeiten als „Papierstreitigkeiten" bezeichnet werden, beträgt „nur gut 10 bis 20 %"[21], so daß die Zahl der echten Schiedssprüche mit etwa 2 - 6 pro Jahr anzusetzen ist.

Am Umfang ihrer Spruchtätigkeit gemessen, werden alle bisher erwähnten Schiedsgerichte von 3 anderen Schiedsgerichten weit übertroffen. So hat das Schiedsgericht des Waren-Vereins der Hamburger

---

[19] Zur Nichtberücksichtigung von Qualitätsarbitragen vgl. oben A. I.
[20] Vgl. §§ 9, 10 SchGO Häute.
[21] Auskunft der Geschäftsführung.

Börse e. V. in 21 Jahren (1950 - 1970) insgesamt 388 erstinstanzliche Schiedssprüche erlassen, wobei ab 1962 die Spruchtätigkeit eine nicht unerhebliche Zunahme erlebte, die im Jahre 1964 mit 41 Schiedssprüchen ihren bisherigen Höhepunkt erreichte[22].

Ein noch bedeutenderes Ausmaß hat die Schiedsgerichtsbarkeit beim Verein der Getreidehändler der Hamburger Börse e. V., dessen Schiedsgericht nach zwei verschiedenen Schiedsgerichtsordnungen tätig wird. Während die Vereins-Schiedsgerichtsordnung[23] regelmäßig für solche Streitigkeiten vereinbart wird, die sich aus Verträgen gemäß den Hamburger Schlußscheinen[24] ergeben, da diese eine entsprechende Schiedsklausel enthalten, richten sich die Zusammensetzung des Schiedsgerichts sowie der Verfahrensablauf nach den Schiedsgerichtsbestimmungen zum Deutsch-Niederländischen Vertrag, sofern es sich um Streitigkeiten aus Abschlüssen nach den Deutsch-Niederländischen Verträgen[24] handelt[25]. In der Praxis wirkt sich dieses Nebeneinander zweier Schiedsgerichtsordnungen allerdings kaum aus, da die Schiedsgerichtsordnungen einander recht ähnlich sind[26], viele Schiedsrichter in beiden Schiedsgerichtsverfahren tätig werden dürfen und auch eine einheitliche Betreuung seitens der Geschäftsstelle des Vereins erfolgt, so daß für beide Verfahrensarten dieselben Rechtsberater zuständig sind. Trotz des Vorhandenseins zweier Schiedsgerichtsordnungen gibt es daher organisatorisch nur ein Schiedsgericht[27], dessen Tätigkeit zusammenfassend betrachtet werden kann. Das „Getreideschiedsgericht" hat in den Jahren 1960 - 1969 insgesamt 4859 erstinstanzliche und 284 zweitinstanzliche Schiedssprüche gefällt. Diese außerordentlich hohe Zahl erklärt sich zum Teil daraus, daß beim Verein der Getreidehändler ebenso wie beim Verein des Hamburger Häute- und Fell-Einfuhrhandels e. V. nicht zwischen Qualitätsarbitrage und Schiedsverfahren

---

[22] Obwohl in den folgenden Jahren 1965 - 1970 nur jeweils 25, 18, 21, 12, 20 und 26 Schiedssprüche erlassen wurden, liegen diese Zahlen noch erheblich über denen der Jahre 1960 - 1961 (Durchschnitt 13 Schiedssprüche pro Jahr).

[23] Dies ist die an allen deutschen Produkten- und Warenbörsen nahezu einheitlich geltende Schiedsgerichtsordnung vom 1.1.1955; vgl. allgemein zur Schiedsgerichtsbarkeit an den Waren- und Produktenbörsen *Dreymüller* KTS 56, 41 ff.

[24] Bei den Hamburger Schlußscheinen und den Deutsch-Niederländischen Verträgen handelt es sich um Formularverträge, die vom Verein der Getreidehändler der Hamburger Börse e. V. herausgegeben werden, vgl. das Verzeichnis bei *Straatmann - Zinkeisen* S. 192.

[25] § 1 SchGO Deutsch-Niederländischer Vertrag.

[26] Seit Februar 1968 ist die Vereins-Schiedsgerichtsordnung sogar zusätzlich anzuwenden, soweit die Schiedsgerichtsbestimmungen zum Deutsch-Niederländischen Vertrag keine Regelung enthalten.

[27] Anders *Schottelius*, Kaufmännische Schiedsgerichtsbarkeit S. 19 i. V. m. der Übersicht auf S. 10, der offenbar aus der Existenz zweier Verfahrensordnungen auf das Vorhandensein zweier voneinander zu trennender Schiedsgerichte schließt.

unterschieden wird, sondern auch Arbitragegutachten dadurch die Form eines Schiedsspruchs erlangen, daß mit der Feststellung des Minderwerts die Verurteilung zur Zahlung einer Vergütung vorgenommen wird. Aber selbst wenn nur ein Teil[28] der gefällten Entscheidungen auch seinem Inhalt nach die Bezeichnung Schiedsspruch verdient, wird die überragende Bedeutung des Vereins-Schiedsgerichts aus den angegebenen Zahlen deutlich.

Zu erwähnen ist schließlich die Schiedsgerichtsbarkeit nach § 20 der Platzusancen für den Hamburgischen Warenhandel[29], bei der es sich zwar streng genommen nicht um ein institutionelles Schiedsgericht im hier verstandenen Sinne handelt[30], die aber genannt werden muß, wenn nicht das von der Hamburger kaufmännischen Schiedsgerichtsbarkeit gezeichnete Bild unvollständig bleiben soll[31]. Die Hamburger freundschaftliche Arbitrage findet nicht nur in solchen Branchen Anwendung, die nicht vereinsmäßig organisiert sind, sondern nimmt auch in manchen Vereinen aufgrund entsprechender Klauseln in den von den Vereinen herausgegebenen allgemeinen Geschäftsbedingungen die Funktion eines nicht vorhandenen eigenen institutionellen Schiedsgerichts wahr[32]. Selbst in Verbänden mit eigenem Schiedsgericht zeigt sich im übrigen ein Abwandern der Mitglieder zur Hamburger freundschaftlichen Arbitrage[33]. Über deren Verbreitung kann aber keine genaue Aussage getroffen werden, weil es an einer zentralen Registrierung aller nach § 20 der Platzusancen abgewickelten Schiedsver-

---

[28] Seine genaue Größe ist unbekannt. Eine Untersuchung von 564 im Jahre 1967 gefällten erstinstanzlichen Entscheidungen ergab immerhin, daß weit mehr als die Hälfte der Schiedssprüche ihrem Inhalt nach Qualitätsarbitragen darstellten. Dieses Verhältnis dürfte grob geschätzt auch auf die Gesamtzahl der Schiedssprüche zutreffen.
[29] Abgedruckt bei *Straatmann - Zinkeisen* S. 59 f.
[30] Vgl. oben Einl. Anm. 20. Mit dem von der Handelskammer Hamburg bekannt gemachten § 20 der Platzusancen wird dem Verkehr lediglich eine schiedsgerichtliche Verfahrensordnung zur Verfügung gestellt, auf die sich die Parteien einigen können. Die für jede individuelle Streitigkeit gebildeten einzelnen Schiedsgerichte aber werden weder von einem Verband noch von der Handelskammer getragen, sondern sind organisatorisch völlig selbständig.
[31] Die Schiedsgerichtsbarkeit nach § 20 der Platzusancen ist über den Hamburger Bereich hinaus unter dem Namen „Hamburger freundschaftliche Arbitrage" in Literatur (vgl. für viele *Bruns* § 64 II 3 (S. 525); *Wieczorek* § 1025 Anm. C. II b 9; *Heymann - Kötter* § 346 Anm. 4; *Schlegelberger - Hefermehl* § 346 Rdnr. 48) und Rechtsprechung (BGH NJW 60, 1296 f.; 70, 1046 ff.) bekannt geworden.
[32] So hat z. B. der Verein der am Rohkakaohandel beteiligten Firmen e. V. sein eigenes Schiedsgericht (vgl. die frühere Vereinsschiedsgerichtsordnung, abgedruckt bei *Zinkeisen* S. 340 ff.) durch eine in gewissen Punkten modifizierte freundschaftliche Arbitrage ersetzt (§§ 42 f. AGB Rohkakao). Vgl. auch die ähnliche Regelung in §§ 31 f. AGB Eiprodukte.
[33] So nach dessen Auskunft etwa beim Fachhandelsverband Fasern und Haare e. V.; siehe auch unten A. I. 2. Anm. 44.

fahren naturgemäß fehlt. Die Handelskammer Hamburg wird nur dann tätig, wenn eine Partei mit der Ernennung ihres Schiedsrichters säumig ist oder die von den Parteien ernannten Schiedsrichter sich nicht auf einen Obmann einigen können[34]. Dies ist nach Auskunft der Handelskammer etwa 50 bis 60mal im Jahr der Fall. Kenner des Hamburger kaufmännischen Schiedsgerichtswesens meinen, daß die Zahl der jährlich nach § 20 der Platzusancen durchgeführten Schiedsverfahren einschließlich der der Handelskammer bekannt gewordenen Fälle über 100 betrage[35].

2. Rückgang der Spruchtätigkeit

Die vorstehende Übersicht über die Tätigkeit der Hamburger und Bremer kaufmännischen Schiedsgerichte macht deutlich, daß nur etwa die Hälfte der Schiedsgerichte eine einigermaßen bemerkenswerte Inanspruchnahme verzeichnen kann, die ihrerseits darüber hinaus häufig eine rückläufige Tendenz aufweist. Ein Ansteigen der Schiedsgerichtsbarkeit läßt sich weder in den Jahren 1960 - 1969 noch, soweit die hier gemachten Angaben bis in die ersten Nachkriegsjahre zurückreichen, für die Zeit seit dem zweiten Weltkrieg beobachten[36]. Auch ein Vergleich der im einzelnen genannten Zahlen mit den von *Mathies* für den Zeitraum 1924 - 1928 erstellten statistischen Angaben[37] zeigt, daß die Spruchtätigkeit der Hamburger Schiedsgerichte — gleiches gilt, soweit feststellbar, für die Bremer Schiedsgerichte[38] — gegenüber jenen früheren Jahren durchaus nicht zugenommen hat, sondern sich sogar ein

---

[34] § 20 Nr. 1, 4 der Platzusancen. Nach § 20 Nr. 3 sind außerdem Ablehnungsgesuche vor Beschreitung des Rechtsweges zunächst an die Handelskammer zu richten.

[35] So die Auskünfte des stellvertretenden Hauptgeschäftsführers der Handelskammer Hamburg, Dr. *Straatmann*, sowie des Rechtsanwalts Dr. *Zinkeisen*, beide vielfach als Schiedsrichter im Bereich der Hamburger freundschaftlichen Arbitrage tätig und als Mitverfasser des Hamburgischen Börsenhandbuchs mit dem Schiedsgerichtswesen vertraut.

[36] Dies steht im Einklang mit den allgemein zur Entwicklung der privaten Schiedsgerichtsbarkeit erhobenen Feststellungen der Kommission zur Vorbereitung einer Reform der Zivilgerichtsbarkeit aus dem Jahre 1961, wonach von einer besorgniserregenden Expansion der Schiedsgerichtsbarkeit nicht gesprochen werden kann, wenngleich diese auf einigen Rechtsgebieten tatsächlich eine erhebliche Rolle spielt, vgl. *Kommissionsbericht* S. 182 f. Auch *Kohler* S. 64 hält die Aussage, die Schiedsgerichtsbarkeit habe einen bedeutenden Umfang angenommen, für den von ihm gewählten Untersuchungszeitraum (1955 - 1964) und in dieser Allgemeinheit für unzutreffend. Einschränkend zum gegenwärtigen Umfang der Schiedsgerichtsbarkeit desgleichen *v. Brunn* NJW 69, 824; *Stein - Jonas - Schlosser* vor § 1025 Anm. I 1.

[37] Siehe im einzelnen *Mathies*, Schiedsgerichtswesen des Großhandels S. 289 ff.

[38] Vgl. die Angaben bei *Schottelius*, Kaufmännische Schiedsgerichtsbarkeit S. 26 (betr. die Bremer Baumwollbörse e. V.) und bei *Grote* S. 12, 22 f. (betr. den Verein Bremer Getreide- und Futtermittelbörse e. V.).

starker Rückgang bemerkbar macht, der teilweise bis in die jüngste Zeit anhält.

Ob dies, wie *Krause* bereits im Jahre 1931 angesichts der damaligen Stagnation der institutionellen Schiedsgerichtsbarkeit angenommen hat[39], ein Zeichen beginnender Erstarrung und Bürokratisierung der ständigen Schiedsgerichte ist, erscheint allerdings zweifelhaft. Es kommt gewiß schon einmal vor, daß ein Schiedsgericht wegen seiner umständlichen und langwierigen Verfahrensgestaltung gemieden wird, wie dies nach Auskunft des Vereins Deutscher Holzeinfuhrhäuser e. V., Geschäftsstelle Bremen, hinsichtlich dessen Schiedsgericht[40] der Fall ist. Die im Bereich der von diesem Verein betreuten Branche auftretenden Streitigkeiten pflegen vielmehr bei Inlandsgeschäften vor den ordentlichen Gerichten und bei Importgeschäften im Rahmen einer ad hoc-Schiedsgerichtsbarkeit[41] erledigt zu werden, in der es nach Schätzung der Vereinsgeschäftsführung pro Jahr zu der erstaunlich hohen Zahl von etwa 250 bis 270 Schiedssprüchen kommt[42]. Übersehen werden darf auch nicht, daß die Gründung neuer institutioneller Schiedsgerichte teilweise fehlgeschlagen ist[43] und daß die Mitglieder mancher Verbände, deren Schiedsgerichtsordnungen eine Ernennung der Schiedsrichter durch den Vereinsvorstand vorsehen, die Hamburger freundschaftliche Arbitrage vorziehen, weil sie dort die Schiedsrichter selbst ernennen dürfen[44].

---

[39] *Krause* S. 95 f.
[40] Der Verein ist der Schiedsgerichtsgemeinschaft „Schiedsgericht für Holz in Deutschland" angeschlossen. Sein Schiedsgericht verfährt nach der von dieser Gemeinschaft beschlossenen Schiedsgerichtsordnung, abgedruckt bei *Gerig* S. 197 ff.
[41] Hierbei handelt es sich um die Schiedsgerichtsbarkeit nach den „Allgemeinen Bedingungen des Schlußscheins (F. A. S.) Germania 1952" und den „Allgemeinen Bedingungen des Schlußscheins Deutschwaggon 1966", zweier im wesentlichen übereinstimmender Geschäftsbedingungen, die von dem Verein Deutscher Holzeinfuhrhäuser e. V., dem Verein Schwedischer Holz-Exporteure und dem Verein Finnischer Sägewerksbesitzer angenommen worden sind. Nach den in den Bedingungen niedergelegten Schiedsgerichtsbestimmungen sind die einzelnen Schiedsgerichte wie diejenigen der Hamburger freundschaftlichen Arbitrage (vgl. oben A. I. 1. Anm. 30) organisatorisch völlig selbständig. Die Verbände erstellen lediglich eine Obmännerliste und losen aus dieser den Obmann aus, falls eine Einigung der schiedsrichterlichen Beisitzer nicht erfolgt. Auch ernennen die Verbände einen Schiedsrichter, falls eine Partei mit der Ernennung in Verzug ist. Ein Schiedsverfahren nach den oben zuerst genannten Bedingungen war Gegenstand der Entscheidung BGHZ 21, 365.
[42] Diese Schiedsgerichtsbarkeit kennt allerdings wie der Verein des Hamburger Häute- und Fell-Einfuhrhandels e. V. und der Verein der Getreidehändler der Hamburger Börse e. V. (siehe oben A. I. 1.) keine besondere Qualitätsarbitrage, so daß der größte Teil der Schiedssprüche inhaltlich Arbitragegutachten darstellen dürfte.
[43] Vgl. oben Einl. Anm. 32.
[44] So nach deren Auskünften bei den Schiedsgerichten der Vereinigung der am Drogen- und Chemikalien-Groß- und Außenhandel beteiligten Fir-

2. Rückgang der Spruchtätigkeit

Ein solches Ausweichen in die Gelegenheitsschiedsgerichtsbarkeit ist aber ansonsten nicht feststellbar. Die von einem Stillstand oder einer rückläufigen Entwicklung ihrer Schiedsgerichtsbarkeit betroffenen Verbände führen hierfür zumeist andere Gründe an, die von der einfachen Erklärung, man könne vielleicht sagen, daß das Schiedsgericht allein durch die Tatsache seiner Existenz wirke[45], über den Hinweis auf die rückläufige wirtschaftliche Entwicklung des betreffenden Handelszweiges[46] und die weitgehende Standardisierung der Ware[47] bis zu der Feststellung reichen, die Branche bestehe nur aus einem engen Kreis von international einander gut bekannten Kaufleuten, in welchem auftretende Streitigkeiten meist gütlich verglichen würden und wo schon die Androhung der Anrufung eines Schiedsgerichts die Bereitwilligkeit zu einer außergerichtlichen Regelung hervorrufe[48].

Inwieweit dies im einzelnen alles zutrifft, mag dahinstehen. Da es sich bei den hier erwähnten Schiedsgerichten ganz überwiegend um Fachschiedsgerichte handelt, d. h. um Schiedsgerichte, die von Fachverbänden getragen werden und sich nur mit Streitfällen aus der jeweiligen vom Verband betreuten Branche befassen[49], dürften die Existenz und Inanspruchnahme dieser Branchenschiedsgerichte jedenfalls in erster Linie von der wirtschaftlichen Entwicklung der betreffenden einzelnen Geschäftszweige abhängen[50]. Wie die große Anzahl der heute nicht mehr oder nur noch dem Namen nach bestehenden Schiedsgerichte zeigt[51], vermag sich eine gefestigte und über einen längeren Zeitraum während Schiedsgerichtsbarkeit daher zwar nur in nicht zu unbedeutenden und speziellen Branchen zu entfalten. Gerade in den größeren Verbänden aber ist die Inanspruchnahme der Schiedsgerichte durchaus

---

men e. V. und des Verbandes des Deutschen Großhandels mit Ölen, Fetten und Ölrohstoffen e. V. Der Waren-Verein der Hamburger Börse e. V. hat bereits im Jahre 1950 sein damaliges Ernennungssystem (Ernennung der Schiedsrichter durch den Vorstand) durch das System der Hamburger freundschaftlichen Arbitrage ersetzt, um deren starken Bevorzugung zu begegnen, vgl. JB 50, 9.

[45] So der Verein Bremischer Importeure e. V.

[46] So der Verband des Kartoffelgroßhandels Schleswig-Holstein und Hamburg e. V. (Rückgang des Kartoffelanbaus in Schleswig-Holstein) sowie der Bund Deutscher Rauhfutter- und Fouragehändler e. V. (Motorisierung des Verkehrs und Abschaffung der Pferde).

[47] So der Reismaklerverein in Hamburg e. V. und der Verein der am Kautschukhandel beteiligten Firmen e. V.

[48] So der Zentralverband der deutschen Darm-Importeure e. V.; ähnlich der Verein der am Kautschukhandel beteiligten Firmen e. V. und der Verein Deutscher Kohlenimporteure e. V.

[49] Zum Begriff des Fachschiedsgerichts siehe *Schottelius*, Kaufmännische Schiedsgerichtsbarkeit S. 30 f.; vgl. auch unten B. I. 1.

[50] Bereits *v. Staff* DJZ 25, 778 hat darauf hingewiesen, daß die institutionelle Schiedsgerichtsbarkeit ganz allgemein von der wirtschaftlichen Entwicklung abhänge.

[51] Vgl. oben Einl. Anm. 30 f.; A. I. 1. Anm. 12 ff.

rege genug, um die Annahme zu rechtfertigen, daß diese Schiedsgerichte ausreichende Gelegenheit haben, zu umstrittenen oder neu auftauchenden Rechtsfragen Stellung zu beziehen und auf diese Weise eine rechtsfortbildende Funktion wahrzunehmen.

II. Personelle Bedingungen

Ob die Schiedsgerichte die vorhandene Möglichkeit nutzen, Rechtsentscheidungen zu treffen und das von ihnen angewandte Recht fortzubilden, hängt nicht zuletzt von dem Willen und der Fähigkeit der einzelnen Schiedsrichter ab, ungelöste Rechtsfragen unter Berücksichtigung von Literatur sowie staatlicher und schiedsrichterlicher Rechtsprechung so zu entscheiden, daß die Rechtsauffassung des Schiedsgerichts über den entschiedenen Einzelfall hinaus Bedeutung für die Vermeidung oder Entscheidung künftiger Rechtsstreitigkeiten erlangen kann. Die Tatsache, daß auch bei institutionellen Schiedsgerichten die personelle Zusammensetzung des Schiedsgerichts grundsätzlich für jede Streitigkeit eine andere ist und es sich bei den Schiedsrichtern fast regelmäßig um juristische Laien handelt, spricht an sich gegen die Möglichkeit einer planmäßigen und methodisch geleiteten Fortbildung des Rechts seitens der Schiedsgerichte.

1. *Beständigkeit in der Besetzung der Schiedsgerichte*

Was die personelle Besetzung der Schiedsgerichte anbelangt, so ist jedoch in der Praxis eine erstaunliche Kontinuität zu beobachten. Zunächst einmal grenzen einige Schiedsgerichtsordnungen den zur Übernahme des Schiedsrichteramtes befähigten Personenkreis dahingehend ein, daß nur Kaufleute mit Branchenkenntnissen[1] ernannt werden dürfen. Bis zum Jahre 1969 schrieben die meisten Verfahrensordnungen zudem vor, daß die Schiedsrichter aus der Mitte der Vereinsmitglieder[2] oder aus einer vom Verband erstellten Schiedsrichterliste zu entnehmen seien[3]. Der trotz dieser Einschränkung noch recht umfangreiche Personenkreis wird darüber hinaus dadurch stark reduziert, daß bestimmte Personen, die nicht selten ohnehin leitende Funktionen innerhalb der Verbände wahrnehmen und sich aufgrund ihrer fachlichen,

---

[1] So etwa § 1 III SchGO HK Bremen; z. T. wird auch nur verlangt, daß die Schiedsrichter Kaufleute sind, vgl. § 5 II SchGO Fasern.
[2] So z. B. früher § 71 I BBB; § 2 SchGO Waren; § 2 I SchGO Kaffee Bremen; § 21 II Saathandelsusancen. Zur Unwirksamkeit solcher Bestimmungen in Streitigkeiten zwischen Vereinsmitgliedern und Außenseitern vgl. BGHZ 51, 255. Inzwischen tragen die Verfahrensordnungen gerade der häufig in Anspruch genommenen Schiedsgerichte dieser Entscheidung durch entsprechende Änderungen zugunsten der Außenseiter Rechnung, vgl. auch unten A. II. 1. Anm. 10.
[3] Vgl. für viele § 3 III SchGO Häute; § 6 SchGO Deutsch-Niederländischer Vertrag.

juristischen und charakterlichen Qualifikation das Vertrauen der Parteien erworben haben, von diesen besonders häufig zu Schiedsrichtern ernannt zu werden pflegen. Entsprechendes läßt sich auch in den Verbänden feststellen, deren Schiedsgerichtsordnungen eine Ernennung der Schiedsrichter seitens des Vereinsvorstandes vorsehen. Auf diese Weise hat sich bei allen bedeutenderen Schiedsgerichten so etwas wie eine „Schiedsrichterschaft" herausgebildet.

Am deutlichsten zeigt sich dies bei Schiedsgerichten mit besonders häufiger Inspruchnahme. Obwohl z. B. den Parteien beim Schiedsgericht des Waren-Vereins der Hamburger Börse e. V. durchschnittlich mehr als 1000 Personen[4] als Schiedsrichter zur Auswahl standen, wirkten beim Erlaß der 107 erstinstanzlichen Schiedssprüche aus den Jahren 1964 - 1965 nur 38 Personen als Schiedsrichter mit. Unter diesen wiederum befanden sich einige, die besonders häufig ernannt wurden. So war ein Schiedsrichter an 94, ein anderer an 74 Verfahren beteiligt. Diese beiden Schiedsrichter nahmen damit bereits mehr als die Hälfte aller bei 107 Verfahren vor einem dreiköpfigen Schiedsgericht zu vergebenden 321 „Schiedsrichterstellen" ein. Drei Schiedsrichter brachten es zu 27, 20 und 16 Ernennungen, 6 weitere Schiedsrichter nahmen an 5 - 10 Verfahren teil. Die geringe Zahl von 45 Ernennungen schließlich verblieb den übrigen 27 Schiedsrichtern. Eine ähnliche Konzentration der Masse der Ernennungen auf einen zahlenmäßig nur beschränkten Schiedsrichterkreis ist beim Schiedsgericht des Vereins der Getreidehändler der Hamburger Börse e. V. zu beobachten. So waren an 564 von je einem dreiköpfigen Schiedsgericht gefällten erstinstanzlichen Schiedssprüchen des Jahres 1967 nur 89 von 275 auf der Schiedsrichterliste stehenden Schiedsrichtern beteiligt. Dabei brachten es 4 Schiedsrichter auf 70 - 100, 9 Schiedsrichter auf 40 - 69 und 19 Schiedsrichter auf 20 - 39 Verfahren. Nur 290 Ernennungen entfielen auf die restlichen 57 Schiedsrichter, unter denen sich allein 28 Außenseiter mit je 1 - 3 Ernennungen befanden.

Nicht so auffällig ist die Bevorzugung bestimmter Schiedsrichter in solchen Verbänden, deren Schiedsgerichte weniger in Anspruch genommen werden, da es bei nur seltenen Verfahren lediglich dann zu einer häufigeren Heranziehung eines Schiedsrichters kommen kann, wenn dieser über viele Jahre hinweg der Schiedsgerichtsbarkeit zur Verfü-

---
[4] Diese Zahl wurde in einem Aufhebungsverfahren bezüglich eines Schiedsspruchs des Waren-Verein-Schiedsgerichts von der Beklagten unwidersprochen vorgetragen, vgl. OLG Hamburg JB 66, 72 ff. (77); sie dürfte schätzungsweise zutreffen, da der Verein etwa 250 Mitgliedsfirmen hatte und zu jener Zeit gemäß § 2 IV SchGO Waren „persönlich haftende Inhaber, Gesellschafter, Vorstandsmitglieder, Geschäftsführer oder Prokuristen von Firmen, die dem Verein angehören", als Schiedsrichter benannt werden durften; ebenso *Bülow* NJW 70, 586 Anm. 7.

gung steht. Dennoch waren z. B. an den beim Schiedsgericht des Vereins der am Caffeehandel betheiligten Firmen in Hamburg im Zeitraum von 1950 - 1969 abgewickelten 115 Verfahren die 4 am stärksten in Anspruch genommenen Schiedsrichter insgesamt 36- bzw. 29-, 24- und 20mal beteiligt. Es folgten 11 Schiedsrichter mit 9 - 15 Einsätzen. Ähnlich verhält es sich hinsichtlich der vom Schiedsgericht der Bremer Baumwollbörse e. V. in den Jahren 1949 - 1969 gefällten 117 erstinstanzlichen Entscheidungen. Ein Schiedsrichter wirkte an 21, ein anderer an 20 und zwei weitere an jeweils 18 Schiedssprüchen mit; 6 Schiedsrichter kamen zu 8 - 15 Ernennungen. An den vom Schiedsgericht des Verbandes des Deutschen Großhandels mit Ölen, Fetten und Ölrohstoffen e. V. im Zeitraum 1949 - 1969 durchgeführten 95 Verfahren wirkten u. a. ein Schiedsrichter 28-, zwei andere 14- und 6 weitere Schiedsrichter jeweils 8- bis 11mal mit.

Selbst beim Schiedsgericht der Vereinigung des Wollhandels e. V., dessen Beisitzer für jede Streitigkeit aus einer für je ein Jahr erstellten Schiedsrichterliste ausgelost werden[5], ist der Kreis der aktiven Schiedsrichter sehr viel kleiner, als man aufgrund des Ernennungssystems erwarten sollte. Zudem wird eine gewisse Kontinuität der Besetzung dieses Schiedsgerichts dadurch gewahrt, daß der Schiedsgerichtsvorsitzende und seine drei Stellvertreter vom Vereinsvorstand gewählt werden[6] und ihr Amt somit über Jahre hinweg ausüben.

Ähnliche Erscheinungen wie in den vorgenannten Verbänden lassen sich nicht nur bei anderen Verbandsschiedsgerichten, sondern in weniger ausgeprägter Form auch beim Schiedsgericht der Handelskammer Hamburg und bei der Hamburger freundschaftlichen Arbitrage beobachten, obwohl hier die Schiedsgerichtsordnungen keinerlei Beschränkungen hinsichtlich der Auswahl der Schiedsrichter vorsehen. So wirkten an 155 untersuchten Verfahren[7] der Hamburger freundschaftlichen Arbitrage aus den Jahren 1964 - 1967 ein Schiedsrichter 152mal, ein anderer 65mal und drei weitere 22- bis 24mal mit, während bei den 45 in den Jahren 1956 - 1969 abgewickelten Verfahren des Handelskammerschiedsgerichts ein Schiedsrichter 19mal, ein anderer 12mal und sechs weitere 3- bis 6mal tätig waren. Auffallend ist hierbei, daß die führenden Schiedsrichter des Waren-Vereins der Hamburger Börse e. V. auch bei der Hamburger freundschaftlichen Arbitrage und beim Handelskammerschiedsgericht einen wesentlichen Anteil der Ernennungen auf sich vereinigen. Hieraus läßt sich entnehmen, daß besonders befähigte Schiedsrichter über ihren Verband hinaus bei den ein-

---

[5] § 3 II, III SchGO Wolle.
[6] § 2 III SchGO Wolle.
[7] Zum Gesamtumfang der Schiedsgerichtsbarkeit innerhalb der Hamburger freundschaftlichen Arbitrage vgl. oben A. I. 1. Anm. 35.

1. Beständigkeit in der Besetzung der Schiedsgerichte

schlägigen Handelskreisen bekannt sind und sich ihr Wirkungskreis somit durchaus nicht auf den Vereinsbereich beschränkt.

Ganz allgemein läßt sich daher feststellen, daß in den Verbandsschiedsgerichten, aber auch beim Handelskammerschiedsgericht und bei der Hamburger freundschaftlichen Arbitrage der größte Teil der Schiedsverfahren in den Händen eines verhältnismäßig überschaubaren Kreises von Schiedsrichtern liegt[8]. Inwieweit sich hieran aufgrund des Urteils des Bundesgerichtshofs, wonach bei Streitigkeiten zwischen Vereinsmitgliedern und Außenseitern eine Beschränkung der Schiedsrichterauswahl auf vereinsangehörige Schiedsrichter unzulässig ist[9], etwas ändern wird, bleibt abzuwarten. Die während des ersten Jahres nach Bekanntwerden der BGH-Entscheidung gemachten Erfahrungen mit den der Rechtsprechung angepaßten Schiedsgerichtsordnungen[10] sprechen jedenfalls dafür, daß auch in Zukunft trotz der für Außenseiter bestehenden anderweitigen Ernennungsmöglichkeit weiterhin im allgemeinen bewährte verbandsangehörige Schiedsrichter bestellt werden. Obwohl z. B. bei der Bremer Baumwollbörse e. V. die Parteien bereits vor Einführung der neuen Bestimmungen in Fällen der Beteiligung eines Nichtmitgliedes darauf hingewiesen wurden, daß es statthaft sei, auch fachkundige Vertreter von Firmen, die nicht Mitglied der Bremer Baumwollbörse e. V. seien, zu Schiedsrichtern zu ernennen, ist von dieser Möglichkeit zumindest bis zum März 1970 in keinem Fall Gebrauch gemacht worden[11]. Bis zu diesem Zeitpunkt waren auch bei dem Schiedsgericht des Vereins der Getreidehändler der Hamburger Börse e. V. im Normalfall alle Beteiligten mit der Fortführung der Schiedsgerichtsbarkeit in alter Weise zufrieden; das BGH-Urteil hatte sich auf die Schiedsgerichtsbarkeit des Vereins kaum ausgewirkt[12]. Bei dem Schiedsgericht des Vereins der am Caffeehandel betheiligten Firmen in Hamburg wurden bis zum Frühjahr 1970 weiterhin nur Schieds-

---

[8] Ähnlich, wenn auch ganz allgemein in bezug auf die Schiedsrichterauslese „an Orten, an denen das Schiedsgerichtswesen blüht", *Grimm - Rochlitz* S. 13.
[9] BGHZ 51, 255 unter Zustimmung von *Kornblum* ZZP 82, 480 ff.; ablehnend *Bülow* NJW 70, 585 ff.; differenzierend *Stein - Jonas - Schlosser* § 1032 Anm. I 3 d.
[10] Bezüglich der beim Waren-Verein der Hamburger Börse e. V. vorgenommenen Änderung siehe *Bülow* NJW 70, 585 Anm. 6. Soweit bei anderen Verbänden ebenfalls neue Bestimmungen eingefügt worden sind (so etwa bei den Vereinen der Getreidehändler der Hamburger Börse e. V., der am Caffeehandel betheiligten Firmen in Hamburg und der am Kaffeehandel beteiligten Firmen in Bremen e. V. sowie bei der Bremer Baumwollbörse e. V.), gleichen diese weitgehend der Regelung des Waren-Vereins, teilweise mit der Maßgabe, daß es sich um branchenangehörige Firmen handeln muß.
[11] Auskunft des Syndikus der Baumwollbörse.
[12] So der Syndikus des Vereins mit der Einschränkung, hier und da glaubten lediglich „einige Advokaten, gegen rechtskräftige Schiedssprüche noch an die ordentlichen Gerichte gehen zu sollen".

richter bestellt, die auch bisher auf der Schiedsrichterliste des Vereins gestanden hatten[13], und auch bei dem Schiedsgericht des Waren-Vereins der Hamburger Börse e. V. ernannten die Nichtmitglieder meistens Vereinsmitglieder zu Schiedsrichtern, so daß sich die Änderung der Schiedsgerichtsordnung kaum ausgewirkt hat und die Schiedsrichter bis zum gegenwärtigen Zeitpunkt weiterhin aus einem relativ kleinen Kreise erfahrener Kaufleute ausgewählt werden[14].

Nach alledem dürfte somit die für eine planmäßige Fortbildung des Rechts erforderliche personelle Kontinuität in der Zusammensetzung der Schiedsgerichte, die im übrigen von den Verbänden nach Möglichkeit unterstützt wird, um die im Interesse der Rechtssicherheit wünschenswerte Beständigkeit der Rechtsprechung ihrer Schiedsgerichte zu fördern[15], weitgehend gegeben sein.

2. Mitwirkung von Juristen

Auch eine durch häufige Schiedsrichtertätigkeit gewonnene Erfahrung und ein besonders gutes Fachwissen vermögen freilich nicht in vollem Umfang die für eine exakte Rechtsanwendung und methodisch geleitete Rechtsfortbildung erforderliche, bei den Schiedsrichtern jedoch zumeist nicht vorhandene Rechtskenntnis oder gar juristische Ausbildung zu ersetzen[16]. Damit das geltende Recht und dessen durch die höchstrichterliche Rechtsprechung bewirkte Entwicklung beachtet werde, ist sogar bereits die Mitwirkung eines Rechtskundigen als gesetzliches Erfordernis der Besetzung eines Schiedsgerichts verlangt worden[17]. Auch ohne eine solche gesetzliche Bestimmung aber wirken Juristen in verschiedener Weise an der Rechtsfindung der Schieds-

---

[13] Auskunft des Rechtsberaters des Caffee-Schiedsgerichts mit der zusätzlichen Bemerkung, ein Verfahren sei infolge des BGH-Urteils „geplatzt".

[14] So auf Anfrage der Syndikus des Waren-Vereins. In mehreren Verfahren hätten sich die Schiedsrichter jedoch auf einen nicht einer Mitgliedsfirma angehörenden Juristen (Richter, Anwälte, Syndizi der HK Hamburg) als Obmann geeinigt.

[15] So ausdrücklich RA Dr. *Jakob*, Syndikus der Bremer Baumwollbörse e. V., in seinem am 16. 5. 1968 innerhalb eines Seminars des Deutschen Ausschusses für Schiedsgerichtswesen gehaltenen Referat unter Hinweis darauf, daß im Jahre 1964 bei der Bremer Baumwollbörse e. V. durch eine Satzungsänderung das Institut der persönlichen Mitgliedschaft eingeführt worden sei (vgl. § 4 II lit. c der Satzung), um Schiedsrichter mit jahrzehntelanger geschäftlicher und schiedsgerichtlicher Praxis auch nach ihrem Ausscheiden aus einer dem Verein als ordentliches Mitglied angehörenden Firma weiterhin als persönliche Mitglieder dem Verein erhalten und als solche (vgl. § 71 I BBB) dem Schiedsgericht nutzbar machen zu können.

[16] So jedoch *Grimm - Rochlitz* S. 13: Die von ihnen beschriebene Schiedsrichterauslese (vgl. oben A. II. 1. Anm. 8) verleihe den Schiedsgerichten ein Niveau, das den Vergleich mit den ordentlichen Gerichten nicht zu scheuen brauche.

[17] *Katz* S. 12.

gerichte mit, so daß juristische Überlegungen durchaus Eingang in die schiedsgerichtliche Rechtsprechung zu finden vermögen.

a) Juristen als Schiedsrichter

In den Schiedsgerichten der Handelskammer Hamburg und der Hamburger freundschaftlichen Arbitrage wirken häufig bestimmte, mit schiedsgerichtlichen und handelsrechtlichen Fragen besonders vertraute Persönlichkeiten aus Justiz (LGRäte sowie LGDirektoren der Kammern für Handelssachen)[18], Verwaltung (leitende Juristen der Handelskammer) und Rechtsanwaltschaft mit, und zwar überwiegend als Vorsitzende des Schiedsgerichts.

Andere Schiedsgerichtsordnungen überlassen es nicht dem Zufall oder dem Willen der Parteien, ob ein Jurist zum Mitglied des Schiedsgerichts ernannt wird, sondern schreiben ihrerseits zwingend vor, daß der Vorsitzende des Schiedsgerichts (wenn auch zumeist erst in einer höheren Instanz) ein zum Richteramt befähigter Jurist[19], ein Rechtsanwalt[20] oder sogar ein Vorsitzender einer Kammer für Handelssachen[21] sein müsse.

b) Juristen als Berater

Diese direkte Mitwirkung von Juristen an der schiedsgerichtlichen Urteilsfindung tritt gegenüber einer anderen Möglichkeit, die Rechtskenntnisse von Juristen der Schiedsgerichtsbarkeit dienstbar zu machen, völlig in den Hintergrund. Der weitaus größte Teil der Schiedsgerichtsordnungen geht von der Vorstellung eines nur mit Kaufleuten besetzten Schiedsgerichts aus[22], sieht aber eine — teils obligatorische,

---

[18] Die Ausübung des Schiedsrichteramts durch staatliche Richter ist in Hamburg seit langem üblich, vgl. *Heuer* LZ 26, 429 ff. — Die Frage, ob eine Mitwirkung von staatlichen Richtern in Schiedsgerichten gegen Interessen der staatlichen Rechtspflege verstoße (vgl. die Kontroverse zwischen *Nußbaum* JW 26, 15; *Heilberg* JW 26, 1506 ff. und *Bredenkamp* JW 26, 2147; *Nicland* DRiZ 26, 86 f.) hat in § 40 I DRiG ihre gesetzliche Regelung gefunden.
[19] § 1 II SchGO Bremer Importeure für das eininstanzliche Verfahren; § 3 III SchGO Holz und § 26 I SchGO Rauhfutter für die Berufungsinstanz; § 42 II SchGO Kartoffeln für die Revisionsinstanz.
[20] § 2 III SchGO Wolle für das eininstanzliche Verfahren.
[21] § 19 V Reis-Schlußnota für die Berufungsinstanz; § 72 IV BBB für die 2. Berufungsinstanz.
[22] Insofern trifft auch heute noch die Bemerkung von *Kann* S. 6 zu, die institutionellen Schiedsgerichte sträubten sich gegen die Ernennung von Fachjuristen zu Schiedsrichtern; vgl. aber auch die gegenteiligen Beobachtungen von *Kohler* S. 47. So stellte der Vorstand des Waren-Vereins der Hamburger Börse e. V. anläßlich der Änderung der Schiedsgerichtsordnung (vgl. oben A. I. 2. Anm. 44) ausdrücklich fest, das Schiedsgericht unterscheide sich auch weiterhin von der Hamburger freundschaftlichen Arbitrage insbesondere dadurch, daß ihm nur leitende Männer der Vereinsfirmen angehören dürften und dadurch das Übergewicht des Kaufmanns in der Schiedsgerichtsbarkeit des Vereins gewährleistet sei.

teils im Ermessen des Schiedsgerichts stehende — juristische Beratung des Schiedsgerichts vor[23]. Dieses Amt wird in manchen Verbänden von deren jeweiligem Syndikus[24], in anderen Vereinigungen von einer zum Richteramt befähigten Person[25], von einem Wirtschaftsjuristen[26], einem juristischen Mitarbeiter der Handelskammer[27], einem juristischen Beirat[28], Beistand[29], Beisitzer[30] oder lediglich einem Rechtskundigen[31] wahrgenommen.

Nach den zumeist sehr allgemein gehaltenen Formulierungen der Schiedsgerichtsordnungen[32] sind diese juristischen Berater „vom Schiedsgericht beratend hinzuzuziehen"[33], „nehmen an den Verhandlungen des Schiedsgerichts mit beratender Stimme teil"[34] oder können von den Schiedsrichtern „zu ihrer Beratung"[35] hinzugezogen werden. Näheres ist über die Aufgaben der juristischen Berater in den Schiedsgerichtsordnungen nur sehr selten zu finden[36]. In der Praxis sieht es überwiegend so aus, daß die Berater nicht nur an den Verhandlungen

---

[23] *v. Staff - Schönke* S. 119 halten es für „eine ganz verfehlte Anschauung", wenn bei der Bildung von Schiedsgerichten von der Zuwahl eines Rechtskundigen abgesehen werde, weil man meine, dem Mangel an Gesetzeskenntnissen auf seiten nicht juristisch gebildeter Schiedsrichter könne durch Hinzuziehung eines Juristen als Berater oder Schriftführer leicht abgeholfen werden. Auch *Kohler* S. 87 zieht die Ernennung eines Juristen zum Schiedsgerichtsvorsitzenden der Beteiligung eines juristischen Beraters vor.
[24] Vgl. für viele § 3 SchGO Waren für die 1. Instanz; § 2 V SchGO Kaffee Bremen.
[25] §§ 6 II, 37 SchGO Kartoffeln für die 1. und 2. Instanz.
[26] § 3 II SchGO Harz (Wirtschaftsjurist oder Syndikus) für die 1. Instanz.
[27] § 8 II Harz für die 2. Instanz; ähnlich § 18 III SchGO Waren für die 2. Instanz (Mitarbeiter der Handelskammer mit Befähigung zum Richteramt).
[28] § 10 I SchGO Kautschuk.
[29] § 12 SchGO Häute.
[30] § 11 IV SchGO Holz.
[31] § 6 V SchGO Getreide Hamburg; § 3 II SchGO Drogen; § 8 SchGO Caffee Hamburg (Rechtskundiger mit Befähigung zum Richteramt). In der Praxis haben auch bei diesen Schiedsgerichten die Verbandssyndizi das Amt des Beraters inne.
[32] Etwas ausführlicher § 6 III SchGO Grofor: „Das Schiedsgericht kann zur Teilnahme an der Verhandlung und zur Beratung den Syndikus oder einen anderen Volljuristen heranziehen, der die Aufgabe hat, den Schiedsrichtern über Rechtsfragen Auskünfte zu geben und sie über die zu beachtenden Vorschriften zu unterrichten."
[33] § 86 III BBB, ähnlich § 6 II SchGO Kartoffeln.
[34] Vgl. für viele § 2 III SchGO HK Hamburg.
[35] § 12 SchGO Häute.
[36] So etwa § 11 SchGO Waren und § 10 SchGO Kaffee Bremen, nach welchen das Schiedsgericht Zeugen und Sachverständige durch den Vereinssyndikus vernehmen lassen kann. — Noch weitergehende Befugnisse verleiht der am 22. 4. 69 eingefügte Abs. II des § 3 SchGO Waren: „Auch außerhalb der mündlichen Verhandlung kann der mit der Sache befaßte Syndikus zur Beschleunigung und Konzentration des Verfahrens den Parteien die nach seiner Ansicht geeigneten Hinweise geben; er kann auch sonstige das Verfahren nach seiner Ansicht fördernde Anordnungen treffen. Durch diese vorbereitenden Verfügungen des Syndikus wird das Schiedsgericht nicht gebunden."

und Beratungen des Schiedsgerichts teilnehmen, sondern darüber hinaus die Geschäftsstelle des Schiedsgerichts leiten, das Verhandlungsprotokoll führen[37] und den Schiedsspruch in Zusammenarbeit mit den Schiedsrichtern schriftlich abfassen.

Diese umfangreiche Tätigkeit vermittelt den z. T. mehr als ein Jahrzehnt[38] bei einem Schiedsgericht beschäftigten Juristen eine eingehende Kenntnis nicht nur der einschlägigen Handelsgepflogenheiten und des speziellen Verbandsrechts, sondern vor allem auch der hierzu ergangenen schiedsgerichtlichen Rechtsprechung. Hierauf beruht die — des weiteren von der verbandsinternen Autorität und der Persönlichkeit des einzelnen Beraters abhängige und deshalb in unterschiedlichem Maße genutzte — Möglichkeit, nicht nur in verfahrensrechtlichen, sondern auch in materiellrechtlichen Fragen auf die Verhandlungsführung, Beratung und Entscheidung des Schiedsgerichts einzuwirken[39]. Mag eine solche Einflußnahme der Berater unter schiedsrechtlichen Gesichtspunkten[40] (die Berater können nicht abgelehnt werden und sind den Parteien nicht verantwortlich) auch als nicht unbedenklich erscheinen[41], so ist es doch im Hinblick auf eine wünschenswerte einheitliche Anwendung des maßgeblichen Rechts (vor allem des Verbandsrechts) sowie dessen kontinuierlicher Fortbildung von großem Wert,

---

[37] Eine entsprechende ausdrückliche Vorschrift findet sich nur in § 3 SchGO Waren und § 12 III SchGO Fasern.

[38] So war etwa RA Dr. Walter Grimm, bekannt als Verfasser und Mitverfasser mehrerer Schriften aus der Praxis des Handels und des Schiedsgerichtswesens (vgl. oben Einl. Anm. 34, A. I. Anm. 9, 11), fast 35 Jahre lang als ständiger Berater bei dem Schiedsgericht des Waren-Vereins der Hamburger Börse e. V. tätig. Während der Blütezeit des Schiedsgerichts des Verbandes des Kartoffelgroßhandels Schleswig-Holstein und Hamburg e. V. wurde bei diesem das Amt des Rechtsberaters 12 Jahre lang von einem OLG-Präsidenten und 6 Jahre lang von einem OLG-Rat ausgeübt. Die Amtszeiten der beiden gegenwärtig bei dem Schiedsgericht des Vereins der Getreidehändler der Hamburger Börse e. V. tätigen Rechtsberater betragen 16 und 11 Jahre. Der derzeitige Rechtsberater des Schiedsgerichts der Bremer Baumwollbörse e. V. übt seine Tätigkeit bereits 19 Jahre lang aus.

[39] So meint *Mathies*, Ständige Schiedsgerichte S. 130 über seine Tätigkeit als Berater des Schiedsgerichts, er habe nie das Gefühl gehabt, daß sein Einfluß im Schiedsgericht geringer gewesen sei, als wenn er Beisitzer gewesen wäre.

[40] Die von *Faller* S. 45 und *Grote* S. 57 geäußerte rein tatsächliche Befürchtung, unter der Zuziehung eines rechtskundigen Beraters könne die Autorität des Schiedsgerichts leiden, dürfte meinen Beobachtungen zufolge indes unbegründet sein.

[41] Nach h. M. ist die Teilnahme beratender Dritter am Verfahren grundsätzlich zulässig, vgl. RG JW 21, 1248 f.; *Kohler* S. 48 Anm. 7; *Baumbach-Schwab* 16 F (S. 144) m. w. Nachw.; a. A. KG DJZ 20, 853; *Kann* S. 8. — *Reimer-Mußfeld* S. 86 halten die Zuziehung eines „unverantwortlichen Ratgebers" für keine glückliche Einrichtung; *Kann* S. 8 hält sie für bedenklich. Nach *Sieg* JZ 58, 723 ist die Ablehnbarkeit des Beraters dringend geboten, sofern dieser richterliche Funktionen (Vornahme von Ermittlungen, Teilnahme an der eigentlichen Beratung) wahrnimmt.

daß die beratenden Juristen auf eine Berücksichtigung vorhandener schiedsgerichtlicher und staatlicher Rechtsprechung sowie allgemeiner juristischer und methodologischer Grundsätze seitens des jeweils amtierenden Schiedsgerichts bedacht sind[42]. Mehrfach wurde mir von Rechtsberatern bestätigt, daß sie hierin eine ihrer Hauptaufgaben sehen.

Einer Rechtsfortbildung besonders förderlich ist es auch, daß den Beratern in der Praxis größtenteils die schriftliche Abfassung des Schiedsspruchs übertragen wird[43]. Teilweise werden die Schiedssprüche auch in Zusammenarbeit zwischen Schiedsrichtern und Rechtsberatern erstellt oder aber, falls sie ausnahmsweise von den Schiedsrichtern allein angefertigt wurden, den Beratern lediglich zur Überprüfung vorgelegt. Die beratenden Juristen sind bemüht, den von den Schiedsrichtern im Laufe der mündlichen Verhandlung oder der Beratung mitunter nur unklar formulierten Überlegungen, welche der konkreten Entscheidung zugrunde liegen, einen allgemeinen Aussagegehalt abzugewinnen und sie in den zumeist recht umfangreichen[44] Gründen des Schiedsspruchs entsprechend darzustellen[45]. Dieser erlangt dadurch eine über den Einzelfall hinausgehende Bedeutung, indem für die Zukunft aufgezeigt wird, wie der Handel die aufgetretenen Schwierigkeiten bei neuen Geschäften vermeiden kann[46]. Auch dient der Schiedsspruch durch eine sorgfältige Begründung eher als Entscheidungshilfe für künftige Parallelfälle.

---

[42] Ähnlich *Liebig* ED vom 27. 2. 71 bezüglich des Schiedsgerichts des Vereins der Getreidehändler der Hamburger Börse e. V. (*Liebig* ist dort Rechtsberater in der 1. Instanz): Aufgabe des Beraters sei es u. a., auf Entscheidungen anderer Schiedsgerichte in gleichgelagerten Fällen aufmerksam zu machen und auf diejenigen Punkte hinzuweisen, deren Berücksichtigung aus Rechtsgründen erforderlich sei.
[43] So auch ausdrücklich *Liebig* aaO hinsichtlich des Schiedsgerichts des Hamburger Getreidehändlervereins. Gegen *Baumbach - Schwab* 19 B I (S. 162) ist die nachträgliche schriftliche Abfassung der von den Schiedsrichtern zuvor mündlich gefällten und begründeten Entscheidung nicht als unübertragbare schiedsrichterliche Tätigkeit anzusehen, so auch *Thomas* S. 96; *Grimm - Rochlitz* S. 95. *Stein - Jonas - Schlosser* § 1039 Anm. II 1 a halten es für tolerierbar, wenn ein Dritter die in der Beratung maßgeblichen Entscheidungsgründe schriftlich in Form eines Entwurfs niederlegt, den die Schiedsrichter nach Lektüre unterzeichnen.
[44] Der Umfang der Gründe liegt bei der Masse der Entscheidungen zwischen 3 und 7 Schreibmaschinenseiten, doch sind auch Entscheidungen von 10 - 15 Seiten keine Seltenheit; ebensowenig fehlt es an kurzen Begründungen von 1 - 2 Seiten.
[45] So auch RA *Hansen*, Syndikus des Vereins der Getreidehändler der Hamburger Börse e. V., in seinem am 16. 5. 1968 innerhalb eines Seminars des Deutschen Ausschusses für Schiedsgerichtswesen gehaltenen Referat: Sie, die Rechtsberater, versuchten aufgrund der in der Beratung angefertigten Notizen „die Sache so logisch und vernünftig zu begründen, wie wir können".
[46] *Liebig* aaO.

c) Juristen als Prozeßvertreter

In einer Aufzählung der in und bei den Schiedsgerichten tätigen Juristen sind schließlich auch die Rechtsanwälte zu erwähnen, deren sich die Parteien zur Vertretung ihrer Interessen vor den Schiedsgerichten bedienen. Im Unterschied zu vielen anderen ständigen Schiedsgerichten Deutschlands hat es in Hamburg und Bremen auch schon vor der Einfügung von Satz 2 in § 1034 I ZPO den bis dahin häufigen Ausschluß anwaltlicher Vertretung kaum gegeben[47]. Dagegen fand sich schon immer in vielen Schiedsgerichtsordnungen die bis heute erhalten gebliebene Bestimmung, daß jede Partei ihre Anwaltskosten selbst zu tragen habe[48]. Eine gewisse Einengung der anwaltlichen Vertretung liegt ferner in der mitunter auftretenden Bestimmung, wonach nur ortsansässige Anwälte zugelassen sind[49], sowie in Vorschriften, die dem Schiedsgericht das Recht einräumen, die Sache zu vertagen, falls eine Partei im Termin durch einen Rechtsanwalt vertreten ist[50].

In einigen Branchen herrscht trotz der an sich neutralen Schiedsgerichtsordnungen eine vorwiegend kritische Einstellung zur anwaltlichen Vertretung vor[51]. Beim Schiedsgericht des Vereins der Getreidehändler der Hamburger Börse e. V. werden daher schätzungsweise allenfalls 2 % der Streitigkeiten unter Mitwirkung von Rechtsanwälten entschieden, wobei allerdings gerade hinsichtlich dieses Schiedsgerichts nicht vergessen werden darf, daß es sich bei den Parteien um zumeist größere Firmen handelt, die über eigene Juristen verfügen, die die Streitsachen intern bearbeiten, ohne daß dies nach außen erkennbar wird[52]. Daß vor dem Schiedsgericht der Bremer Baumwollbörse e. V. Anwälte ebenfalls nur in seltenen Fällen auftreten[53], führt der Syndikus der Börse auf den Umstand zurück, daß das Schiedsgericht über qualifizierte und allseits geachtete Schiedsrichter verfüge und die Parteien in Interessentengruppen (z. B. Händler, Makler und Agenten, Spinner, Ablader usw.) zusammengefaßt seien, deren Syndizi um Rat

---

[47] Vgl. im einzelnen *Reimer - Mußfeld* S. 132 ff. Bei einem guten Drittel der hier untersuchten Schiedsgerichte erklären die Verfahrensordnungen sogar ausdrücklich die Vertretung durch Rechtsanwälte für zulässig.
[48] So mehr als die Hälfte der Schiedsgerichtsordnungen; einige wenige Verfahrensordnungen überlassen es dem Ermessen des Schiedsgerichts, außergerichtliche Kosten einschließlich der Anwaltskosten der unterliegenden Partei aufzuerlegen, so z. B. § 8 IV SchGO Wolle, § 11 VII SchGO Grofor, § 47 SchGO Kartoffeln.
[49] § 10 II SchGO Kaffee Bremen; zur Zulässigkeit einer solchen Bestimmung vgl. *Stein - Jonas - Schlosser* § 1034 Anm. III 2 d.
[50] § 16 II SchGO Getreide Bremen; nach § 13 III SchGO Häute ist die Hinzuziehung eines Rechtsanwalts dem Schiedsgericht und dem Gegner rechtzeitig mitzuteilen.
[51] So etwa in der Häute- und Fellbranche; mit gewissen Einschränkungen auch im Öl- und Fettgroßhandel sowie im Kaffeehandel.
[52] So der Syndikus des Vereins.
[53] *Vierheilig* S. 20.

gefragt werden könnten. Indes setzt sich bei anderen Verbänden mehr und mehr die Gepflogenheit durch, daß die Parteien zumindest in schwierigeren Fällen Rechtsanwälte hinzuziehen[54]. So waren vor dem Schiedsgericht des Waren-Vereins der Hamburger Börse e. V. in den Jahren 1968 - 1971 etwa bei fast der Hälfte[55], vor dem Schiedsgericht der Vereinigung des Wollhandels e. V. im Zeitraum 1951 - 1969 etwa bei einem Drittel aller Fälle eine oder auch beide Parteien anwaltlich vertreten. Vor dem Schiedsgericht des Verbandes des Kartoffelgroßhandels Schleswig-Holstein und Hamburg e. V. wurden zu Zeiten größerer Inanspruchnahme etwa 20 % und vor dem Schiedsgericht für den Europäischen Kartoffelhandel auch heute noch etwa 80 % der Verfahren unter anwaltlicher Mitwirkung abgewickelt[56].

Nicht zuletzt aufgrund einer gewissen Zurückhaltung eines Teils der Rechtsanwaltschaft gegenüber der Schiedsgerichtsbarkeit ist der in den maßgeblichen handelsrechtlichen und schiedsrechtlichen Fragen bewanderte Kreis von Rechtsanwälten nicht übermäßig groß. Daher hat sich neben jenen — zumeist auswärtigen — Anwälten, die nur vereinzelt und mehr oder weniger zufällig vor den Schiedsgerichten auftreten, bei diesen jeweils eine bestimmte engere Gruppe von Anwälten gebildet, die häufiger in schiedsgerichtlichen Verfahren tätig werden. So wurden beispielsweise im Rahmen der in den Jahren 1968 - 1971 vor dem Schiedsgericht des Waren-Vereins der Hamburger Börse e. V. durchgeführten Verfahren 67 Mandate erteilt, von denen 13 auf einen Anwalt sowie jeweils 8 bzw. 6, 5 und 4 auf vier weitere Anwälte entfielen. An anderen Schiedsgerichten ist dies ganz ähnlich[57]. Daß die Mitwirkung besonders von häufiger vor Schiedsgerichten auftretenden und auch mit speziellen Problemen des Handels vertrauten Rechtsanwälte zum Zustandekommen einer juristischen Betrachtungsweise seitens der Verfahrensbeteiligten (vor allem aber des Schiedsgerichts) gegenüber den aufgeworfenen Streitfragen beiträgt, liegt auf der Hand[58]. Besonders nachdrücklich und treffend hat *Leo* die Funktion des Rechtsanwalts gezeichnet, wenn er diesen für erstlinig geeignet hält, die kauf-

---

[54] In Schiedsspruch Baumwolle Nr. 2307 legte eine Partei sogar ein Gutachten von Prof. Dr. Harry Westermann vor.
[55] Genauer: an 53 von 121 Verfahren.
[56] Auskunft des für beide Schiedsgerichte zuständigen Geschäftsführers des Verbandes des Kartoffelgroßhandels Schleswig-Holstein und Hamburg e. V.
[57] Auskunft von RA Dr. *Zinkeisen* (vgl. oben A. I. 1. Anm. 35), der sich insoweit auf reichhaltige eigene Erfahrungen als Anwalt sowie auf Kenntnisse aus dem Kollegenkreis zu stützen vermag.
[58] Vgl. auch *Heyn* NJW 58, 1667 zur Aufgabe des Rechtsanwalts, den Schiedsrichter auf wesentliche Rechtsfragen hinzuweisen, sowie *Katz* S. 13, der meint, die Mitwirkung der Rechtsanwaltschaft im Schiedsgerichtsverfahren trage dazu bei, innerhalb des Schiedsgerichts neue Rechtsgedanken zu entwickeln.

männischen Schiedsgerichte an die Beachtung der allgemein geltenden Rechtsgrundsätze zu erinnern, zu verhindern, daß die Rechtsprechung wirtschaftlicher Verbandsschiedsgerichte die Fühlung mit dem allgemeinen Rechtsleben verliert, und darauf hinzuwirken, daß neben den speziellen Interessen der Angehörigen des betreffenden Verbandes die allgemein-wirtschaftlichen und rechtlichen Gesichtspunkte genügende Beachtung finden[59].

Betrachtet man zusammenfassend den vorstehenden Überblick über die Art und Weise, in der Juristen direkt oder mittelbar an der schiedsgerichtlichen Rechtsprechung beteiligt sind, so mag die Feststellung gerechtfertigt sein, daß die vorwiegend mit juristischen Laien besetzten Schiedsgerichte aufgrund der vielfältigen Mitwirkung von Juristen grundsätzlich durchaus als zu einer planmäßigen und methodisch geleiteten Rechtsfortbildung befähigt gelten können.

III. Entscheidung nach Recht oder nach Billigkeit

Eine andere Frage allerdings ist es, ob die Schiedsgerichte hierzu überhaupt willens sind. Im Rahmen der Rechtsprechung kann eine Fortbildung des Rechts nur dann vonstatten gehen, wenn eben dieses Recht durch das streitentscheidende Organ angewandt wird. Dies trifft nicht nur auf das staatliche Recht, sondern in gleicher Weise auf das Verbandsrecht zu. Nur eine Rechtsprechung, die sich an den maßgebenden Normen ausrichtet, vermag in Anwendung dieser Normen deren Fortentwicklung zu bewirken. Gerade im Bereich der schiedsrichterlichen Rechtsprechung aber ist es durchaus streitig, inwieweit der Schiedsrichter an das materielle Recht gebunden ist, dieses also anzuwenden hat. Die zu dieser Frage in bezug auf die Anwendung des staatlichen Rechts entwickelten Meinungen gelten sinngemäß auch für das materielle Verbandsrecht[1].

1. Streitstand

Seit *Oertmann*[2] sich für eine Bindung des Schiedsrichters an das materielle Recht ausgesprochen hat, ist diese Frage bis in die jüngste Zeit zum Gegenstand eingehender wissenschaftlicher Erörterungen geworden[3]. Die heute herrschende Lehre tendiert dahin, dem Parteiwillen die Entscheidung über die Gebundenheit des Schiedsrichters an

---

[59] *Leo* S. 206.
[1] Die von *Vierheilig* S. 21 in bezug auf das Schiedsgericht der Bremer Baumwollbörse e. V. getroffene Differenzierung (Bindung an die materiellrechtliche Regelung der BBB, dagegen Ungebundenheit der beiden ersten Instanzen gegenüber dem staatlichen Recht) ist angesichts des § 1 III der neugefaßten Bedingungen überholt, vgl. unten A. III. 2. Anm. 18.
[2] *Oertmann* ZZP 47, 105 ff. und LZ 19, 947 ff.
[3] Vgl. die Übersicht über den Meinungsstand bei *Riedberg* S. 53 Anm. 1.

das materielle Recht zu überlassen[4]. Auseinander gehen die Meinungen vor allem hinsichtlich des Falles, daß eine ausdrückliche Vereinbarung nicht vorhanden ist und ein Parteiwille sich auch nicht aus den Umständen entnehmen läßt[5]. Bei solcher Sachlage wird das Schiedsgericht teilweise für verpflichtet gehalten, eine Rechtsentscheidung zu erlassen[6], verschiedentlich aber erklärt man es auch für zulässig, daß das Schiedsgericht nach Billigkeit entscheidet[7].

Unterschiedliche Auffassungen bestehen nicht nur hinsichtlich dieser hier nicht weiter zu verfolgenden dogmatischen Frage, sondern auch darüber, in welcher Weise (in Anwendung des materiellen Rechts oder nach dem Maßstab der Billigkeit) die Parteien ihren Rechtsstreit entschieden haben wollen und wie die Schiedsgerichte im allgemeinen ihre Entscheidungen tatsächlich zu treffen pflegen. Diese Frage hinsichtlich sämtlicher vorkommenden oder auch nur bezüglich der in der Wirtschaft tätigen Schiedsgerichte allgemein zu beantworten, dürfte angesichts der vielfältigen Erscheinungsformen privater Schiedsgerichtsbarkeit kaum möglich sein[8], zumal es überdies an umfassendem schiedsgerichtlichem Rechtsprechungsmaterial fehlt, das einen Einblick in die schiedsgerichtliche Praxis gewähren könnte[9]. So gehen denn nicht nur die nicht näher belegten[10], sondern auch diejenigen Meinungen auseinander, die sich auf Auskünfte und Erfahrungen aus der Praxis stützen.

---

[4] *Baumbach - Schwab* 12 A III (S. 121) m. w. Nachw.

[5] Zu der Frage, welche Umstände zur Erforschung des Parteiwillens heranzuziehen sind, vgl. *Baumbach - Schwab* 12 A III (S. 122).

[6] *Kessler*, Bindung des Schiedsgerichts S. 55, 80; *Rosenberg - Schwab* § 176 III (S. 954); *Bruns* § 64 V (S. 530); *Schönke - Kuchinke* § 88 IV (S. 454).

[7] *Schönke - Schröder - Niese* § 100 II 1 (S. 486); *Prager* S. 131; *Nikisch* § 143 II 3 (S. 590); *Siegert* KTS 56, 33; *Faller* S. 78.

[8] *Landolt* S. 134.

[9] Bereits *Leo* S. 212 f. hielt es angesichts der auf dem 34. DJT geführten Diskussion über die Bindung des Schiedsrichters an das materielle Recht deshalb von Interesse, darüber Material zu sammeln, in welchem Umfang Schiedsrichter bewußt von den Vorschriften des geltenden Rechts abweichen.

[10] Während *Wünsch* S. 122 die Ansicht äußert, in der Regel werde man annehmen können, daß die Parteien die Absicht hätten, ihre Meinungsverschiedenheiten unter Anwendung des geltenden Rechts entscheiden zu lassen, und *Riehle* NJW 50, 854 meint, die Schiedsrichter bemühten sich durchweg, das materielle Recht zu achten, vertritt *Dannenbring* ZZP 65, 143 die Auffassung, die Parteien wollten eine Entscheidung nach Recht und Billigkeit, d. h. einfach eine *gerechte* Entscheidung ihrer Sache. *Prager* S. 131 ist gar der Ansicht, die Schiedsrichter fühlten sich so gut wie nie als Träger des staatlichen Rechts. Vermittelnd hingegen *Kornblum* NJW 69, 1795: Nicht selten würden Schiedssprüche statt nach materiellem Recht nach Billigkeit erlassen; zurückhaltend auch *Lent - Jauernig* § 94 I (S. 268): In Wirtschaftskreisen sei der Wunsch spürbar, zu „Billigkeitsentscheidungen" zu kommen, frei von den Fesseln des positiven Rechts; ähnlich *Kommissionsbericht* S. 183.

Während *Kohler*[11] unter Berufung auf solche Auskünfte meint, in Wirtschaftskreisen orientiere man die Lösung von Rechtsstreitigkeiten nur am Rande an gesetzlichen Erfordernissen und rechtlichen Maßstäben, in erster Linie dagegen an wirtschaftlichen Faktoren und wünsche eine ebensolche Orientierung seitens der Schiedsrichter, berichten *Wagner*[12] und *Kessler*[13] von Auskünften der Industrie- und Handelskammern München und Frankfurt, wonach die kaufmännischen Schiedsgerichte ihre Entscheidungen grundsätzlich nach dem materiellen Recht treffen müßten. Dem entspricht die Auffassung *Riedbergs*[14], gerade die ausgiebig von der Schiedsgerichtsbarkeit Gebrauch machenden Kaufleute betrachteten das materielle Recht aus gutem Grund als den zuverlässigsten, am ehesten eine Voraussage über den Ausgang eines Verfahrens erlaubenden Maßstab für den Schiedsspruch und seien selten der Ansicht, die einschlägigen Rechtsvorschriften würden dem zu entscheidenden Fall nicht gerecht. Auch *Wieruszowski*[15] berichtet aus seiner zwanzigjährigen Schiedsrichtertätigkeit, er erinnere sich nicht, daß jemals die Bindung an das staatliche Recht in Zweifel gezogen worden sei, vielmehr habe er es häufig in größeren Sachen erlebt, daß die Parteien mit Rechtsgutachten namhafter Juristen den Streit für sich zu entscheiden suchten. Zu einer gegenteiligen Auffassung allerdings kommt *Prytek*[16] aufgrund einer von ihm in Kreisen des Getreide-, Kartoffel- und Futtermittelhandels veranstalteten Enquête. Hier lehne man die Bindung der Schiedsrichter an das Gesetz ab; man wolle kein Juristenrecht, sondern Entscheidungen nach billigem Ermessen.

2. *Praxis der Schiedsgerichte*

Die Verfahrensordnungen der hier untersuchten Hamburger und Bremer Schiedsgerichte enthalten nur in zwei Fällen eine ausdrückliche Regelung der Frage, ob die Schiedsrichter eine Rechts- oder Billigkeitsentscheidung treffen müssen, und zwar haben nach § 6 SchGO Grofor „die Schiedsrichter ihre Entscheidung nach Billigkeit, Treu und Glauben sowie nach ihrem pflichtgemäßen Ermessen zu treffen", während nach § 3 SchGO Bremer Importeure das Schiedsgericht zwar an die Vereinssatzung und die zulässigerweise gefaßten Vorstandsbeschlüsse gebunden ist, im übrigen aber „nach freiem Ermessen entscheidet".

---

[11] *Kohler* S. 65 unter ausdrücklicher Ablehnung *Köppels* KartRdsch. 41, 385, der sich indes in ganz anderem Zusammenhang (Unabhängigkeit des Schiedsgerichts) äußert.
[12] *Wagner* S. 83.
[13] *Kessler*, Bindung des Schiedsgerichts S. 53.
[14] *Riedberg* S. 74 m. Nachw. aus der englischen, französischen und schwedischen Literatur.
[15] *Wieruszowski* S. 544; ähnlich auch *Mann* S. 125.
[16] *Prytek* S. 603.

Einen mittelbaren Schluß auf die Stellung des Schiedsrichters zum materiellen Recht lassen die Schiedsgerichtsordnung des Verbandes des Kartoffelgroßhandels Schleswig-Holstein und Hamburg e. V. sowie die Bedingungen der Bremer Baumwollbörse e. V. zu. So bestimmt § 38 II SchGO Kartoffeln in bezug auf das Verfahren in der dritten Instanz, daß die Revision nur auf eine Gesetzes- oder Rechtsverletzung gestützt werden könne, woraus zu entnehmen ist, daß die Schiedsrichter nach der Schiedsgerichtsordnung der Kartoffelwirtschaft an das materielle Recht gebunden sind[17]. Auch die Bedingungen der Bremer Baumwollbörse e. V. enthalten zwar im Abschnitt über das Schiedsverfahren (§§ 69 ff. BBB) keine ausdrückliche einschlägige Vorschrift, doch bestimmt § 1 III BBB, daß auf alle nach den BBB abgeschlossenen Geschäfte deutsches Recht ergänzend Anwendung finde, soweit in den Bedingungen keine Vorschriften enthalten seien. Diese Bestimmung kann nur dahingehend verstanden werden, daß das mit Vereinbarung der Bedingungen zugleich eingesetzte Schiedsgericht im Streitfall verpflichtet ist, ergänzend das materielle Recht anzuwenden[18], da ansonsten § 1 III BBB nur für den Fall praktische Bedeutung erlangen könnte (und zwar als Rechtswahlklausel), daß ausnahmsweise nicht das Schiedsgericht, sondern das ordentliche Gericht zur Entscheidung befugt ist (vgl. §§ 69 I, II, 70 BBB)[19]. Aus § 35 II BBB, wonach das Schiedsgericht ermächtigt ist, bei einem Lieferungsgeschäft im Falle einer durch höhere Gewalt eintretenden Unmöglichkeit der Leistung „unter Berücksichtigung des einzelnen Falles und unter Abwägung der beiderseitigen Interessen eine Entscheidung nach freiem Ermessen" zu treffen, läßt sich im übrigen der Gegenschluß ziehen, daß das Schieds-

---

[17] Ebenso *Trops* ZZP 52, 292. Dagegen läßt sich aus dem Umstand, daß viele Schiedsgerichtsordnungen eine Berufung vorsehen (vgl. unten A. V. Anm. 1 f.), nicht die Pflicht zur Rechtsanwendung herleiten; so aber *Starck* S. 33 f. bezüglich der Schiedsgerichte der Waren- und Produktenbörsen.

[18] So ohne nähere Begründung auch Schiedsspruch Baumwolle Nr. 2347: „Das Vorbringen der Parteien und die Handlungsweise der Beklagten beweisen, daß die Beklagte einen Teil der Kaufpreiszahlung auf eine andere Forderung anrechnen wollte. Da die BBB zu der Möglichkeit einer Anrechnung nichts aussagen, war gemäß § 1 III der BBB das geltende deutsche Recht anzuwenden. Nach § 366 I BGB..."

[19] Entsprechendes gilt für die Schiedsgerichte der Vereinigung des Wollhandels e. V. und des Waren-Vereins der Hamburger Börse e. V. sowie für das Hamburger und das Bremer Kaffee-Schiedsgericht. Zwar enthalten auch deren Verfahrensordnungen keine Regelung bezüglich der Frage der Rechts- oder Billigkeitsentscheidung, doch finden sich in den bei diesen Schiedsgerichten gebräuchlichen allgemeinen Geschäftsbedingungen Vorschriften, die der des § 1 III BBB vergleichbar sind (siehe § 2 WVB und Ziff. 46 E. K. K.) oder sogar noch darüber hinausgehen (Ziff. 2 der „Lieferungsbedingungen des Wollhandels" bestimmt ausdrücklich: „Das Schiedsgericht entscheidet, wenn nicht anders vereinbart, nach deutschem Recht."). Auch die vorgenannten Schiedsgerichte dürften daher, sofern die betreffenden Bedingungen vereinbart worden sind, zu einer Rechtsentscheidung verpflichtet sein.

2. Praxis der Schiedsgerichte

gericht in allen anderen Streitigkeiten eine Rechtsentscheidung zu treffen hat. Entsprechendes gilt für das Schiedsgericht des Vereins der am Saathandel beteiligten Firmen zu Hamburg e. V., da § 23 Saathandelsusancen vorschreibt, das Schiedsgericht entscheide „über eine gerechte Regelung", wenn die Vertragserfüllung durch Regierungsmaßnahmen oder höhere Gewalt eine unbillige Härte darstelle. Gegen eine sich aus dieser Vorschrift ergebende Bindung des Schiedsgerichts spricht auch nicht, daß es in der Präambel zu den Saathandelsusancen heißt, die Grundidee der Usancen basiere auf Treu und Glauben sowie anständiger Verkehrssitte im Handel, und diese Auffassung habe sich auch das Hamburger Schiedsgericht stets zu eigen zu machen. Ebenfalls eine Bindung des Schiedsgerichts, allerdings lediglich an das Verbandsrecht, enthält Art. 2 III SchGO Rucip, wonach die Schiedsrichter ihren Spruch „aufgrund der Geschäftsbedingungen fällen", aber „auf Antrag der Parteien auch nach freiem Ermessen"[20] entscheiden können. Zur Frage der Anwendbarkeit staatlichen Rechts ist vermutlich im Hinblick darauf, daß die Schiedsgerichtsbarkeit des Europäischen Kartoffelhandels gerade zur Entscheidung internationaler Streitigkeiten vorgesehen ist[21], bewußt keine Stellung genommen worden.

Im übrigen schweigen die Schiedsgerichtsordnungen darüber, in welcher Weise die Schiedsrichter ihre Entscheidungen zu treffen haben, wenn man einmal von den wenigen Formulierungen absieht, die sich nicht auf die Anwendbarkeit des Rechts, sondern auf die Beweiswürdigung beziehen[22]. Wenngleich hieraus im Zusammenhang mit der Tatsache, daß als Schiedsrichter zumeist Kaufleute, also juristische Laien vorgesehen sind[23], nach den in der Literatur vertretenen Auslegungskriterien der Schluß gezogen werden könnte, die Schiedsgerichte seien zu einer Rechtsentscheidung nicht verpflichtet[24], so wird in der Praxis

---
[20] Nach Auskunft der Geschäftsstelle des Schiedsgerichts ist ein solcher Antrag bisher noch nie gestellt worden.
[21] Vgl. oben A. I. 1. Anm. 18.
[22] § 7 SchGO Därme: „Das Schiedsgericht entscheidet auf Grund des vorhandenen Beweismaterials nach bestem Wissen und Gewissen, ohne an bestimmte prozessuale Regeln gebunden zu sein." — § 9 I SchGO Caffee Hamburg: „Das Schiedsgericht trifft seine Entscheidung nach bester Überzeugung mit einfacher Stimmenmehrheit." — § 13 I SchGO Holz: „Das Schiedsgericht entscheidet nach freier, aus der Verhandlung und Beweiswürdigung geschöpfter Überzeugung."
[23] Siehe oben A. II. 2. b).
[24] So *Grote* S. 47 für den Bereich der Schiedsgerichtsbarkeit des Getreidehandels; vgl. auch *Baumbach - Schwab* 12 A III (S. 122); *Stein - Jonas - Schlosser* § 1034 Anm. I 2 b; *Zeiss* § 94 IV 2 (S. 317); K. *Blomeyer* S. 64. *Berges* KTS 59, 92 ist sogar der Meinung, die Klausel, das Schiedsgericht habe nach „Recht und Billigkeit" zu entscheiden, sei derart verbreitet, daß man in der Handelsschiedsgerichtsbarkeit davon ausgehen dürfe, die Parteien wollten diese Verfahrensvereinbarung auch dann treffen, wenn sie es nicht eigens gesagt hätten. Kritisch hingegen zu der Auffassung, eine Besetzung

des kaufmännischen Schiedsgerichtswesens doch die gegenteilige Meinung vertreten. Trotz fehlender ausdrücklicher Bestimmungen in den meisten Schiedsgerichtsordnungen zur Frage der Anwendung des materiellen Rechts geht die ganz eindeutige Auffassung der mit der Schiedsgerichtsbarkeit befaßten Kreise im Gegensatz zu den unterschiedlichen Meinungen in der Rechtswissenschaft dahin, der Schiedsrichter sei an das materielle Recht gebunden, falls dessen Anwendung nach Lage des Falles überhaupt in Betracht komme, also beispielsweise keine spezielle vertragliche Regelung vorliege. Der Standpunkt, die Schiedsrichter dürften nach ihrem Ermessen einen Billigkeitsentscheid fällen, wurde von niemandem der befragten Rechtsberater, Schiedsrichter und Parteien vertreten; vielmehr betonte man wiederholt, daß aus Gründen der Rechtssicherheit eine Anwendung des Rechts (hierzu zählte man auch allgemeine Geschäftsbedingungen und Formularverträge) geboten sei.

Daß diese Auffassung nicht nur mir gegenüber unverbindlich vertreten wurde, sondern ihre realen Auswirkungen hat, habe ich durch eine Untersuchung der schiedsgerichtlichen Rechtsprechung feststellen können. Ausgesprochene Billigkeitsentscheidungen in dem Sinne, daß aus Billigkeitsgründen das an sich anzuwendende Recht bewußt außer acht gelassen wird[25], kommen, abgesehen von der in den Nachkriegsjahren von manchen Schiedsgerichten praktizierten Nichtanwendung von Preisvorschriften[26], äußerst selten vor. Beispiele dafür, daß bestimmte Gesetzesbestimmungen durch eine tendenziöse Beweiswürdigung umgangen werden[27], habe ich sogar überhaupt nicht finden können, wenn

---

des Schiedsgerichts mit Nichtjuristen zeige, daß die Parteien eine Billigkeitsentscheidung wünschten, *Wünsch* S. 120.

[25] So etwa Schiedsspruch Grofor vom 4. 12. 62: „In einer solchen Umwelt, in der die Beklagte als Verkäufer so erkennbar die schwächere Rolle spielt, steht das Schiedsgericht vor einer schwierigen Aufgabe. Im Vordergrund für seine Urteilsfindung steht nicht das Recht, das gewiß nicht zu kurz kommen darf, sondern „Billigkeit, Treu und Glauben", wie ihm dies in den Schiedsgerichtsbestimmungen des Grofor zur Richtschnur gemacht wird." Vgl. auch die von *Trops* ZZP 52, 289 ff. mitgeteilten Schiedssprüche.

[26] Siehe hierzu *Grimm*, Einfuhrhandel S. 108; Schiedsspruch Waren JB 50, 16 f.: „Der Preistreibereieinwand kann in der Regel vor einem Schiedsgericht überhaupt nicht erhoben werden. Er kann nur dann geltend gemacht werden, wenn er in Wahrnehmung von Interessen erhoben wird, die nach den Grundsätzen von Treu und Glauben als berechtigt anerkannt werden müssen... Das Gleiche gilt für den Kettenhandelseinwand. Auch dieser kann in einem kaufmännischen Schiedsgericht nur dann erhoben werden, wenn er in Wahrnehmung von Interessen geltend gemacht wird, die nach den Grundsätzen von Treu und Glauben als berechtigt anerkannt werden müssen." — Zur Nichtbeachtung der Devisenordnung durch Schiedsgerichte nach dem ersten Weltkrieg vgl. *Prytek* S. 602.

[27] Vgl. hierzu die bei *Leist* S. 57 f. geschilderten Fälle, insbesondere den auf S. 57 Anm. 2 wiedergegebenen Schiedsspruch der Wiener Waren-Börse.

2. Praxis der Schiedsgerichte

man einmal von den wenigen Fällen absieht, in welchen in durchaus noch vertretbarer Weise an die Beweisführung besonders hohe Anforderungen gestellt werden, ohne daß sich hierin eine bewußte Manipulation abzeichnet[28]. Etwas häufiger sind hingegen die Fälle, in denen im Wege der Vertragsauslegung, insbesondere durch eine manchmal nicht mehr berechtigte Überspannung des Grundsatzes, wonach einengende und unklare Klauseln im Zweifel gegen deren Aufsteller auszulegen sind, unerwünschten Ergebnissen entgegengewirkt wird und dadurch Entscheidungen ergehen, wie sie in einer vom Wortsinn der Vertragsklausel begrenzten Auslegung nicht hätten getroffen werden dürfen[29]. Auch hierbei handelt es sich indes um Ausnahmen, während sich die Schiedsrichter in der Regel um eine strikte Anwendung der für die konkrete Streitigkeit maßgebenden Vorschriften des staatlichen Rechts oder des Verbandsrechts bemühen[30]. So wendet beispielsweise selbst das zu Billigkeitsentscheidungen befugte Schiedsgericht des Verbandes des Deutschen Großhandels mit Ölen etc. bei mehreren Entscheidungen in uneingeschränkter Weise den § 326 BGB an[31], eine Vorschrift, die

---

[28] So hätte es z. B. in Schiedsspruch Grofor vom 29. 5. 56 gar nicht der grundsätzlichen Ausführungen zu den im Rahmen des § 119 BGB zu stellenden Beweisanforderungen bedurft, um im konkreten Fall den Beweis als nicht geführt ansehen zu können: „Die Beklagte beruft sich auf das am Morgen geführte Telefongespräch als Nachweis dafür, daß ... ein Irrtum entstanden war, welcher zu einer Anfechtung wegen Irrtums berechtigte, ... Das Gericht vertritt die grundsätzliche Auffassung, daß im Interesse der Verkehrssicherheit dieser rechtlichen Möglichkeit in der praktischen Anwendung sehr enge Grenzen gezogen sein sollten. ... Die Behauptung, daß die abgegebene Erklärung mit dem inneren Willen des Erklärenden nicht übereinstimmte, daß sich der Erklärende vielmehr geirrt hat, muß nachgewiesen werden. An diesen Nachweis sind aus den vorgenannten Gründen die höchsten Anforderungen zu stellen. Im vorliegenden Fall ist die Beklagte für den behaupteten Irrtum beweispflichtig. Das Schiedsgericht ist überzeugt, daß die Beklagte diesen Beweis nicht geführt hat. Bei den zu stellenden Anforderungen reicht dazu insbesondere nicht der Hinweis auf das vorangegangene Telefongespräch und seinen Inhalt aus."
[29] So wird etwa im Schiedsspruch Caffee Hamburg vom 28. 1. 60 die unter dem Stichwort „Arbitrage" aufgeführte Klausel „Streitigkeiten, ganz gleich, welcher Art, berechtigen nicht, die Aufnahme der Dokumente oder Zahlung zu verweigern oder hinauszuzögern" dahingehend ausgelegt, sie betreffe nur Qualitätsstreitigkeiten, nicht aber sonstige Rechtsstreitigkeiten.
[30] So hinsichtlich des Schiedsgerichts der Bremer Baumwollbörse e. V. auch *Vierheilig* S. 21 f. sowie *Schottelius*, Kaufmännische Schiedsgerichtsbarkeit S. 150.
[31] Schiedsspruch Grofor vom 19. 11. 62: „Die Stornierung als solche erfordert nunmehr eine Auseinandersetzung mit der Vorschrift des § 326 BGB über die Notwendigkeit der Setzung einer Nachfrist. Maßgeblich für die Entscheidung ist das deutsche Recht und damit auch die Heranziehung dieses Paragraphen, dessen Kenntnis allerdings bei der Beklagten nicht vorausgesetzt werden kann. Das ist aber auch nicht erforderlich." Wegen fehlender Nachfristsetzung erklärte das Schiedsgericht den Rücktritt für unzulässig und die Schadensersatzklage wegen Nichterfüllung für berechtigt. — In einer anderen Entscheidung (Schiedsspruch Grofor vom 13. 3. 62) wendet das Schiedsgericht § 326 BGB auch hinsichtlich des Erfordernisses der (allerdings

nicht selten als Beispiel einer dem kaufmännischen Denken nicht gemäßen und deshalb von Schiedsgerichten nicht anwendbaren Regelung genannt wird[32].

Die Anlehnung der Schiedsrichter an das materielle Recht schließt selbstverständlich nicht aus, daß in einer beträchtlichen Anzahl von Schiedssprüchen im Rahmen der §§ 157, 242 BGB zulässigerweise auch Billigkeitserwägungen Raum gegeben wird. Insofern unterscheidet sich die schiedsgerichtliche Rechtsprechung nicht von der der ordentlichen Gerichte, die in immer stärkerem Maße von Billigkeitsüberlegungen bestimmt wird[33]. Es kommt deshalb z. B. vor, daß Schiedsgerichte unter umständlicher Berufung auf Treu und Glauben Entscheidungen fällen, die sich zwangsläufig ebenso in Anwendung der seit langem von der staatlichen Rechtsprechung für Fälle solcher Art entwickelten Grundsätze ergeben hätten[34].

Das Bestreben der Schiedsgerichte, das als bindend empfundene Recht zu beachten, schließt im übrigen nicht aus, daß bisweilen offensichtliche Fehlentscheidungen ergehen, die aber nichts mit einer bewußten Nichtanwendung von Rechtsvorschriften zu tun haben, sondern in schlichter Verkennung der wahren Rechtslage getroffen werden[35]. In

---

vorliegenden) Ablehnungsandrohung an, ebenso in Schiedsspruch Grofor vom 26. 5. 61, wo der Kläger wegen fehlender Ablehnungsandrohung mit seiner Klage abgewiesen wird.

[32] *Baumbach - Schwab* 12 A III (S. 122) nennen § 326 BGB eine verhängnisvolle Vorschrift, die mit ihrem weltfremden Formalismus unendlich viel bestes Recht vernichtet habe. Nach *Straatmann* S. 6 wendet kaum ein Kaufmann die Vorschrift des § 326 BGB bei einem Rücktritt richtig an.

[33] Vgl. die Beispiele bei *Rittner* S. 45 ff.

[34] So begründet Schiedsspruch Getreide Hamburg Az. V 563 - 568/67F ein Recht des Käufers zum Rücktritt von einem Sukzessivlieferungsvertrag (vgl. hierzu *Soergel - Schmidt* § 326 Rdnr. 48 ff.; *Palandt - Heinrichs* § 326 Anm. 13) wie folgt: „Das Schiedsgericht stimmt zwar der Klägerin in Verfolgung der bisherigen Rechtsprechung der hiesigen Schiedsgerichte darin zu, daß jede Monatsrate eines größeren Kontraktes als besonderer Kontrakt anzusehen ist, wie es auch § 8 des Hamburger Futtermittel-Schlußscheins Nr. III a hinsichtlich der Teilverschiffung vorschreibt, und daß durch die Nichterfüllung einer einzigen Kontraktrate dem Nichtsäumigen nicht ohne weiteres das Recht eingeräumt wird, hinsichtlich der Gesamt-Kontraktmenge vom Vertrag zurückzutreten. Andererseits gibt es aber Fälle, in denen die Anwendung der in dem Formularkontrakt enthaltenen Vorschriften für eine sachgerechte Entscheidung nicht ausreicht. In solchen Fällen muß das Schiedsgericht den gesamten Vertragsrecht immanenten Grundsätze zur Beurteilung heranziehen. Hierzu gehört u. a. der Grundsatz von Treu und Glauben im Geschäftsverkehr. Aus diesem Grundsatz folgt, daß ein Käufer bei einem langfristigen Vertrag infolge Nichtleistung oder mangelhafter Lieferung einzelner Teilmengen vom Gesamtvertrag zurücktreten darf, wenn ihm die Annahme der restlichen Teilmengen als Erfüllung nicht mehr zugemutet werden kann."

[35] So fordert etwa Schiedsspruch Wolle vom 1. 2. 54 unter unzutreffendem Hinweis auf *Baumbach* für die Wirksamkeit einer Mängelrüge nach § 377 HGB, der Käufer müsse der Rüge einen Hinweis hinzufügen, daß die Ware

solchen Fällen kommt es dann sogar vor, daß von der Verbandsgeschäftsführung ausdrücklich auf die Unrichtigkeit des Schiedsspruchs hingewiesen wird, um möglichen Fehlvorstellungen seitens der Verbandsmitglieder entgegenzutreten[36]; auch distanzieren sich spätere Schiedsgerichte mitunter zumindest der Sache nach von solchen Entscheidungen[37].

Aus all diesem ist ersichtlich, daß im Bereich der hier untersuchten kaufmännischen institutionellen Schiedsgerichtsbarkeit die Bindung an das materielle Recht als Voraussetzung für dessen Anwendung und Fortbildung vertreten und praktiziert wird. Die von *Berges* aufgestellte, jedoch nicht näher nachgewiesene Behauptung, hinter dem Lob der Kaufmannschaft aller Länder für die Handelsschiedsgerichte verberge sich eine betonte Zustimmung zu dem in der Handelsgerichtsbarkeit überall geübten Verfahren des Billigkeitsschiedsspruchs[38], trifft auf die Hamburger und Bremer Schiedsgerichte auf keinen Fall zu.

3. Parteilichkeit der Schiedsrichter

Die vorangegangene Feststellung legt angesichts des häufig gegenüber den Schiedsrichtern erhobenen Vorwurfs der Parteilichkeit[39] die Frage nahe, ob die von den beteiligten Kreisen vertretene Auffassung über die Bindung an das materielle Recht des weiteren auch positive Auswirkungen auf die Objektivität und Neutralität der Schiedsrichter hat.

So reizvoll es sein mag, hierüber Untersuchungen zur Erlangung eindeutiger Ergebnisse anzustellen, so wenig kann diese Aufgabe doch einem Außenstehenden gelingen. Den Schiedssprüchen ist insoweit nichts zu entnehmen, da sie lediglich das Resultat der schiedsgericht-

---

als Erfüllung abgelehnt werde: „Ohne eine insoweit eindeutige Erklärung ist aber nach ständiger Rechtsprechung eine Mängelrüge überhaupt nicht gegeben (vgl. *Baumbach*, aaO Anm. 5 D zu § 377)."

[36] In bezug auf den in Anm. 35 genannten Schiedsspruch machte die Geschäftsführung der Vereinigung des Wollhandels e. V. in einem Rundschreiben darauf aufmerksam, daß nach ihrer Meinung sowie der eines als Gutachter zu Rate gezogenen Juristen eine Mängelrüge zwar Hinweise auf die beanstandeten Fehler enthalten müsse, daß aber die Androhung eventueller Rechtsfolgen nicht notwendig sei.

[37] So bezieht sich Schiedsspruch Wolle vom 26. 5. 61 offensichtlich auf den in Anm. 35 genannten Schiedsspruch: „Es ist aber — im Gegensatz zu einer oft vorkommenden rechtsirrigen Auffassung über Inhalt und Bedeutung der Mängelanzeige — nicht erforderlich, daß der Käufer zur Erhaltung seiner Mängelansprüche gleichzeitig mit der Mängelanzeige bereits erklärt, daß er die Ware zurückweise, also die Abnahme verweigere, mithin Wandelung verlange (vgl. hierzu *Baumbach - Duden*, Handelsgesetzbuch, 13. Aufl. Anm. 6 zu § 377 HGB und Reichsgericht Band 106, S. 362)."

[38] *Berges* KTS 60, 99.

[39] Vgl. statt vieler *Stein - Jonas - Schlosser* vor § 1025 Anm. I 4; *Rosenberg - Schwab* § 173 II 2 (S. 931); *Bernhardt* § 1 V (S. 10).

lichen Beratung wiedergeben, über das Verhalten des einzelnen Schiedsrichters aber nichts aussagen. Erkenntnisse könnten nur durch häufige Anwesenheit bei den Beratungen gewonnen werden. Während der wenigen Beratungen[40], an denen ich teilnehmen konnte und die deshalb in keiner Weise repräsentativ sind, habe ich es jedenfalls nicht ein einziges Mal erlebt, daß sich ein Schiedsrichter über das zulässige Maß hinaus erkennbar für den Rechtsstandpunkt der ihn ernennenden Partei einsetzte.

Auch soweit sich Praktiker des Hamburger Schiedsgerichtswesens zur Frage der Parteilichkeit der Schiedsrichter geäußert haben, ergibt sich kein klares Bild. *Straatmann* meint, wenn seine Erfahrungen verallgemeinert werden könnten, würden in der Praxis mehr als 95 % der schiedsgerichtlichen Entscheidungen in der internen Beratung einstimmig gefällt, was allerdings nicht hindere, daß die Schiedsrichter vorher in der mündlichen Verhandlung noch gelegentlich gern die Tatsachen beleuchteten, die zugunsten „ihrer Partei" sprächen[41]. Diese für eine Unparteilichkeit der Schiedsrichter sprechenden Beobachtungen *Straatmanns* werden in gewissem Umfang durch die Tatsache unterstützt, daß von den 117 hier ausgewerteten erstinstanzlichen Entscheidungen des Schiedsgerichts der Bremer Baumwollbörse e. V. allein 90 Schiedssprüche von einem zweiköpfigen Schiedsgericht[42], also einstimmig gefällt worden sind. Andererseits ist von *Hansen* berichtet worden, im Bereich des Vereins der Getreidehändler der Hamburger Börse e. V. hätten früher einige Schiedsrichter die Gepflogenheit gehabt zu verlangen, daß in dem Schiedsspruch im Falle ihrer Überstimmung vermerkt werde, die Entscheidung sei „mit Mehrheit" gefaßt worden. Dies habe die Tendenz deutlich machen sollen, daß die betreffenden Herren sich nicht als Schiedsrichter, sondern als Parteivertreter verstanden[43]. Auch die Parteien sehen in dem von ihnen ernannten Schiedsrichter mitunter einen Parteivertreter, wie ein in einer Schiedsgerichtsakte der Hamburger freundschaftlichen Arbitrage enthaltenes Schreiben zeigt, in welchem die eine Partei der anderen mit der Ernennung eines Schiedsrichters und damit der Einleitung eines Schiedsverfahrens droht:

„Wir werden dementsprechend, wie schon gesagt, Herrn ... mit der Wahrung unserer Interessen beauftragen, falls Sie uns dazu zwingen sollten[44]."

---

[40] Insgesamt 7, davon allein 3 bei Schiedsgerichten, deren Schiedsrichter nicht von den Parteien, sondern vom Vereinsvorstand ernannt worden waren.
[41] *Straatmann* S. 5.
[42] Nach § 72 II BBB wählen die von den Parteien ernannten Schiedsrichter einen dritten Schiedsrichter als Obmann erst dann, wenn sie sich über den Schiedsspruch nicht einigen können.
[43] *Hansen* in seinem oben A. II. 2. b) Anm. 45 genannten Referat.
[44] Ein ganz ähnliches Beispiel findet sich bei *Grimm*, Einfuhrhandel S. 105.

Nach alledem läßt sich eine eindeutige Aussage über die Parteilichkeit des einzelnen Schiedsrichters nicht treffen, wie ja auch der ganz allgemein gegenüber den Schiedsrichtern erhobene Vorwurf der Parteilichkeit — soweit ersichtlich — nie näher belegt zu werden pflegt.

Von der Frage der Parteilichkeit des einzelnen Schiedsrichters ist die Frage zu trennen, ob überhaupt und gegebenenfalls in welchem Umfang die von den Verbänden errichteten und mit Vereinsmitgliedern besetzten Schiedsgerichte in Streitigkeiten zwischen Vereinsmitgliedern und Außenseitern zu einer das Nichtmitglied benachteiligenden Rechtsprechung neigen. Feststellungen über das Vorhandensein einer solchen Art von Parteilichkeit[45] sind ebenso schwierig zu treffen wie über das Verhalten einzelner Schiedsrichter. Immerhin stehen aber die Schiedssprüche insoweit als Untersuchungsobjekt zur Verfügung, da sich allgemeine Tendenzen einer Benachteiligung von Außenseitern aus den Entscheidungen entnehmen lassen müßten. Das Rechtsprechungsmaterial bietet indes keine sich aufdrängenden Anzeichen einer tendenziösen Rechtsprechung zum Nachteil von Außenseitern. Fällen, die — isoliert betrachtet — den Anschein einer das Nichtmitglied benachteiligenden Rechtsprechung erwecken könnten, in Wahrheit aber auf den nun einmal starren Usancen im Einfuhrhandel beruhen[46], stehen andere Entscheidungen gegenüber, in welchen dem Außenseiter entgegengekommen wird oder dieser den Vorteil der strengen Regeln des Abladegeschäfts genießt.

IV. Veröffentlichung und Auswertung der Schiedssprüche

Rechtsfortbildung durch — sei es staatliche, sei es schiedsgerichtliche — Rechtsprechung setzt neben den bisher genannten Bedingungen voraus, daß nicht nur die unmittelbar am einzelnen konkreten Fall beteiligten Personen, sondern breitere Kreise vom Inhalt bedeutenderer Entscheidungen Kenntnis erlangen oder doch zumindest die Möglichkeit haben, sich über die zu bestimmten Fragen vorliegende Rechtsprechung zu informieren. Insofern gilt für die Rechtsfortbildung die von *Coing* bezüglich der Rechtssetzung aufgestellte These entsprechend, daß nur öffentlich verkündete Entscheidungen Recht sein könnten[1]. Während innerhalb der staatlichen Rechtsprechung die Sammlung, Veröffentlichung und wissenschaftliche Auswertung von Urteilen eine

---
[45] Der Bundesgerichtshof hat in seiner bereits mehrfach erwähnten Entscheidung BGHZ 51, 255 für das Schiedsgericht des Waren-Vereins der Hamburger Börse e. V. die Meinung vertreten, eine nicht dem Verein angehörende Person könne es nur mit Befremden und Mißtrauen aufnehmen, daß bei ihrem Streit mit einem Vereinsmitglied nur Mitglieder dieses Vereins als Schiedsrichter bestellt werden könnten.
[46] Nach *Grimm*, Einfuhrhandel S. 23 gilt auf keinem Gebiet der Wirtschaft der Buchstabe so sehr wie im Einfuhrhandel.
[1] *Coing* 1. Aufl. S. 236.

A. IV. Veröffentlichung und Auswertung der Schiedssprüche

Selbstverständlichkeit darstellt, vermag die Schiedsgerichtsbarkeit hinsichtlich ihrer Rechtsprechung nichts Vergleichbares aufzuweisen.

1. *Sammlung von Schiedssprüchen*

Der Anfang aller systematischen Erfassung der schiedsgerichtlichen Rechtsprechung, das Sammeln von Schiedssprüchen, ist immerhin schon seit langem bei allen bedeutenderen Schiedsgerichten gemacht worden[2]. Selbst im Bereich der Hamburger freundschaftlichen Arbitrage, bei der es an sich an einer Institution fehlt, die das planmäßige Sammeln von Schiedssprüchen übernehmen könnte, gibt es bei der Handelskammer Hamburg eine von dieser angelegte Sammlung von mehreren Hundert Schiedssprüchen, die der Handelskammer von privater Seite (Schiedsrichter, Parteien) zur Verfügung gestellt worden sind. Zum überwiegenden Teil sind die in den Sammlungen enthaltenen Schiedssprüche lediglich chronologisch geordnet. Den Versuch einer systematischen Erschließung des Rechtsprechungsmaterials hat man bisher nur bei der Bremer Baumwollbörse e. V. und beim Verein der Getreidehändler der Hamburger Börse e. V. unternommen. In dem Hamburger Verein wurden — mit Ausnahme der letzten Jahre — die vielen Tausende[3] von Schiedssprüchen in einer nach sachlichen Gesichtspunkten (Schlagworten) aufgegliederten Hängekartei eingeordnet, soweit sie von allgemeinerer Bedeutung sind. Die Bremer Baumwollbörse e. V. hingegen versieht jeden Schiedsspruch mit Hinweisen auf die in ihm behandelten Fragen. In einem zu der Sammlung angelegten Registerband werden die einzelnen Schiedssprüche entsprechend den dort angegebenen Stichworten eingetragen[4].

Nicht nur die fehlende oder unzureichende systematische Ordnung der Sammlungen erschwert eine Unterrichtung der Schiedsrichter, Parteien sowie anderer interessierter Kreise über die zu bestimmten Fragen vorliegende schiedsrichterliche Rechtsprechung, sondern auch der Umstand, daß die Sammlungen aus naheliegenden Gründen (Gefahr der Preisgabe von Geschäftsgeheimnissen früherer Prozeßparteien) im allgemeinen entweder überhaupt nicht[5] oder nur unter gewissen Be-

---

[2] Hierauf weist bereits *Mathies*, Ständige Schiedsgerichte S. 97 hin. Unrichtig daher die Annahme *Vierheiligs* S. 22 Anm. 20 und *Großmann-Doerths*, Überseekauf S. 59, die Schiedsgerichtsbarkeit des Baumwollhandels hebe sich durch ihre eigene Sammlung von Schiedssprüchen rühmlich von der Schiedsgerichtsbarkeit anderer Branchen ab.
[3] Die genaue Anzahl ist unbekannt.
[4] Vgl. im einzelnen *Vierheilig* S. 23 Anm. 23, der der Registrierung zutreffenderweise nur einen bedingten Wert zuerkennt.
[5] So etwa bei den Schiedsgerichten der Vereinigung der am Drogen- und Chemikalien-Groß- und Außenhandel beteiligten Firmen e. V. Hamburg sowie des Verbandes des Kartoffelgroßhandels Schleswig-Holstein und Hamburg e. V.

dingungen⁶ eingesehen werden können. So nimmt es nicht wunder, daß Verbandsmitglieder, Parteien und Schiedsrichter sich in der Weise über einschlägige Rechtsprechung zu informieren pflegen, daß entsprechende Anfragen an die bei den Schiedsgerichten tätigen Rechtsberater ergehen, die aufgrund ihrer ausgezeichneten Kenntnis der schiedsrichterlichen Rechtsprechung eine schnelle und zutreffende Auskunft geben können⁷. Diese zumeist erst im Konfliktsfalle angewandte Art der Weitergabe schiedsrichterlicher Erkenntnisse ist unbefriedigend oder sogar bedenklich, weil auf diese Weise die für die Beratung des Schiedsgerichts zuständigen Juristen unter Umständen auch zu Beratern der Parteien werden. Eine derartige Information spielt aber bei solchen Verbänden eine geringere Rolle, die über eine ausreichende Veröffentlichung der bei ihnen ergangenen Schiedssprüche verfügen.

2. Veröffentlichung

Sofern überhaupt eine Veröffentlichung stattfindet, geschieht diese von Schiedsgericht zu Schiedsgericht in unterschiedlichem Umfang und andersartiger Weise, da nur wenige Schiedsgerichtsordnungen sich zu der Frage einer Veröffentlichung von Schiedssprüchen äußern und dies dann auch nur in der allgemeinen Art tun, daß sie den Verein ermächtigen, Schiedssprüche in anonymer Fassung zu veröffentlichen⁸, oder aber den Verband anweisen, den angeschlossenen Mitgliedsverbänden Abschriften der Entscheidungen zu übergeben⁹. Die auf die letztgenannte Weise bei den Mitgliedsverbänden entstandenen Sammlungen sind den Vereinsmitgliedern zugänglich. Über diese Art der Veröffentlichung hinaus übersendet die Vereinigung des Wollhandels e. V. zusätzlich ebenso wie die Bremer Baumwollbörse e. V. sämtliche Schiedssprüche in vervielfältigter Form unter Fortlassung der Namen der

---

⁶ Beispielsweise wird beim Schiedsgericht des Verbandes des Deutschen Großhandels mit Ölen, Fetten und Ölrohstoffen e. V. nur den Schiedsrichtern und Verbandsmitgliedern Einsicht gewährt, die ein echtes Interesse nachweisen können. Dagegen haben beim Schiedsgericht des Vereins der am Caffeehandel betheiligten Firmen in Hamburg die Vereinsmitglieder im allgemeinen überhaupt kein Recht auf Einsichtnahme. Nur wenn sich eine Partei in einem Rechtsstreit auf einen früher ergangenen Schiedsspruch bezieht, hat das angerufene Schiedsgericht selbst das Recht, den infrage kommenden Schiedsspruch einzusehen und gegebenenfalls mit den Parteien zu erörtern.
⁷ Einen breiten Raum nimmt diese Auskunftserteilung beim Verein der Getreidehändler der Hamburger Börse e. V. ein, dessen Schiedsgericht über eine besonders umfangreiche, jedoch verhältnismäßig karg veröffentlichte Rechtsprechung verfügt.
⁸ So etwa § 88 V BBB; § 17 IV SchGO Kautschuk; § 27 SchGO Waren; § 17 SchGO Kaffee Bremen; § 15 SchGO Caffee Hamburg mit dem Zusatz, der Vorstand sei ermächtigt, der HK Hamburg eine Abschrift des Schiedsspruchs zur vertraulichen Behandlung zu überlassen.
⁹ So § 7 IV SchGO Wolle; § 23 SchGO Häute.

Schiedsrichter und Parteien (teilweise auch der Ortsbestimmungen) den einzelnen Verbandsmitgliedern.

Eine derart eingehende Information der Mitglieder gibt es in anderen Verbänden nicht. So werden im Bereich des Kartoffelgroßhandels einschließlich des Schiedsgerichts für den Europäischen Kartoffelhandel lediglich wichtige Schiedssprüche in der Verbandszeitschrift „Die Kartoffelwirtschaft" veröffentlicht, wohingegen der Waren-Verein der Hamburger Börse e. V. aus den jeweils innerhalb eines Jahres ergangenen Schiedssprüchen solche von allgemeiner Bedeutung auswählt (das sind durchschnittlich etwa 30 %) und diese in seinen Jahresberichten (seit 1966 sogar in einem separaten Anhang) veröffentlicht. Die Berichte können in der Geschäftsstelle des Vereins eingesehen werden[10]. Andere Verbände beschränken sich darauf, ihren Mitgliedern mittels Rundschreiben besonders wichtige Schiedssprüche auszugsweise, leitsatzmäßig oder in Kurzform bekanntzugeben[11]. Lediglich über die Rechtsprechung des Schiedsgerichts des Vereins der Getreidehändler der Hamburger Börse e. V. erscheinen zudem seit Anfang 1970 in der Fachzeitschrift „Ernährungsdienst" regelmäßig Berichte mit Auszügen aus wichtigen und richtungweisenden Schiedssprüchen.

Bedauerlich ist es, daß die innerhalb der Hamburger freundschaftlichen Arbitrage anfallende umfangreiche schiedsrichterliche Rechtsprechung kaum der Öffentlichkeit bekannt wird, wenn man einmal von den gelegentlichen Veröffentlichungen in den „Mitteilungen der Handelskammer Hamburg" (dort werden auch Schiedssprüche des Handelskammer-Schiedsgerichts abgedruckt)[12] oder in den Jahresberichten des Waren-Vereins[13] absieht und außer Betracht läßt, daß Schiedssprüche der Hamburger freundschaftlichen Arbitrage, die bestimmte Branchen betreffen, sich in diesen auch ohne Veröffentlichung herumzusprechen scheinen[14]. Der Verein der am Rohkakaohandel be-

---

[10] *Mathies - Grimm - Sieveking* S. XII.
[11] So beispielsweise die Schiedsgerichte des Vereins der Getreidehändler der Hamburger Börse e. V. (auszugsweise oder leitsatzmäßig), des Verbandes des Deutschen Großhandels mit Ölen, Fetten und Ölrohstoffen e. V. (Kurzform), der Vereinigung der am Drogen- und Chemikalien-Groß- und Außenhandel beteiligten Firmen e. V. (Auszüge), des Vereins der am Caffeehandel betheiligten Firmen in Hamburg (wissenswerte Sentenzen, einzelne Abschnitte oder sogar vollständige Schiedssprüche).
[12] Vgl. etwa unten A. IV. 3. c) Anm. 30.
[13] Vgl. etwa JB 58, 25 ff.; 54, 18 ff.; 52, 18 ff., 21 ff.
[14] Schiedsspruch Caffee Hamburg vom 29. 1. 70, der zugleich die sich aus der fehlenden Veröffentlichung ergebende Schwierigkeit aufzeigt, einen Schiedsspruch der Hamburger freundschaftlichen Arbitrage als Präjudiz in das Verfahren einzuführen: „Schließlich hat das Schiedsgericht es abgelehnt, gemäß Antrag der Klägerin, den Obmann eines früheren Freundschaftlichen Schiedsgerichts, Herrn ..., darüber zu vernehmen, ob es richtig ist, daß jenes Schiedsgericht zu der Ansicht gelangt war, daß der „Kauf nach Probe"

2. Veröffentlichung

teiligten Firmen e. V., der über kein eigenes Schiedsgericht verfügt[15], berichtet sogar seinen Mitgliedern ab und zu in Rundschreiben über den wesentlichen Inhalt bedeutsamer Schiedssprüche der Hamburger freundschaftlichen Arbitrage, wenn ihm solche von den Parteien zur Verfügung gestellt werden[16]. Ein möglicher Fortschritt über die bisher nur zufällige Verbreitung der Rechtsprechung aus der Hamburger freundschaftlichen Arbitrage zeichnet sich darin ab, daß die Handelskammer zur Zeit an einer systematischen leitsatzmäßigen Erschließung der ihr von privater Seite zugänglich gemachten „Hamburger freundschaftlichen Arbitrage" — Schiedssprüche arbeitet, um deren Sentenzen in einer Art Rechtsprechungskartei in der Hamburger Commerz-Bibliothek der interessierten Allgemeinheit zur Verfügung zu stellen.

Mit Ausnahme dieses Vorhabens, den Abdrucken in den „Mitteilungen der Handelskammer Hamburg" und in der „Kartoffelwirtschaft" sowie den Berichten im „Ernährungsdienst" handelt es sich bei den oben genannten Veröffentlichungen um solche rein verbandsinterner Art, so daß der auf diese Weise angesprochene Personenkreis notwendigerweise beschränkt ist. Veröffentlichungen von Schiedssprüchen der hier berücksichtigten Schiedsgerichte in allgemein zugänglichen juristischen oder wirtschaftlichen Fachzeitschriften kommen nach Auskunft der befragten Verbände, Rechtsberater und Schiedsrichter nicht vor, eine Bestätigung der ohnehin verbreiteten Überzeugung, wonach Schiedssprüche nicht veröffentlicht zu werden pflegen[17].

---

nicht ein Kauf „auf Gutbefund der Nachstechmuster" ist, weil das Schiedsgericht frei von etwa präjudizierenden Urteilen früherer Schiedsgerichte seine Entscheidung treffen wollte und getroffen hat."
Vgl. des weiteren Schiedsspruch Waren JB 51, 9 ff. (10): „Die Frage, wann ein „aliud" vorliegt, hat das Schiedsgericht des Waren-Vereins sowie viele fachmännisch besetzte freundschaftliche Schiedsgerichte der Branche oft beschäftigt. ... Neuerdings haben mehrere freundschaftliche Schiedsgerichte ein „aliud" in einem Falle anerkannt, wo bittere Aprikosenkerne einen Zusatz von 11 % bitteren Mandeln enthielten."
[15] Siehe oben A. I. 1. Anm. 32.
[16] Auch im Bereich der oben A. I. 2. Anm. 41 genannten ad hoc-Schiedsgerichtsbarkeit des Vereins Deutscher Holzeinfuhrhäuser e. V. übersenden die Parteien dem Verein Schiedssprüche, die ihnen bedeutsam erscheinen. Der Verein benutzt diese Entscheidungen als Unterlagen für Auskunftsersuchen von Käufern, Verkäufern und Schiedsrichtern.
[17] Vgl. oben Einl. Anm. 23. Einige wenige Veröffentlichungen von Schiedssprüchen Hamburger und anderer Schiedsgerichte in juristischen Fachzeitschriften sind jedoch immerhin nachweisbar, vgl. etwa NJW 52, 80; VersR 54, 577; DVBl. 62, 833; BB 55, 396; MDR 52, 234; 52, 306; 52, 426; 56, 174; 61, 421; AWD 71, 489. Juristische Fachzeitschriften, die sich speziell mit dem Schiedsgerichtswesen befassen und regelmäßig (so die holländische „Arbitrale Rechtspraak") oder zumindest von Zeit zu Zeit (so die französische „Revue de l'Arbitrage") Schiedssprüche veröffentlichen, gibt es in der Bundesrepublik Deutschland nicht. Auch die KTS veröffentlicht entgegen der Meinung von *Schottelius* in U. I. A. S. 52 und *Fouchard* S. 457 keine Schiedssprüche.

3. Auswertung

Angesichts der nur beschränkten Veröffentlichung von Schiedssprüchen kann es nicht überraschen, daß eine wissenschaftliche Auswertung des Rechtsprechungsmaterials sowie dessen Berücksichtigung durch staatliche Gerichte kaum stattfindet.

a) Verbandsinterne Auswertung

Von den Verbänden selbst haben nur wenige eine Auswertung der Schiedssprüche ihres Schiedsgerichts in Angriff genommen. Soweit dies überhaupt geschehen ist, handelt es sich um eine Heranziehung von Schiedssprüchen zur Kommentierung der von den Verbänden herausgegebenen allgemeinen Geschäftsbedingungen oder Formularverträge. So existiert zu den Geschäftsbedingungen des Waren-Vereins der Hamburger Börse e. V. der jeweils vom Syndikus des Vereins bearbeitete, bereits in dritter Auflage erschienene Kommentar von *Mathies - Grimm - Sieveking*, der über die Branche hinaus breite Anerkennung gefunden hat[18]. Im Bereich des Kartoffelhandels sei auf den Kommentar zu den Kartoffel-Geschäftsbedingungen (Frankfurter Bedingungen) von *Hilken - Renk* hingewiesen, der jedoch durch die Neufassung der Bedingungen (nunmehr „Berliner Vereinbarungen" genannt) größtenteils überholt ist. Beim Verein der Getreidehändler der Hamburger Börse e. V. hat dessen Syndikus einen Formularvertrag erläutert, wobei die schiedsrichterliche Rechtsprechung mit herangezogen[19], wenn auch nicht im einzelnen zitiert worden ist. Die Kommentierungen weiterer Formularverträge befinden sich in Bearbeitung. Schiedssprüche des Hamburger Getreideschiedsgerichts sind im übrigen in dem Kommentar von *Starck* zu den Einheitsbedingungen im deutschen Getreidehandel ausgewertet worden[20].

b) Wissenschaftliche Auswertung

Entsprechend den seltenen Veröffentlichungen von Schiedssprüchen in juristischen Fachzeitschriften findet die schiedsrichterliche Rechtsprechung im rechtswissenschaftlichen Schrifttum kaum Erwähnung, wenn einmal von den wenigen Arbeiten abgesehen wird, die sich speziell mit einem ständigen Schiedsgericht[21], mit der Schiedsgerichtsbarkeit einer einzelnen Branche[22], mit bestimmten Geschäftsbedingungen[23],

---

[18] Z. B. mehrfach zitiert in BGHZ 49, 388; vgl. auch die Rezension durch *Eisemann* ZHR 69, 295 f.
[19] Siehe *Hansen* S. 3.
[20] Vgl. *Starck* S. 53, 66, 72, 112.
[21] Vgl. *Schottelius*, Kaufmännische Schiedsgerichtsbarkeit S. 53 f., 64 f., 131 f.
[22] So etwa *Devin* S. 59 ff.
[23] Siehe *Vierheilig* S. 78 ff., 88 f., 177 ff.

mit Rechtsproblemen aus der Schiedsgerichtsbarkeit selbst[24] oder aber mit einer Rechtsmaterie beschäftigen, in der die Schiedsgerichtsbarkeit traditionell eine große Rolle spielt[25] oder sogar die staatlichen Gerichte weitgehend verdrängt hat[26]. Daß ein Schiedsgericht für wert befunden wird, in einer Reihe führender Kommentare zitiert zu werden (so geschehen mit dem Schiedsspruch des Schiedsgerichts der Beamtenversorgungskasse K.-W. vom 17. 8. 62 DVBl. 62, 833)[27], dürfte eine große Ausnahmeerscheinung sein, die ihresgleichen auf dem Gebiete der privaten Schiedsgerichtsbarkeit — soweit ersichtlich — nicht findet. An dem genannten Beispiel wird aber deutlich, daß nicht nur staatliche Urteile, sondern auch Schiedssprüche allgemeinwichtigen Inhalts bei entsprechender Veröffentlichung mit einer wissenschaftlichen Resonanz rechnen können[28].

c) Berücksichtigung durch staatliche Gerichte

Noch geringere Beachtung als in der rechtswissenschaftlichen Literatur findet die schiedsgerichtliche Rechtsprechung in der Rechtsprechung der staatlichen Gerichte. Inwieweit es überhaupt vorkommt, daß staatliche Gerichte in den Begründungen ihrer Urteile auf konkrete Schiedssprüche Bezug nehmen, ist äußerst schwer feststellbar[29]. Im Rahmen dieser Arbeit konnte lediglich nachfolgender Fall entdeckt werden.

Seit Ende des Jahres 1963 tauchte im Zusammenhang mit umfangreichen Einfuhren argentinischer Hasen, die zum Teil von den Gesundheitsbehörden wegen Salmonellenbefalls beschlagnahmt worden waren, in zahlreichen Fällen die Frage auf, ob ein Salmonellenbefall einen Sachmangel nach § 459 BGB darstelle. Nachdem zwei Schiedsgerichte dahingehend entschieden hatten, daß bei Salmonellenbefall

---

[24] *Plewe* S. 152 ff.
[25] Das ist beispielsweise im Überseehandel der Fall, vgl. etwa *Großmann - Doerth*, Überseekauf S. 179 Anm. 109; 309 Anm. 187; 318 Anm. 6; 371 Anm. 35; *Haage*, Abladegeschäft S. 15 Anm. 1, 2; 50 Anm. 1; 54.
Hermann hingegen berücksichtigt in seiner Arbeit nicht eine einzige schiedsgerichtliche Entscheidung, so daß manches Problem der kaufmännischen Praxis unerörtert bleibt.
[26] Vgl. die bei *Schaps - Abraham* § 744 Anm. 38 (S. 1154 ff.) angeführten Beispiele aus der Rechtsprechung des für Streitigkeiten aus der Geltendmachung von Hilfs- und Bergelohnforderungen zuständigen Deutschen Seeschiedsgerichts, das seit seiner im Jahre 1913 erfolgten Gründung über 300 Verfahren abgewickelt hat, davon allein 80 seit dem 2. Weltkrieg.
[27] Vgl. *Eyermann - Fröhler* § 40 Rdnr. 110; *Schunck - de Clerck* § 40 Anm. 13 b; *Redeker - v. Oertzen* § 40 Rdnr. 57.
[28] So etwa auch Schiedsspruch Waren MDR 61, 421, zitiert bei *Böhle-Stamschräder* § 18 Anm. 1 d sowie Schiedsspruch Hamburger freundschaftliche Arbitrage MDR 52, 426, zitiert bei *v. Godin* in RGRKomm. z. HGB § 346 Anm. 17.
[29] Ein *allgemeiner* Hinweis auf die Schiedsgerichtspraxis findet sich immerhin beispielsweise in BGHZ 49, 388 ff. (396).

ein Sachmangel nicht schlechthin, sondern nur dann vorliege, wenn es sich um einen die menschliche Gesundheit gefährdenden Befall handle[30], wurde auch das Landgericht Hamburg mit dieser Frage konfrontiert. Unter Berufung auf jene Literatur, auf die sich auch die Schiedssprüche stützten, schloß sich das Landgericht der Rechtsprechung der Schiedsgerichte an[31], ein Beweis dafür, daß die ordentliche Gerichtsbarkeit in geeigneten Fällen durchaus bereit ist, veröffentlichte schiedsgerichtliche Rechtsprechung in ihre Überlegungen einzubeziehen.

Da es sich hierbei jedoch um einen Einzelfall handeln dürfte, ist nach alledem die Feststellung gerechtfertigt, daß die verbandsinternen Veröffentlichungen und die zum Teil erfolgten Auswertungen von Schiedssprüchen zwar eine Fortbildung des Rechts durch institutionelle Schiedsgerichte innerhalb der betreffenden Handelszweige als durchaus möglich erscheinen lassen, daß eine Einflußnahme auf das allgemeine Rechtsbewußtsein jedoch deshalb entfallen dürfte, weil die schiedsgerichtliche Rechtsprechung wegen ihrer unzureichenden allgemeinen Veröffentlichung weitgehend unbekannt bleibt und so gut wie keinen Eingang in das rechtswissenschaftliche Schrifttum[32] und die staatliche Rechtsprechung findet.

V. Einflußbereich schiedsgerichtlicher Rechtsprechung

Fast die Hälfte aller hier untersuchten Schiedsgerichte kennt die Einrichtung einer zweiten[1] oder gar dritten Instanz[2], wobei allerdings von den Rechtsmitteln bei den verschiedenen Schiedsgerichten in der

---

[30] Vgl. Schiedsspruch Hamburger freundschaftliche Arbitrage, Mitteilungen 65, 250 f. sowie Schiedsspruch HK Hamburg, Mitteilungen 65, 758 f.

[31] LG Hamburg (Az. 21 O 98/66): „Die Beklagten haben einen im Sinne des § 459 BGB erheblichen Mangel nicht nachgewiesen. Die vorgelegte Beschlagnahmeurkunde der Stadt W. reicht zum Beweis nicht aus. In ihr ist nur die Rede davon, daß die Hasenkeulen und Hasenrücken von Salmonellen befallen seien. Damit ist aber noch nicht erwiesen, daß ein Mangel im Sinne des § 459 BGB vorgelegen hat. Mit den in den Mitteilungen der Handelskammer Hamburg veröffentlichten Schiedssprüchen (Heft 4, S. 250 ff.; Heft 10, S. 758 ff.) ist davon auszugehen, daß die Tatsache, daß ein Lebensmittel mit Keimen der Salmonellengruppe befallen ist, nicht in jedem Fall dazu führen kann, die Sache als mangelhaft im Sinne des § 459 BGB anzusehen." — Vgl. in diesem Zusammenhang die abweichende neuere Entscheidung BGH NJW 69, 1171 f.

[32] Die von *Mathies*, Schiedsgerichtswesen des Großhandels S. 300 geäußerte Anregung, die Rechtswissenschaft solle mehr als bisher die Sprüche von Schiedsgerichten mit in den Kreis ihrer Arbeit einbeziehen, ist damit bis heute ohne Echo geblieben.

[1] So etwa § 8 SchGO Drogen; § 17 SchGO Fasern; § 26 SchGO Getreide Bremen; § 18 SchGO Häute; § 8 SchGO Harz; § 18 SchGO Waren; § 9 SchGO Grofor; Art. 23 ff. SchGO Rucip; § 19 IV Reis-Schlußnota.

[2] § 85 BBB (2. Berufungsinstanz); § 38 SchGO Kartoffeln (Revisionsinstanz).

Praxis recht unterschiedlich Gebrauch gemacht wird[3]. Mag durch die Einrichtung von Rechtsmittelinstanzen auch innerhalb ein und derselben Schiedsgerichtsorganisation und damit für einen ganzen Geschäftszweig eine Einheitlichkeit und Beständigkeit der schiedsgerichtlichen Rechtsprechung in gewissem Rahmen gewährleistet sein, so ist es für eine Rechtsfortbildung seitens der Schiedsgerichte doch sehr hinderlich, daß zwischen den einzelnen Schiedsgerichtsträgern kein organisatorischer Zusammenhang besteht, es insbesondere aus einsichtigen Gründen an einer den gesamten institutionellen Schiedsgerichten übergeordneten Instanz fehlt. Insofern verdient § 26 III SchGO Getreide Hamburg Beachtung, wonach das Oberschiedsgericht auch für die Berufung gegen die Entscheidung anderer Schiedsgerichte zuständig ist, wenn die Parteien dies vereinbaren. Ein Fall der praktischen Anwendung dieser Bestimmung ist mir allerdings nicht bekannt geworden.

Die hier berücksichtigten Schiedsgerichte dienen mit Ausnahme der Hamburger und Bremer Handelskammerschiedsgerichte sowie der nichtinstitutionellen Hamburger freundschaftlichen Arbitrage als Fachschiedsgerichte ausschließlich den Bedürfnissen der jeweiligen Geschäftszweige[4]. Aus diesem Grunde stehen diese Schiedsgerichte isoliert nebeneinander und bilden keine etwa der ordentlichen Gerichtsbarkeit vergleichbare organisatorische Einheit. Das hat zur Folge, daß die Rechtsprechung jedes einzelnen Fachschiedsgerichts ohne Berücksichtigung der Judikatur anderer Schiedsgerichte auf die speziellen Verhältnisse der jeweiligen Branche ausgerichtet ist. Dies ist zwar insoweit unschädlich, als es um Probleme des speziellen Verbandsrechts geht, einer einheitlichen Rechtsfortbildung abträglich aber ist es, wenn allgemeinere Fragen, die sich in jeder Branche stellen, von den verschiedenen institutionellen Schiedsgerichten in voneinander abweichender Weise beantwortet werden.

---

[3] Hinsichtlich des Verhältnisses der Zahlen der erstinstanzlichen zu den zweitinstanzlichen Entscheidungen bei der Bremer Baumwollbörse e. V. und dem Verein der Getreidehändler der Hamburger Börse e. V. vgl. oben A. I. 1.; beim Schiedsgericht des Verbandes des Kartoffelgroßhandels Schleswig-Holstein und Hamburg e. V. entfällt ungefähr auf 5 erstinstanzliche Entscheidungen ein Berufungsschiedsspruch. Bei den übrigen Schiedsgerichten spielt die Berufung eine nur geringe Rolle, zumal sie bisweilen an zusätzliche Voraussetzungen geknüpft ist: Nach § 17 SchGO Waren ist die Berufung nur zulässig, wenn sich beide Parteien bis zum Schluß der mündlichen Verhandlung erster Instanz damit einverstanden erklärt haben; nach § 21 IX Saathandelsusancen ist die Berufung erst nach Erfüllung des erstinstanzlichen Schiedsspruchs zulässig.

[4] Anders etwa die Schiedsgerichte der American Arbitration Association (vgl. *Schottelius*, Internationale Schiedsgerichtsbarkeit S. 74 ff.), der Internationalen Handelskammer in Paris (hierzu *Fleck* RiW 55, 75 ff.) oder des Deutschen Ausschusses für Schiedsgerichtswesen in Bonn (hierzu *v. Hinüber* KTS 58, 49 ff.).

A. V. Einflußbereich schiedsrichterlicher Rechtsprechung

So bestehen beispielsweise gegensätzliche Auffassungen hinsichtlich der im überseeischen Abladegeschäft wichtigen Frage der Zulässigkeit einer zweiten Andienung von inzwischen berichtigten Dokumenten[5]. Während die überwiegende schiedsgerichtliche Rechtsprechung eine Unterscheidung zwischen unvollständigen und unrichtigen Dokumenten trifft und eine zweite Andienung nur hinsichtlich vervollständigter, nicht jedoch bezüglich berichtigter Dokumente zuläßt[6], ist im Bereich des Hamburger Kaffeehandels unter ausdrücklicher Aufgabe der bisherigen Rechtsprechung die nochmalige Andienung einer berichtigten Faktura für zulässig erklärt worden[7]. Für den Holzhandel ist entschieden worden, daß dort in Abweichung vom übrigen Abladegeschäft kein Rechtssatz bestehe, wonach eine einmal vorgenommene unrichtige Andienung nicht berichtigt oder wiederholt werden könne[8].

Ein weiterer Fall entgegengesetzter Rechtsprechung besteht zwischen dem Schiedsgericht des Vereins der Getreidehändler der Hamburger Börse e. V. und dem des Waren-Vereins der Hamburger Börse e. V. bezüglich der immer wieder im gesamten Abladegeschäft auftauchenden Frage, welche Rechtsfolgen eintreten, wenn der Käufer von seinem Destinationsrecht[9] nicht oder nicht rechtzeitig Gebrauch macht. Während das erstgenannte Schiedsgericht in ständiger Rechtsprechung ent-

---

[5] Vgl. zu dieser Frage *Grimm*, Einfuhrhandel S. 93 f.; *Mathies - Grimm - Sieveking* § 13 Rdnr. 55 ff.; *Haage*, Abladegeschäft S. 93 ff.
[6] So für viele Schiedsspruch Waren JB 68, 51 ff. (53): „Eine zweite Andienung ist bei Abladegeschäften und kombinierten Geschäften mit Abladeklausel nur dann unzulässig, wenn die angedienten Dokumente unrichtig sind."
[7] Schiedsspruch Caffee Hamburg vom 14. 3. 67: „Nun steht das Schiedsgericht weiter vor der Frage, ob eine erneute Andienung von ursprünglich unrichtigen, inzwischen jedoch berichtigten Dokumenten als zulässig anerkannt werden kann. Die oben gemachten grundsätzlichen Ausführungen haben gezeigt, daß die Ansichten hierüber geteilt sind. Wenn das Schiedsgericht der bisher im großen und ganzen geübten Rechtsprechung unserer Schiedsgerichte folgen würde, hätte es die Klage „a limine" wegen Andienung unrichtiger Dokumente abweisen und der Ansicht folgen müssen, eine zweite Andienung von inzwischen berichtigten Dokumenten sei unzulässig. Das Schiedsgericht hat sich indessen bei Abwägung alles Für und Wider und in Würdigung derjenigen Argumente, die es rechtfertigen, einer erneuten Andienung den Weg zu öffnen, entschlossen, eine zweite Andienung von Dokumenten für zulässig zu erklären."
[8] Schiedsspruch Hamburger freundschaftliche Arbitrage vom 11. 11. 64 unter Berufung auf ein von der Handelskammer Hamburg erstelltes Gutachten, wonach die überwiegende Meinung der befragten Handelskreise dahin gehe, der Holzimporteur müsse sich eine Abänderung der angedienten Menge und damit eine entsprechende Berichtigung der Konnossemente, Fakturen und gegebenenfalls Spezifikationen gefallen lassen.
[9] Unter Destination (auch Option genannt) ist das dem Käufer vertraglich vorbehaltene Recht zu verstehen, den Bestimmungshafen der Ware erst zu einem späteren Zeitpunkt festzulegen, vgl. *Mathies - Grimm - Sieveking* § 13 Rdnr. 39; *Grimm*, Einfuhrhandel S. 43 f.; *Haage*, Abladegeschäft S. 151.

schieden hat, das Bestimmungsrecht gehe auf den Verkäufer über[10], vertritt das Schiedsgericht des Waren-Vereins die Auffassung, der Verkäufer dürfe das Bestimmungsrecht auf keinen Fall selbst ausüben[11].

Fälle wie die vorstehenden kommen — soweit ersichtlich — allerdings bedeutend seltener vor, als man vermuten könnte. Dies läßt sich darauf zurückführen, daß die Schiedsgerichte, wie noch zu zeigen sein wird, ganz überwiegend mit der Anwendung verbandsinternen Rechts befaßt sind und sich bei der Anwendung staatlichen Rechts eng an die jeweils herrschende Meinung in Rechtsprechung und Lehre anschließen. Falls sich dennoch Abweichungen ergeben, beruhen diese mitunter weniger auf unterschiedlichen Rechtsauffassungen der Schiedsgerichte als vielmehr auf den besonderen Usancen einer Branche. Hinsichtlich der dennoch vorhandenen Divergenzen könnte eine gewisse Abhilfe dadurch geschaffen werden, daß die institutionellen Schiedsgerichte Schiedssprüche von allgemeiner Bedeutung untereinander austauschen[12] oder für eine breitere Veröffentlichung ihrer Schiedssprüche sorgen[13]. Solange dies nicht geschieht, beschränkt sich die rechtsfortbildende Funktion der institutionellen Schiedsgerichte notwendigerweise auf den jeweiligen speziellen Geschäftszweig oder unter Umständen sogar nur auf einen bestimmten Verband, falls ein Handelszweig von mehreren Verbänden betreut wird und eine überregionale Schieds-

---

[10] Schiedsspruch Getreide Hamburg Az. V 94/70 G: „Trotz Aufforderung durch die Klägerin hat die Beklagte den Lieferort nicht benannt. Die Klägerin war deshalb berechtigt, den Lieferort selbst zu bestimmen; denn nach der ständigen Rechtsprechung der Schiedsgerichte des Vereins der Getreidehändler der Hamburger Börse e. V. geht das Destinationsrecht auf den Verkäufer über, wenn der Käufer dieses Recht nicht ausübt."

[11] Schiedsspruch Waren JB 66, 61 ff. (62): „Wird beim Abladegeschäft dem Käufer die Aufgabe des Bestimmungshafens (Destination) vertraglich vorbehalten, so darf der Verkäufer die Ware nur in Übereinstimmung mit einer solchen Aufgabe verladen, und zwar auch dann, wenn der Käufer die Aufgabe verzögert oder die vertraglich gezogenen Grenzen seines Bestimmungsrechtes nicht einhält. Keinesfalls geht in solchen Fällen das Bestimmungsrecht auf den Verkäufer über. Das Gesetz (§ 315 BGB) hat eine solche Regelung nicht getroffen. Auch ein dahingehender Handelsbrauch läßt sich nicht feststellen."

[12] So überreicht etwa der Verein der am Caffeehandel betheiligten Firmen in Hamburg seine Rundschreiben (vgl. oben A. IV. 2. Anm. 11) der Handelskammer Hamburg sowie dem Verein der am Kaffeehandel betheiligten Firmen in Bremen e. V. Der Verein des Hamburger Häute- und Fell-Einfuhrhandels e. V. tauscht Schiedssprüche sogar mit niederländischen Schwesterorganisationen aus.

[13] So ist etwa die oben A. IV. 3. c) genannte Rechtsprechung zur Salmonellenfrage auch vom Schiedsgericht des Waren-Vereins der Hamburger Börse e. V. in mehreren Fällen übernommen worden, was nicht zuletzt auf die Veröffentlichungen in den „Mitteilungen der Handelskammer Hamburg" zurückzuführen sein dürfte.

gerichtsorganisation[14] nicht vorhanden ist. Letzteres ist z. B. insbesondere im Getreide- und Futtermittelhandel der Fall, innerhalb dessen es eine große Anzahl von Schiedsgerichten gibt, deren Zurückhaltung in der Veröffentlichung ihrer Entscheidungen ein ernstliches Hindernis für die Fortbildung und Vereinheitlichung der Rechtsprechung innerhalb der Börsenschiedsgerichte darstellt[15].

VI. Zusammenfassung

Bei einer zusammenfassenden Betrachtung aller Einzelergebnisse verdient die Tatsache besonderer Hervorhebung, daß von den — soweit ersichtlich — in Hamburg und Bremen bestehenden 30 institutionellen Schiedsgerichten (einschließlich der Hamburger freundschaftlichen Arbitrage) etwa der Hälfte eine praktische Bedeutung nicht zukommt und selbst bei Schiedsgerichten mit früher sehr starker Inanspruchnahme sich in den vergangenen Jahren ein starker Rückgang oder gar Stillstand der Spruchtätigkeit zeigt. Immerhin gibt es aber auch etwa 10 Schiedsgerichte mit einer ausgeglicheneren und bis in die neueste Zeit hineinreichenden Tätigkeit. Diese Schiedsgerichte — insbesondere die des Waren-Vereins der Hamburger Börse e. V., des Vereins der Getreidehändler der Hamburger Börse e. V. und der Hamburger freundschaftlichen Arbitrage — haben daher ausreichende Gelegenheit, zu umstrittenen oder neu auftauchenden Rechtsfragen Stellung zu beziehen und auf diese Weise eine rechtsfortbildende Funktion wahrzunehmen.

In der personellen Besetzung der Schiedsgerichte zeigt sich zumindest bei den Schiedsgerichten mit größerer Inanspruchnahme eine erstaunliche Kontinuität, die nicht nur darauf beruht, daß viele Schiedsgerichtsordnungen bis zu der bekannten BGH-Entscheidung[1] den zur Übernahme des Schiedsrichteramtes befähigten Personenkreis in irgendeiner Weise einschränkten, sondern auch darauf, daß bestimmte Personen von den Parteien (früher teilweise auch von dem jeweiligen Vereinsvorstand) besonders häufig ernannt zu werden pflegen. Auf diese Weise hat sich bei allen bedeutenderen Schiedsgerichten so etwas wie eine „Schiedsrichterschaft" herausgebildet.

An der Rechtsprechung der ganz überwiegend von Kaufleuten besetzten Schiedsgerichte wirken Juristen nicht nur als Schiedsgerichtsvorsitzende (häufig bei den Schiedsgerichten der Handelskammer Hamburg und der Hamburger freundschaftlichen Arbitrage; bei anderen

---

[14] Eine solche besteht im Bereich des Kartoffelgroßhandels, vgl. *Steckhan* II KTS 56, 3 ff., der die inzwischen eingeführte Revisionsinstanz allerdings noch nicht berücksichtigen konnte.
[15] *Starck* S. 3.
[1] BGHZ 51, 255.

Schiedsgerichten bisweilen in einer höheren Instanz, beim Schiedsgericht der Vereinigung des Wollhandels e. V. als ständiger Vorsitzender), sondern in erster Linie als Berater der Schiedsgerichte mit. Diese Rechtsberater üben aufgrund ihrer langjährigen Erfahrungen einen mehr oder minder großen Einfluß auf die Kontinuität der schiedsgerichtlichen Rechtsprechung aus und tragen insbesondere dadurch zu einer über den Einzelfall hinausgehenden Bedeutung der schiedsgerichtlichen Entscheidungen bei, daß sie diese allein oder in Zusammenarbeit mit den Schiedsrichtern abfassen. An der Rechtsfindung mancher Schiedsgerichte sind im übrigen in nicht unerheblichem Maße auch Rechtsanwälte als Prozeßvertreter beteiligt. Soweit dies der Fall ist, handelt es sich um einen engeren Kreis von Anwälten, die häufiger in schiedsgerichtlichen Verfahren tätig werden.

Die dogmatisch umstrittene Frage der Bindung der Schiedsgerichte an das materielle Recht erfährt in der Spruchpraxis der hanseatischen Schiedsgerichte eine Lösung in der Richtung, daß sich nicht nur aus manchen Schiedsgerichtsordnungen und Geschäftsbedingungen eine solche Bindung folgern läßt, sondern die Schiedsrichter sich aus Gründen der Rechtssicherheit auch ohne entsprechende Vorschriften an das materielle Recht gebunden fühlen. Daher kommen echte Billigkeitsentscheidungen nur äußerst selten vor, was allerdings nicht ausschließt, daß die Schiedsgerichte im Rahmen der §§ 157, 242 BGB zulässigerweise auch Billigkeitserwägungen Raum geben oder bisweilen offensichtliche Fehlentscheidungen treffen. Inwieweit die von den Schiedsgerichten eingenommene Grundhaltung zur Frage der Rechtsanwendung einer möglichen Parteilichkeit der einzelnen Schiedsrichter entgegensteht, ist kaum festzustellen. Keineswegs aber lassen sich allgemeine Tendenzen einer parteilichen Rechtsprechung der Schiedsgerichte gegenüber Nichtverbandsmitgliedern erkennen.

Alle bedeutenden Schiedsgerichte sammeln die bei ihnen ergangenen Schiedssprüche. Die Sammlungen sind — von zwei Ausnahmen abgesehen — nur chronologisch geordnet und im allgemeinen den interessierten Kreisen nicht zugänglich. Veröffentlicht wird die schiedsgerichtliche Rechtsprechung bei den einzelnen Schiedsgerichten in verschiedenem Umfang und andersartiger Weise, zumeist allerdings nur in verbandsinterner Form. Das Rechtsprechungsmaterial einiger weniger Schiedsgerichte ist zur Kommentierung des Verbandsrechts ausgewertet worden; die Berücksichtigung von schiedsgerichtlicher Rechtsprechung durch die Rechtswissenschaft oder in der Rechtsprechung der ordentlichen Gerichte beschränkt sich auf Einzelfälle.

Die verschiedenen Schiedsgerichte stehen isoliert nebeneinander und bilden keine etwa der ordentlichen Gerichtsbarkeit vergleichbare organisatorische Einheit. Zwar gibt es — soweit ersichtlich — Fälle divergierender Rechtsprechung zwischen einzelnen Schiedsgerichten in Fragen, die einheitlich entschieden werden müßten, nur verhältnismäßig selten, doch beschränkt sich der Einfluß der schiedsgerichtlichen Rechtsprechung dennoch auf den jeweiligen Verbandsbereich.

Aus alledem ergibt sich, daß die kaufmännische Schiedsgerichtsbarkeit Hamburgs und Bremens sowohl hinsichtlich des Umfangs ihrer Spruchtätigkeit als auch in bezug auf die Besetzung der einzelnen Schiedsgerichte und deren Einstellung zur Frage der Rechtsanwendung die Voraussetzungen erfüllt, die vorliegen müssen, damit von der Schiedsgerichtsbarkeit als einem Träger der Rechtsfortbildung gesprochen werden kann. Mit der Begründung, die Schiedsgerichte beschränkten sich ganz auf die Entscheidung und Schlichtung von Einzelfällen und beständen weder ständig noch in derselben Zusammensetzung, kann man daher die Schiedsgerichtsbarkeit nicht für ungeeignet erklären, wie die ordentlichen Gerichte grundsätzliche Rechtsfragen mit Wirkung für die Zukunft zu entscheiden und damit eine kontinuierliche Rechtsprechung zu entwickeln[2]. Eine Einwirkung auf das allgemeine Rechtsbewußtsein über den engen Kreis der unmittelbar von den jeweiligen Fachschiedsgerichten berührten Kaufleute hinaus ist hingegen wegen der mangelhaften Veröffentlichung von Schiedssprüchen und der fehlenden Zusammenarbeit zwischen den einzelnen institutionellen Schiedsgerichten ausgeschlossen[3].

---

[2] So jedoch *Schottelius*, Internationale Schiedsgerichtsbarkeit S. 23.
[3] Mit diesen Gründen rechtfertigt auch *Großmann - Doerth*, Überseekauf S. 58 f. seine Skepsis zu der Frage, ob die Schiedsgerichtsbarkeit anstelle der durch Schiedsklauseln ausgeschlossenen staatlichen Gerichte die Rechtsentwicklung des Überseekaufs leiten könne. Vgl. in diesem Zusammenhang aber auch die gegenteiligen, m. E. zu optimistischen Ausführungen *Fouchards* S. 446 ff. zur Frage der Einheit und Öffentlichkeit der schiedsgerichtlichen Rechtsprechung des internationalen Handels.

B. Rechtsfortbildender Inhalt schiedsgerichtlicher Rechtsprechung

Im folgenden soll nunmehr die Rechtsprechung der hier untersuchten Schiedsgerichte unter dem Gesichtspunkt betrachtet werden, ob und gegebenenfalls in welcher Weise und welchem Umfang die Entscheidungen der Schiedsgerichte ihren inhaltlichen Aussagen nach einen Beitrag zur Rechtsfortbildung zu leisten vermögen. Dabei wird zwischen der Fortbildung von staatlichem Gesetzesrecht, Handelsgewohnheitsrecht, Handelsbräuchen, Verbandsrecht, allgemeinen Handelsklauseln sowie einem wie auch immer zu bezeichnenden „internationalen Handelsrecht" zu unterscheiden sein.

I. Allgemeine Bemerkungen

Vor einer solchen in die Einzelheiten gehenden Untersuchung aber, bei welcher es sich nicht vermeiden lassen wird, aus Anschaulichkeitsgründen der wörtlichen Wiedergabe von Schiedssprüchen breiten Raum zu gewähren, soll zunächst ein allgemeiner Blick auf die Art der Rechtsverhältnisse geworfen werden, die den bei den Schiedsgerichten anhängig werdenden Rechtsstreitigkeiten zugrunde zu liegen pflegen. Auch sind einige Bemerkungen zu der Frage notwendig, inwieweit sich die Schiedsgerichte überhaupt mit Rechtsstreitigkeiten und nicht etwa nur überwiegend mit Streitigkeiten über Tatsachen zu befassen haben.

1. Art der Rechtsverhältnisse

Fast alle Schiedsgerichtsordnungen äußern sich in irgendeiner Weise zu der Frage, hinsichtlich welcher Art von Rechtsstreitigkeiten die Schiedsgerichte angerufen werden können. Dabei zeigen sich Unterschiede zwischen den Fachschiedsgerichten und den übrigen Schiedsgerichten. Nach § 1 I SchGO HK Bremen und § 1 I SchGO HK Hamburg etwa sind diese Schiedsgerichte für die Entscheidung von Streitigkeiten jeder Art, insbesondere solcher zwischen Kaufleuten zuständig — § 11 I der Satzung des Vereins Hamburger Exporteure e. V. spricht nur von Streitigkeiten geschäftlicher Art —, und § 20 der Platzusancen für den Hamburgischen Warenhandel sowie die SchGO Bremer Importeure enthalten sogar überhaupt keine einschlägige Regelung. Die Schiedsgerichtsordnungen der Fachschiedsgerichte hingegen sehen ganz überwiegend eine Zuständigkeitsbeschränkung auf Streitigkeiten aus Geschäften über von den betreffenden Verbänden jeweils betreute Gegenstände vor[1], wobei allerdings meistens durch Vereinbarung auch Streitigkeiten aus Geschäften über branchenfremde Artikel dem Vereinsschiedsgericht unterworfen werden können[2]. Die übrigen Fachschiedsgerichtsordnungen erklären von zwei Ausnahmen abgesehen[3] eine Zuständigkeit für alle Streitigkeiten aus Verträgen für gegeben, denen die allgemeinen Geschäftsbedingungen oder Formularverträge der betreffenden Verbände zugrunde liegen, häufig mit der Möglichkeit, auch durch besondere Vereinbarung die Zuständigkeit des Schiedsgerichts zu begründen[4].

Obwohl in den Verfahrensordnungen der Fachschiedsgerichte zumeist nur allgemein von Streitigkeiten „aus Geschäften" über diesen oder jenen Artikel gesprochen wird, handelt es sich — soweit meine Untersuchungen reichen — bei den Fachschiedsgerichten fast ausschließlich um Streitigkeiten aus Kaufverträgen, und zwar über brancheneigene Artikel[5]. Daneben kommen allenfalls Streitigkeiten aus Makler- oder Handelsvertreterverträgen vor — die Schiedsgerichtsordnungen sehen vielfach auch eine Zuständigkeit für den Vermittler des Geschäfts vor —, während Streitigkeiten aus Gesellschaftsverträgen, Bürgschaften oder etwa Speditions-, Lagerhalter- oder Frachtverträgen völlig fehlen. Anders sieht es bei den Nichtfachschiedsgerichten der Handelskammer Hamburg und der Hamburger freundschaftlichen Arbitrage aus. Dort finden sich neben Streitigkeiten aus Kaufverträgen über Artikel verschiedenster Art (Holz, Fleisch, Obst und Gemüse, Trockenfrüchte, Rohkakao) auch Streitigkeiten insbesondere aus Gesellschafts- und Handelsvertreterverträgen, aber auch aus Werk-, Grundstückskauf- und Geschäftsabtretungsverträgen. Während bei der Hamburger freundschaftlichen Arbitrage dennoch eindeutig die Kaufrechtsstreitigkeiten über Massenartikel den größten Teil der Entscheidungen ausmachen, halten sich solche Streitigkeiten mit denen

---

[1] Vgl. für viele § 2 I SchGO Fasern: „Das Schiedsgericht ist zuständig für die Entscheidung aller Streitigkeiten aus Geschäften in allen vom Fachhandelsverband Fasern und Haare e. V. betreuten Waren, sowohl zwischen den Parteien des Geschäftes als auch zwischen einer Partei und dem vermittelnden Makler, sofern seine Zuständigkeit vereinbart ist."
[2] So etwa § 1 II SchGO Waren: „Durch das Schiedsgericht können auch Streitigkeiten aus Geschäften über andere Artikel entschieden werden, sofern seine Zuständigkeit vereinbart ist und der Vorstand keine Bedenken hat."
[3] Die SchGOen Getreide Hamburg und Getreide Bremen enthalten überhaupt keine Regelung.
[4] So etwa § 1 I SchGO Kartoffeln: „Das Schiedsgericht ist zuständig:
a) für Streitigkeiten aus Verträgen, die gemäß den Deutschen Kartoffel-Geschäftsbedingungen (Berliner Vereinbarungen 1956) abgeschlossen sind,
b) im Falle besonderer Vereinbarung."
[5] Die einzige mir bekannt gewordene Ausnahme ist Schiedsspruch Waren Az. 10/70. Dort hatten die Parteien die WVB bezüglich des Kaufs einer großen Partie von Dosen vereinbart.

aus den genannten besonderen Verträgen bei dem Handelskammerschiedsgericht in etwa die Waage.

2. Rechts- oder Tatsachenstreitigkeiten

Gelegentlich wird in der Literatur die Meinung vertreten, in den meisten der den Schiedsgerichten unterbreiteten Fälle lägen die wesentlichen Streitpunkte nicht auf rechtlichem, sondern auf tatsächlichem Gebiet[6]. Träfe dies zu, so wären die einleitend zitierten Stimmen, die eine Rechtszersplitterung und Beeinträchtigung der Rechtsfortbildung durch die Schiedsgerichtsbarkeit befürchten, zum größten Teil gegenstandslos. Andererseits aber müßte auch die Möglichkeit einer schiedsgerichtlichen Rechtsfortbildung weitgehend verneint werden, da es eine solche nur geben kann, wenn die Schiedsgerichte sich mit Rechtsfragen auseinander zu setzen haben.

Eine statistisch exakte Aussage zu dem Zahlenverhältnis zwischen den Rechtsentscheidungen und den Tatsachenentscheidungen über die gesamte Hamburger und Bremer kaufmännische Schiedsgerichtsbarkeit zu machen, ist indes unmöglich. Zunächst einmal sind die Verhältnisse von Schiedsgericht zu Schiedsgericht durchaus verschieden. Schiedsgerichte, die keine besondere Qualitätsarbitrage kennen, sondern Streitigkeiten über Qualitätsfragen in einem Schiedsverfahren austragen, haben bereits aus diesem Grunde unter ihren Schiedssprüchen zwangsläufig einen überwiegenden Anteil an Tatsachenentscheidungen[7]. Im übrigen ist es äußerst schwierig und, wie ich bei meinen Untersuchungen feststellen mußte, in vielen Fällen unmöglich, Schiedssprüche eindeutig als solche zu bezeichnen, deren wesentliche Streitpunkte entweder auf tatsächlichem oder aber auf rechtlichem Gebiet liegen, da Tatsachenwürdigung und Rechtsanwendung meistens ineinander übergehen und eine genaue Eingruppierung schon wegen des unscharfen Begriffes „wesentlich" schwer fällt. Es kommt hinzu, daß man zunächst eindeutig klären müßte, was unter einer „Entscheidung in Rechtsfragen" zu verstehen ist. Sieht man eine solche nur dann als gegeben an, wenn es um die Anwendung staatlichen Rechts oder Handelsgewohn-

---

[6] *Kessler*, Bindung des Schiedsgerichts S. 42. *Leo* S. 214 meint, die Ernennung von nicht rechtskundigen Kaufleuten zu Schiedsrichtern zeige, daß die Parteien hauptsächlich mit Streitfragen tatsächlicher Art rechneten. *Fouchard* S. 408 zufolge betrifft die große Mehrheit der Streitigkeiten aus dem internationalen Handel Tatsachenfragen und Fragen der Auslegung von Vertragsklauseln. Vgl. auch die bei *Mentschikoff*, Columbia Law Review 61, 866 wiedergegebene Auswertung von 527 Schiedssprüchen der American Arbitration Association. Danach handelte es sich bei 91 % aller Fälle um Tatsachenstreitigkeiten oder Streitigkeiten über die Auslegung von Verträgen, und nur bei 9 % der Entscheidungen ging es auch um Rechtsfragen.
[7] Siehe oben A. I. 1. die Angaben bezüglich der Schiedsgerichte des Vereins des Hamburger Häute- und Fell-Einfuhrhandels e. V. sowie des Vereins der Getreidehändler der Hamburger Börse e. V.

heitsrechts geht, so mögen die oben zitierten Meinungen im Ergebnis auch auf die Hamburger und Bremer kaufmännischen Schiedsgerichte zutreffen. Wenn man jedoch in der Anwendung von Verbandsrecht, Handelsbräuchen und allgemeinem Klauselrecht eine Rechtsanwendung und -entscheidung sieht, wie dies im folgenden geschehen soll, ohne damit dem Verbands- und Klauselrecht sowie den Handelsbräuchen Rechtsqualität zuzuerkennen, so geht unter Berücksichtigung aller erwähnten Abgrenzungsschwierigkeiten mein Eindruck insgesamt dahin, daß jedenfalls bei denjenigen Schiedsgerichten, deren Verbände neben dem Schiedsverfahren eine dieses von Tatsachenstreitigkeiten entlastende Qualitätsarbitrage kennen, Tatsachen- und Rechtsentscheidungen ungefähr gleich stark vertreten sind.

II. Fortbildung staatlichen Gesetzesrechts

Trotz dieses Umstandes sowie der oben getroffenen Feststellung, im Bereich der hier untersuchten kaufmännischen institutionellen Schiedsgerichtsbarkeit werde die Bindung an das materielle Recht als Voraussetzung für dessen Anwendung und Fortbildung vertreten und praktiziert[1], spielt das staatliche Gesetzesrecht in der schiedsgerichtlichen Rechtsprechung eine nur untergeordnete Rolle. Dies hat seine Ursache darin, daß das an sich anzuwendende Recht aufgrund seines weitgehend dispositiven Charakters zum größten Teil durch das Verbandsrecht außer Kraft gesetzt sowie durch Handelsbräuche durchbrochen und ergänzt wird.

1. *Verdrängung staatlichen Rechts*

Wie überall in Wirtschaft und Handel[2] ist es auch im Bereich der Handelskreise, die Gegenstand dieser Untersuchung sind, bereits frühzeitig zur Ausbildung von allgemeinen Geschäftsbedingungen und Formularverträgen gekommen, und zwar nicht nur durch die Handelsunternehmen selbst, sondern in erster Linie durch die Verbände, in denen die einzelnen Firmen branchenmäßig zusammengefaßt sind. So stammen beispielsweise die ersten Schlußnoten des Vereins der Getreidehändler der Hamburger Börse e. V. aus dem Jahre 1869[3] sowie die ersten Bedingungen der Bremer Baumwollbörse e. V. aus dem

---

[1] Vgl. oben A. III. 2.
[2] Zur Entwicklung und Soziologie der allgemeinen Geschäftsbedingungen siehe *Weber* Rdnr. 1 - 12; dort auch umfangreiche Nachweise aus der unüberschaubar gewordenen Literatur. Vgl. zudem die repräsentative Zusammenstellung das Kaufrecht betreffender allgemeiner Geschäftsbedingungen der deutschen Wirtschaft bei *Rehbinder* S. 24 ff.
[3] *Klein* S. 36 mit Ausführungen zur Entwicklung der Schlußnoten und Kontrakte auf Seiten 35 ff., 118 ff., 153 f.

1. Verdrängung staatlichen Rechts

Jahre 1872[4] und die des Waren-Vereins der Hamburger Börse e. V. aus dem Jahre 1902[5]. Die mehr oder minder recht ausführlich gehaltenen Geschäftsbedingungen und Formularverträge der Verbände stellen in weiten Teilen eine Kodifizierung von Handelsbräuchen der jeweiligen Branche dar und regeln in einer die staatlichen Vorschriften ergänzenden oder abändernden Weise all jene Sachverhalte, deren gesetzliche Regelung als unvollständig oder als nicht sachgemäß empfunden wird[6]. Dabei handelt es sich um Fragen, die in den einschlägigen Geschäftsbeziehungen der Parteien eine immer wiederkehrende Rolle spielen und um derentwillen es erfahrungsgemäß besonders häufig zu Streitigkeiten kommt.

Bei den Fachschiedsgerichten pflegen die Begründung der Zuständigkeit der Schiedsgerichte und die Vereinbarung von allgemeinen Geschäftsbedingungen üblicherweise durch denselben Rechtsakt zu erfolgen, indem in den Verkaufskontrakten, den Bestätigungsschreiben der Verkäufer oder Käufer sowie in den Schlußnoten der Makler auf die Geschäftsbedingungen verwiesen wird, in denen sich auch die Schiedsklauseln befinden[7]. Bei den regelmäßig mit Schiedsklauseln versehenen Formularverträgen stellen Vereinbarung der formularmäßigen Bedingungen und Begründung der Schiedsgerichtszuständigkeit ohnehin einen Vorgang dar. Die Branchenschiedsgerichte haben sich daher — soweit ersichtlich — fast nur[8] mit Streitigkeiten zu befassen, die in erster Linie nach Maßgabe von allgemeinen Geschäftsbedingungen oder Formularverträgen zu entscheiden sind. Mir sind nur einige wenige Schiedssprüche von Fachschiedsgerichten bekannt geworden, bei welchen die Parteien keine Geschäftsbedingungen vereinbart hatten[9]. Anders sieht es bei den Schiedsgerichten der Handels-

---

[4] *Schottelius*, Kaufmännische Schiedsgerichtsbarkeit S. 34; *Vierheilig* S. 18 f. mit Hinweisen zur Geschichte und inneren Gliederung der BBB.

[5] *Mathies - Grimm - Sieveking* Einl. A unter Hinweis auf inzwischen erfolgte Änderungen.

[6] Vgl. im einzelnen die bei *Zinkeisen* und bei *Straatmann - Zinkeisen* abgedruckten Geschäftsbedingungen und Formularverträge, in denen sich viele der bei *Weber* Rdnr. 54 - 56 als allgemein üblich aufgeführten Regelungen wiederfinden.

[7] Schweigen auf ein kaufmännisches Bestätigungsschreiben, das auf Vertragsbedingungen mit einer Schiedsklausel verweist, wirkt nach den allgemeinen Grundsätzen zu Lasten des Schweigenden, siehe *Stein - Jonas - Schlosser* § 1027 Anm. II 3 m. Nachw. aus der Rechtsprechung.

[8] *Mathies - Grimm - Sieveking* Einl. B zufolge kommt im Bereich des Waren-Vereins der Hamburger Börse e. V. in den Schlußnoten oder Verkaufsbestätigungen gelegentlich die Klausel „Waren-Vereins-Arbitrage und Schiedsgericht" ohne Hinweis auf die Geschäftsbedingungen vor, so daß diese nicht ohne weiteres anzuwenden seien.

[9] Z. B. Schiedsspruch Wolle vom 8. 2. 52: Die Klägerin (Verkäufer) hatte nicht in der Verkaufsbestätigung, wohl aber auf früheren Rechnungen gelegentlich auf die „Allgemeinen Lieferungsbedingungen des Wollhandels" verwiesen. Das Schiedsgericht sah den Umfang der Geschäftsbeziehungen

kammer Hamburg und der Hamburger freundschaftlichen Arbitrage aus. Bei letzteren liegen den Verträgen zwar zumeist auch von den Fachverbänden erstellte Bedingungen zugrunde, wobei lediglich anstelle[10] oder wegen des Fehlens eines Branchenschiedsgerichts[11] ein freundschaftliches Schiedsgericht vereinbart worden ist, doch haben es diese Nichtfachschiedsgerichte nicht selten auch mit Parteien zu tun, die entweder überhaupt keine oder nur lückenhafte hauseigene Geschäftsbedingungen vereinbart haben. Dies kommt erst recht bei dem Handelskammerschiedsgericht wegen der dort vielfach sehr individuell gelagerten Streitigkeiten vor.

Außer durch allgemeine Geschäftsbedingungen und Formularverträge wird das positive staatliche Recht vielfach durch Handelsbräuche, die bisweilen in Handelsgewohnheitsrecht erwachsen mögen[12], ergänzt oder verdrängt, sofern es den speziellen Verhältnissen und Bedürfnissen des Handels nicht gerecht wird. Dies trifft insbesondere auf das in der Rechtsprechung der Hamburger und Bremer Schiedsgerichte häufig vorkommende Abladegeschäft zu, einer besonderen Erscheinungsform des Kaufvertrags[13], für die sich zahlreiche vom Gesetz abweichende Regeln entwickelt haben[14].

---

der Parteien als nicht umfangreich genug an, um den Hinweisen auf die Geschäftsbedingungen eine Bedeutung beimessen zu können (vgl. zu der Frage, welchen Einfluß solche Hinweise auf zukünftige Verträge haben, *Schmidt-Salzer* S. 156 f. m. w. Nachw.). Die Beklagte erkannte jedoch die Zuständigkeit des Schiedsgerichts durch besondere Erklärung an, so daß eine Entscheidung in der Sache ergehen konnte.

[10] Des öfteren kommt die gleichzeitige Vereinbarung der WVB und der Hamburger freundschaftlichen Arbitrage vor.

[11] So wird etwa, vermutlich weil es in Hamburg kein Obst- und Gemüseschiedsgericht gibt (vgl. oben Einl. Anm. 32), für die nach den „Richtlinien für Geschäftsbedingungeen beim Verkehr mit Obst und Gemüse der Bundesarbeitsgemeinschaft Gartenbau" abgeschlossenen Verträge häufig die Hamburger freundschaftliche Arbitrage vereinbart.

[12] Vgl. des näheren unten B. III. 2.

[13] Das Abladegeschäft ist ein Kaufvertrag über Ware, die von einem überseeischen Hafen (Abladehafen) nach einem Bestimmungshafen abzuladen und in Gestalt des sie vertretenden Konnossements zu liefern ist, *Haage*, Abladegeschäft S. 1; *Hermann* S. 37. Zu den Wurzeln des Abladegeschäfts siehe *Haage* aaO S. 3 f.; *Großmann - Doerth*, Überseekauf S. 3 ff.

[14] Beispielhaft Schiedsspruch Caffee Hamburg vom 23. 9. 57: „Der Einwand der Beklagten, es handele sich im vorliegenden Fall ... um die Nichtinnehaltung einer zugesicherten Eigenschaft ..., schlägt nicht durch. Es ist zwar richtig, daß nach deutschem bürgerlichen Recht jeder Kauf nach Muster ein Kauf mit zugesicherter Eigenschaft ist und daß bei Fehlen von zugesicherten Eigenschaften der Vertrag rückgängig gemacht werden und sogar Schadensersatz wegen Nichterfüllung geltend gemacht werden kann (§ 494 in Verbindung mit § 463 BGB). Diese Vorschriften des Bürgerlichen Rechts haben sich indes im Rohkaffee-Importhandel aus guten Gründen nicht durchsetzen können. Es ist vielmehr Handelsbrauch, daß im Abladegeschäft auch dann, wenn der Verkäufer nicht mustergetreu liefert, die Dokumente auf jeden Fall aufgenommen werden müssen."

2. Verbleibender Anwendungsbereich staatlichen Rechts

Aus all dem ergibt sich, daß das staatliche Recht in den Rechtsbeziehungen der Parteien weitgehend nur subsidiäre Geltung besitzt[15], wie dies in § 1 III BBB und § 2 WVB auch ausdrücklich bestimmt ist. Selbst die Lückenausfüllung durch staatliches Recht aber ist nicht unbestritten. *Vierheilig* weist bezüglich der Bremer Baumwollbörse e. V. darauf hin, daß die Regelungen, die die BBB gerade für zentrale Fragen des Kaufvertragsrechts, nämlich die Rechtsfolgen von Leistungsstörungen, träfen, in einem inneren Zusammenhang stünden. Da diese Regelungen grundlegend vom staatlichen Recht abwichen, ließen sich Lücken in der Regel nicht durch Heranziehung des dispositiven Gesetzesrechts schließen[16].

Es mag dahinstehen, ob diese Auffassung richtig ist und auf die übrigen Verbände übertragen werden kann, denn bei in sich geschlossenen Rechtsinstituten der Geschäftsbedingungen wird es in den meisten Fällen ohnehin bereits an einer Lücke fehlen[17], während eine völlige Nichtbeachtung staatlichen dispositiven Rechts hinsichtlich der BBB in ihrer Gesamtheit wohl auch von *Vierheilig* nicht vertreten wird und im übrigen der Bestimmung des § 1 III BBB widersprechen würde. Tatsächlich ist es allerdings so, daß der Umfang des dem staatlichen Recht verbleibenden Anwendungsbereichs insgesamt gesehen gering, wenn auch von Schiedsgericht zu Schiedsgericht verschieden ist. Er bestimmt sich nicht nur nach der Ausführlichkeit des jeweiligen Verbandsrechts und dem Ausmaß vorhandener Handelsbräuche oder einschlägigen Handelsgewohnheitsrechts, sondern ist des weiteren von der Bereitschaft der Schiedsgerichte abhängig, Lücken des Verbandsrechts durch einen Rückgriff auf staatliches Recht auszufüllen. So findet dieses etwa neben den umfangreichen und detaillierten Formularverträgen des

---

[15] Vgl. auch *Luithlen* S. 57: Das autonome Recht der Wirtschaft ergänze nicht mehr die staatlichen Gesetze in einigen speziellen Materien, sondern das staatliche Recht ergänze die selbstgeschaffene Rechtsordnung dort, wo sie noch Lücken oder Unzulänglichkeiten aufweise.

[16] *Vierheilig* S. 17.

[17] So etwa Schiedsspruch Baumwolle Nr. 2337: „Ebenso kann die Forderung der Beklagten nach Setzung einer angemessenen Nachfrist in Anlehnung an den § 326 BGB im vorliegenden Falle keine Anwendung finden ... § 1 III der BBB bestimmt ausdrücklich, daß auf alle nach den BBB abgeschlossenen Geschäfte ergänzend Deutsches Recht nur dann Anwendung findet, soweit in diesen Bedingungen keine Vorschriften enthalten sind. § 22 dieser Bedingungen fixiert bei FOW-Kontrakten ganz eindeutig die Pflicht des Verkäufers zur Andienung zum vereinbarten Zeitpunkt. § 28 I der BBB stellt klar heraus: Erfüllt eine der Parteien die ihr obliegenden Verpflichtungen nicht oder nicht rechtzeitig, so hat die vertragstreue Partei unter Ausschluß aller sonstigen gesetzlichen Rechte nur das Recht der Regulierung des Vertrags etc."

Vereins der Getreidehändler der Hamburger Börse e. V.[18] von verschwindend wenigen Ausnahmen abgesehen[19] keinen Eingang in die Rechtsprechung des Schiedsgerichts dieses Vereins. Das gleiche gilt bezüglich des Schiedsgerichts für den Europäischen Kartoffelhandel. Ähnlich, wenn auch nicht ganz so ausschließlich auf das jeweilige Verbandsrecht bezogen ist die Rechtsprechung der Schiedsgerichte der Bremer Baumwollbörse e. V., des Vereins der am Caffeehandel beteiligten Firmen in Hamburg sowie des Verbandes des Kartoffelgroßhandels Schleswig-Holstein und Hamburg e. V., während die Schiedsgerichte des Waren-Vereins der Hamburger Börse e. V. sowie des Verbandes des Deutschen Großhandels mit Ölen, Fetten und Ölrohstoffen e. V. zwangslos überall dort staatliches Recht anwenden, wo sich eine Lücke im Verbandsrecht ergibt[20], ohne daß sich nach meinen Feststellungen die von *Vierheilig* geäußerten Bedenken verwirklichen, eine Lückenausfüllung aufgrund von Normen des staatlichen Rechts würde vielfach zu sachwidrigen Ergebnissen führen[21]. Dies gilt in gleicher Weise für die von mir untersuchten Schiedssprüche der Hamburger freundschaftlichen Arbitrage sowie erst recht für das Handelskammerschiedsgericht, bei dem das Verbandsrecht allerdings ohnehin keine so große Bedeutung hat. In den Erkenntnissen des Schiedsgerichts der Vereinigung des Wollhandels e. V. schließlich spielt das staatliche Recht neben dem Verbandsrecht eine mindestens gleichgewichtige Rolle. Bisweilen werden dort sogar staatliches Recht und Verbandsrecht zugleich angewandt[22]. Dieser Unterschied zu dem Getreide-Schiedsgericht läßt sich nicht nur dadurch erklären, daß die bei der Wollvereinigung verwendeten „Lieferungsbedingungen des Wollhandels"[23] recht lückenhaft

---

[18] *Straatmann - Zinkeisen* S. 192 verzichten (vermutlich aus Platzgründen) auf einen Abdruck und bringen lediglich ein Verzeichnis von 23 verschiedenen Schlußscheinen, die bezüglich bestimmter Artikel (Getreide, Futtermittel, Hülsenfrüchte), deren Herkunft (Europa, Südamerika, Japan) und Transport (See- oder Landweg) sowie nach der Art des Geschäfts (Export, Import, Inlandsverkehr) stark spezialisiert sind.
[19] Beispielsweise prüft Schiedsspruch Getreide Az. B 31/67 F einen Schadensersatzanspruch gemäß § 823 II BGB i. V. m. § 263 StGB; vgl. auch den unten B. II. 3. Anm. 35 wiedergegebenen Schiedsspruch.
[20] So etwa Schiedsspruch Waren JB 67, 56 f. (57): „Die Waren-Vereins-Bedingungen bestimmen nichts darüber, wann eine nach Kolli-Anzahl zu bemessende Fehlmenge zu beanstanden ist. Es sind mithin §§ 377, 378 HGB anzuwenden." — Schiedsspruch Grofor vom 11. 12. 52: „Das Recht zur Erklärung eines Rücktritts vom Vertrage ist in den allgemeinen Verkaufs- und Lieferungsbedingungen des Grofor (u. a.) in Ziffer 1 Absatz 4 behandelt, im übrigen im Gesetz."
[21] *Vierheilig* S. 18.
[22] Schiedsspruch Wolle vom 1. 3. 60: „Hat hiernach die Beklagte zu Unrecht die inzwischen zur Abnahme fällig gewordene Restpartie ... verweigert, so ist sie sowohl gemäß Ziffer 10 der Lieferungsbedingungen des Wollhandels als auch gemäß § 326 BGB zur Schadensersatzleistung verpflichtet."
[23] Abgedruckt bei *Rehbinder* S. 234 ff.

2. Verbleibender Anwendungsbereich staatlichen Rechts

und daher ergänzungsbedürftig erscheinen, sondern vermutlich auch daraus, daß der Schiedsgerichtsvorsitzende des Woll-Schiedsgerichts ein Rechtsanwalt ist[24], der eher auf staatliches Recht zurückzugreifen geneigt sein mag als das rein mit Kaufleuten besetzte, wenn auch durch einen Rechtsberater unterstützte Getreide-Schiedsgericht. Dort ist in vielen Schiedssprüchen ganz deutlich das Bestreben erkennbar, auch Fälle, deren Regelung an sich in den Formularverträgen nicht vorgesehen ist, allein durch Interpretation und Lückenausfüllung des Formularrechts zu lösen[25].

Kennzeichnend ist etwa folgender von mir in einer Berufungsverhandlung miterlebter Fall.

In einem Kaufvertrag über eine Partie Getreide war ein bestimmtes Ankunftsdatum des Schiffes in Hamburg vereinbart worden. Als das Schiff aufgrund besonderer Umstände schon vor dem vereinbarten Termin einlief, erklärte sich der Verkäufer bereit, mit der Löschung bis zum vorgesehenen Zeitpunkt zu warten und die hierdurch entstehenden Kosten zu zahlen. Der Käufer trat jedoch vom Vertrag unter Hinweis auf eine Bestimmung des Formularkontraktes zurück, wonach „im Falle der Nichterfüllung dieses Vertrages der Nichtsäumige unter Anzeige an den Säumigen berechtigt ist: a) vom Vertrage zurückzutreten, b) ...". Das erstinstanzliche Schiedsgericht hatte dem Käufer Recht gegeben und einen Fall der Nichterfüllung im Sinne der genannten Bestimmung bejaht[26]. Hiervon ging offenbar auch das Berufungsschiedsgericht aus, denn es faßte in der Berufungsverhandlung einen Beweisbeschluß über die vom Verkäufer aufgestellte Behauptung, der Käufer sei auf die angebotene Regelung eingegangen. Der Streit endete schließlich mit einem Vergleich.

Hätten die Schiedsrichter, statt allein an dem Formularvertrag und dem Umstand zu haften, daß (scheinbar) etwas Vertragswidriges geschehen war, einen Blick auf § 271 II BGB geworfen, so hätten sie erkannt, daß hier kein Fall der Nichterfüllung, sondern allenfalls eine fehlende Erfüllbarkeit vorlag, die einen Annahme- oder Schuldnerverzug des Käufers ausschloß.

Soweit von den verschiedenen Schiedsgerichten tatsächlich — sei es durch ausdrückliche Nennung der betreffenden Vorschriften, sei es

---

[24] § 2 III SchGO Wolle.
[25] Vgl. auch den oben A. III. 2. Anm. 34 mitgeteilten Schiedsspruch, in welchem ein gewisses Bedauern darüber mitschwingt, daß es auch Fälle gibt, die sich nicht allein auf der Grundlage des Formularkontraktes lösen lassen.
[26] Auch Schiedsspruch Getreide Hamburg Az. DNV 560/70 nimmt bei vorzeitiger Lieferung einen Fall der Nichterfüllung an, wenngleich die Schadensersatzklage aus einem anderen Grunde abgewiesen wird: „Die Geltendmachung dieser Rechte setzt aber voraus, daß effektiv eine Nichterfüllung vorliegt. Im hier zur Entscheidung anstehenden Fall hat die Klägerin die ihr zu früh gelieferte Ware ohne Vorbehalt empfangen, d. h. als Erfüllung angenommen. Damit hat sie sich ihrer Ansprüche wegen Nichterfüllung begeben. Wollte sie ihre Rechte wahren, so hätte sie die Übernahme der Ware ablehnen, die etwa schon bezahlten Dokumente zurückpräsentieren und dann ihre Ansprüche aus den Zeilen 225 ff. des Deutsch-Niederländischen Vertrages Nr. 1 geltend machen müssen."

durch schlichte Subsumtion unter die gesetzlichen Tatbestände[27] — staatliches Recht angewandt wird, handelt es sich hierbei von einigen Ausnahmen abgesehen[28] ausschließlich um Bestimmungen aus dem HGB sowie aus dem Allgemeinen Teil und dem Allgemeinen Schuldrecht des BGB. Wenngleich nicht zu verkennen ist, daß besonders oft das Mängelrügerecht gemäß §§ 377 f. HGB sowie die Vorschriften über den Vertragsschluß gemäß §§ 145 ff. BGB und über die Leistungsstörungen gemäß §§ 284 ff., 320 ff. BGB zur Entscheidung herangezogen werden, würde es zu weit führen, auch nur die am häufigsten vorkommenden Vorschriften im einzelnen zu nennen.

3. Keine rechtsfortbildende Funktion der Schiedsgerichte

Wichtiger erscheint vielmehr die Beantwortung der Frage, ob die Schiedsgerichte eigene neue Gedanken zur Auslegung einzelner Vorschriften oder gar zur lückenausfüllenden oder gesetzesändernden Rechtsfortbildung entwickeln. Dies aber trifft bezüglich der von mir ausgewerteten Schiedssprüche nur auf eine sehr geringe Anzahl von Fällen zu, zu welchen etwa die oben erwähnten Salmonellen-Entscheidungen[29] zu zählen sind, die beachtliche Ausführungen zum Fehlerbegriff des § 459 I BGB enthalten.

In der Mehrzahl jener Fälle, die nicht aufgrund der allgemeinen Geschäftsbedingungen und Formularverträge entschieden, sondern in denen gesetzliche Vorschriften herangezogen werden, handelt es sich indes um eine schlichte, unproblematische Subsumtion unter den Gesetzestext. Ist aber eine Entscheidung nicht eindeutig dem Gesetzeswortlaut zu entnehmen, so schließen sich die Schiedsgerichte fast immer eng an die einschlägige herrschende Meinung in Literatur und

---

[27] Diese Art der Gesetzesanwendung findet sich verhältnismäßig häufig bei Schiedssprüchen der Hamburger freundschaftlichen Arbitrage. So ist etwa im Schiedsspruch vom 19.10.66 lediglich von der Anwendung „deutschen Rechts" die Rede, während geradezu schulmäßig unter §§ 273, 369 HGB subsumiert wird. Ähnlich Schiedsspruch vom 15.8.66: Es wird Schadensersatz aus Verzug gewährt unter genauer Prüfung, ob Fälligkeit, Mahnung, Nichtleistung und Vertretenmüssen vorliegen; §§ 284 bis 286 BGB werden aber nicht genannt.
[28] So beschäftigt sich Schiedsspruch Getreide Hamburg Az. V 18/70 E mit dem Absicherungsgesetz vom 29.11.1968 (BGBl. I S. 1255), und zwar im Zusammenhang mit der Frage, wer den durch die Aufhebung dieses Gesetzes entstandenen Verlust (entgangene Importvergütung) zu tragen habe. Schiedsspruch Waren JB 69, 54 ff. (56 f.) prüft, ob Verdorbenheit einer Ware gemäß § 4 Nr. 2 Lebensmittelgesetz gegeben ist. Schiedsspruch Wolle vom 2.10.67 erörtert die Frage der Durchgriffshaftung gegen die Gesellschafter einer GmbH, vgl. hierzu BGHZ 25, 115 ff. (117). Der in Anm. 27 zuerst genannte Schiedsspruch prüft seine Zuständigkeit für die Geltendmachung eines Schadensersatzanspruchs gemäß § 945 ZPO.
[29] Vgl. oben A. IV. 3. c).

3. Keine rechtsfortbildende Funktion der Schiedsgerichte 75

Rechtsprechung an und belegen diese häufig durch wenn auch nicht sehr umfangreiche, so doch gewichtige Zitate aus Kommentarliteratur und höchstrichterlicher Rechtsprechung. Bei Schiedssprüchen des Schiedsgerichts des Waren-Vereins der Hamburger Börse e. V. findet sich in solchen Fällen häufig die zusätzliche Feststellung, daß diese oder jene zur Entscheidung des Rechtsstreits herangezogene Meinung aus Literatur oder Rechtsprechung auch der kaufmännischen Auffassung[30] oder dem Handelsbrauch[31] im Bereich des Waren-Vereins entspreche. Die im Schrifttum aufgeworfene Frage, ob ein Schiedsgericht nicht nur an das materielle Recht gebunden sei, sondern darüber hinaus die anerkannte feste Rechtsprechung oberer Gerichte zu beachten habe[32], stellt sich in der Praxis der Schiedsgerichte in dieser bewußten Form und Schärfe daher äußerst selten. Es gibt aber immerhin einige wenige Fälle, in denen Schiedsgerichte der höchstrichterlichen Rechtsprechung ausdrücklich entgegentreten oder ihr zumindest zurückhaltend und differenzierend gegenüberstehen[33]. Dafür habe ich wiederum andererseits auch eine Entscheidung gefunden, in welcher ein Schiedsgericht die Rechtsprechung der ordentlichen Gerichte sogar zur Auslegung des anzuwendenden Verbandsrechts heranzieht[34].

---

[30] Schiedsspruch Waren JB 70, 53 ff.: „Außerdem ist der Klägerin darin zuzustimmen, daß die Beklagte den Verspätungseinwand verwirkt hat, ... In dieser Hinsicht folgt das Schiedsgericht dem auch kaufmännischer Auffassung entsprechenden Grundgedanken der Höchstrichterlichen Rechtsprechung, welche dem Verkäufer die Berufung auf eine Versäumung der Rügefrist versagt, wenn er eine Mängelrüge des Käufers nicht alsbald aus diesem Grunde zurückweist (*Brüggemann* in RGRKomm. z. HGB Anm. 35 zu § 377)."

[31] Schiedsspruch Waren JB 69, 53: „Das erkennende Schiedsgericht ist ... auch für den vorliegenden Streit zuständig, denn die Beklagte hat dem Schlußschein der Firma ... nicht ordnungsgemäß widersprochen. Der Widerspruch ist in der Regel der Gegenpartei — nicht dem Makler — zu erklären (*Baumbach - Duden* 18. Auflage Anmerkung B zu § 94 HGB). Das ist auch Handelsbrauch im Bereich des Waren-Vereins."

[32] So etwa *Lüdemann - Ravit* LZ 19, 561; gegenteiliger Ansicht *Bangert* S. 54.

[33] So etwa Schiedsspruch Waren JB 67, 49 ff. (51): „Entgegen der von der Beklagten vertretenen Meinung hat die Klägerin die Ware auch form- und fristgerecht beanstandet. Der Käufer braucht dem Verkäufer nur mitzuteilen, daß die Ware nicht kontraktlich sei. Abweichend von der Rechtsprechung der ordentlichen Gerichte zu § 377 HGB wird im Waren-Vereins-Bereich seit jeher eine nähere Angabe des Mangels oder der Mängel nicht für erforderlich gehalten." — Im Ergebnis ebenso Schiedsspruch Hamburger freundschaftliche Arbitrage vom 13. 7. 64; anders jedoch Schiedsspruch Wolle vom 15. 3. 60: „Eine wirksame Mängelrüge liegt nur vor, wenn der Verkäufer in der Lage ist, aus der Mängelrüge Art und Umfang der Mängel zu entnehmen (*Baumbach* 13. Aufl. § 377 Anm. 6 c; *Schlegelberger - Hildebrandt* HGB 3. Aufl. § 377 Anm. 50 und eine ständige Rechtsprechung)."

[34] Schiedsspruch Wolle vom 6. 5. 66: „Die eigene Vertragstreue des Gläubigers ... ist aber Voraussetzung für das Rücktrittsrecht. Dieser zu § 326 BGB entwickelte allgemeine Rechtsgedanke (*Palandt*, Komm. z. BGB, Anm. 3 a und 4 zu § 326 mit weiteren Hinweisen auf die ständige Rechtsprechung des RG) muß auch im Rahmen des Rücktritts nach Ziffer 10 der Lieferungsbedin-

Insgesamt ist festzustellen, daß die Schiedsgerichte sich bei der ohnehin nur geringen Anwendung staatlichen Rechts fast ausnahmslos — wie es manchmal scheinen will, geradezu ängstlich — auf von Lehre und Rechtsprechung festgefügten Bahnen bewegen und dadurch ihre Rechtsprechung für die Fortbildung staatlichen Rechts praktisch bedeutungslos ist, zumal die wenigen von der herrschenden Meinung abweichenden Fälle nicht näher begründet sind und manchmal nicht einmal erkennen lassen, ob die Schiedsgerichte bewußt eine bestimmte Auslegung einer Vorschrift gewählt oder sich bloß in der Rechtsanwendung geirrt haben[35]. Dies mag einer der Gründe dafür sein, daß es an einer breiteren Veröffentlichung der Schiedssprüche in juristischen Fachzeitschriften mangelt. Die Bedeutung der schiedsgerichtlichen Rechtsprechung liegt, wie noch zu zeigen sein wird, auf anderen Gebieten als dem der Fortbildung staatlichen Gesetzesrechts.

III. Fortbildung von Handelsgewohnheitsrecht

Wenn schon das staatliche Gesetzesrecht in der Rechtsprechung der Schiedsgerichte eine nur untergeordnete Rolle spielt, so könnte hieraus die Erwartung erwachsen, daß wenigstens Handelsgewohnheitsrecht gerade im Bereich der kaufmännischen Schiedsgerichtsbarkeit mehr als vielleicht in der Rechtsprechung der ordentlichen Gerichte zur Anwendung und Fortbildung komme, dies um so mehr, als in den Schiedssprüchen tatsächlich häufig außergesetzliche ungeschriebene Entscheidungsgrundsätze herangezogen werden. Ob es sich hierbei allerdings um Handelsgewohnheitsrecht und nicht etwa nur um Handelsbräuche handelt, ist äußerst fraglich.

1. *Begriffliche Trennung von Handelsgewohnheitsrecht und Handelsbrauch*

Gewohnheitsrecht ist aus der Rechtsüberzeugung des Volkes heraus gebildetes Recht, das zu seinem Entstehen eine dauernde, gleichförmige, allgemeine und auf Rechtsgeltungswillen beruhende Übung erfordert[1].

---

gungen des Wollhandels gelten, weil Ziffer 10 Satz 4 der Lieferungsbedingungen sich nur insoweit von § 326 BGB unterscheidet, als nach Ziffer 10 der Verkäufer von allen laufenden Verträgen zurücktreten kann."

[35] So erklärt Schiedsspruch Getreide Hamburg Az. V 193/71 G eine Anfechtung wegen Irrtums als nicht mehr unverzüglich i. S. d. § 121 I BGB, obwohl keine Kenntnis des Anfechtungsgrundes, sondern lediglich die Möglichkeit der Kenntnisnahme bestanden hatte: „Hierbei ist es ohne Bedeutung, daß die Beklagte die Weglassung erst bemerkte, nachdem sie das Schreiben der Klägerin vom 11. Juni 1971 erhalten hatte. Da ihr der Vermittlerschlußschein der Firma ... am 7. Januar 1971 zugegangen war, konnte sie bereits zu diesem Zeitpunkt feststellen, daß ihre Verkaufsbestätigung die Bedingung ... nicht enthielt. Wenn sie daraufhin nicht unverzüglich handelte, so geht dieser Umstand allein zu ihren Lasten."

[1] *Lange* S. 41; *Lehmann - Hübner* S. 21; *Larenz*, AT S. 5 f., 9 f.

Handelsbräuche hingegen sind die im Handelsverkehr geltenden Gewohnheiten und Gebräuche, die nach § 346 HGB bei Geschäften unter Kaufleuten zu berücksichtigen sind. Sie stellen nicht wie das Handelsgewohnheitsrecht eine neben dem Gesetzesrecht stehende Rechtsquelle dar[2], sondern sind lediglich die für den engeren Bereich des Handelsverkehrs geltende Verkehrssitte, von der §§ 157, 242 BGB sprechen[3]. Zur Bildung eines Handelsbrauchs ist wie bei der Entstehung von Handelsgewohnheitsrecht ein gewisser Zeitraum, die Zustimmung der Beteiligten und die tatsächliche Übung notwendig[4]; dagegen bedarf es nicht der Überzeugung der Beteiligten, eine verbindliche Verhaltensnorm zu befolgen[5]. Ein Handelsbrauch kann daher Vorstufe zum Handelsgewohnheitsrecht sein[6].

2. Keine Anwendung von Handelsgewohnheitsrecht

Weil es bei der Unterscheidung zwischen Handelsgewohnheitsrecht und Handelsbrauch im wesentlichen auf die Frage ankommt, ob die Beteiligten mit Rechtsgeltungswillen handeln, dies aber nur schwer nachzuweisen ist, stößt die Feststellung eines Handelsgewohnheitsrechts im Einzelfall auf erhebliche Schwierigkeiten[7]. Hierauf mag es zurückzuführen sein, daß in der handelsrechtlichen Kommentar- und Lehrbuchliteratur zwar vielfach betont wird, das Handelsgewohnheitsrecht sei eine neben dem geschriebenen Handelsrecht geltende gleichberechtigte Rechtsquelle, es an konkreten Beispielen aber — soweit ersichtlich — fast völlig fehlt[8]. *Schlegelberger - Hildebrandt* sind daher zu Recht der Auffassung, gewohnheitsrechtliche Sätze seien kaum festzustellen[9]. Von den wenigen im handelsrechtlichen Schrifttum als gewohnheitsrechtlich bezeichneten Grundsätzen[10] ist mir in Schiedssprüchen lediglich die Lehre vom Schweigen auf ein kaufmännisches Bestätigungsschreiben[11] begegnet, von welcher aber durchaus nicht sicher ist, ob es sich hierbei wirklich um Handelsgewohnheitsrecht und nicht

---

[2] *Larenz,* AT S. 10; *Heymann - Kötter* § 346 Anm. 1.
[3] *Lange* S. 44 f.; *Lehmann - Hübner* S. 26.
[4] *Heymann - Kötter* aaO m. Nachw. aus der Rechtsprechung.
[5] *Schlegelberger - Hefermehl* § 346 Rdnr. 1.
[6] *Lehmann - Hübner* S. 26; *Schlegelberger - Hefermehl* aaO.
[7] *Lehmann - Hübner* S. 26 weisen allgemein auf die Schwierigkeit hin, Verkehrssitte und Gewohnheitsrecht voneinander abzugrenzen. Vgl. auch *Lange* S. 41, der hervorhebt, daß das Gewohnheitsrecht in seinem Durchdringen, in seinem Umfang und in seinem Inhalt schwerer festzustellen sei als das gesetzte Recht.
[8] Vgl. für viele *Brüggemann* in Großkomm. HGB, Allg. Einl. Anm. 18 ff.
[9] *Schlegelberger - Hildebrandt,* Überblick vor § 1.
[10] Siehe etwa *Capelle* S. 5; *Hirsch* S. 9.
[11] *Heymann - Kötter,* Allg. Einf. VIII nehmen diesbezüglich offenbar ein Gewohnheitsrecht an; BGHZ 7, 187 ff. (189) spricht von „dem in st. Rechtsprechung anerkannten Rechtsgrundsatz".

etwa nur um einen Handelsbrauch handelt[12]. Dies kann hier ebensowenig entschieden werden wie die Frage, ob es zutrifft, daß hinsichtlich des in der schiedsgerichtlichen Rechtsprechung häufig vorkommenden Abladegeschäfts Ansätze eines Bundesgewohnheitsrechts in Erscheinung getreten sind, wie dies *Haage* für die „in der Rechtsprechung und in der Auffassung der Wirtschaftskreise fest verankerten Grundsätze" annehmen will, daß bei dem Cif-Abladegeschäft der überseeische Abladeort im Zweifel als Erfüllungsort für die Lieferung anzusehen[13] und daß der Käufer auch bei nicht schuldhafter Überschreitung der Abladefrist berechtigt sei, vom Vertrag zurückzutreten[14]. Mir ist lediglich ein einziger Schiedsspruch bekannt geworden, in welchem — recht allgemein — Handelsbräuche als in geltendes Recht erwachsen bezeichnet werden. Hinsichtlich der konkret angewandten Regel spricht das Schiedsgericht sodann allerdings wieder nur von einem Handelsbrauch[15]. Ansonsten bedienen sich die Schiedsgerichte ausnahmslos Ausdrücken wie „Handelsbrauch", „Usance", „Verkehrsauffassung", „herrschende Handelsauffassung", „Spielregel", „handelsübliche Auffassung" und „Gepflogenheiten ordentlicher Kaufleute", sprechen aber nicht von Handelsgewohnheitsrecht, wenn sie, wie noch zu zeigen sein wird, irgendwelche außergesetzlichen ungeschriebenen Entscheidungsgrundsätze heranziehen. Teilweise ist in den Schiedssprüchen auch einfach nur von Pflichten dieser oder jener Partei die Rede, ohne daß genau gesagt wird, worauf diese Pflichten beruhen[16]. Es besteht aus diesem Grunde die von mir mangels entsprechender Feststellungsmöglichkeiten nicht zu widerlegende Vermutung, daß es sich bei den von den Schiedsgerichten herangezogenen und als Handelsbräuche bezeich-

---

[12] *Götz* S. 225 f. verneint insoweit das Bestehen eines Gewohnheitsrechts, *Weber* Rdnr. 265 und *Hirsch* S. 12 nehmen ohne nähere Begründung einen Handelsbrauch an.
[13] So auch *Hermann* S. 49 m. w. Nachw.
[14] *Haage*, Abladegeschäft S. 3; an anderen Stellen (aaO S. 26, 29, 44, 64, 79, 94, 98) bezeichnet *Haage* bestimmte Grundsätze des Abladegeschäfts uneingeschränkt als Handelsgewohnheitsrecht.
[15] Schiedsspruch Caffee Hamburg vom 1. 6. 60 führt zur Ausgestaltung des Abladegeschäfts als Dokumentengeschäft aus: „Für diese Vertragsgattung haben sich im internationalen Handelsverkehr seit langem gewisse „Spielregeln" herausgebildet, die als feststehender Handelsbrauch geltendes Recht geworden sind. Hierzu gehört außer dem Handelsbrauch, daß die dem Käufer präsentierten Dokumente nur dann von diesem aufgenommen und honoriert zu werden brauchen, wenn sie alle wesentlichen Vertragsbestandteile wiedergeben, der weitere Brauch, daß ein Verkäufer die dem Kaufvertrag zugrunde liegende Ware nicht „anfassen" darf, andernfalls er das Andienungsrecht verwirkt."
[16] Schiedsspruch Baumwolle Nr. 2301: „Von jeher gehört es zu den Obliegenheiten des Importeurs, die Verschiffungsdokumente über eine gekaufte Ware auf Richtigkeit und Vollständigkeit hin zu prüfen. Der Importeur prüft außerdem die Identität der Partien mit den Dokumenten. Dieses ist von großer Bedeutung, da ..."

neten Entscheidungsgrundlagen tatsächlich um Handelsbräuche und nicht um Handelsgewohnheitsrecht handelt. Handelsgewohnheitsrecht, das eindeutig als solches zu qualifizieren ist, kommt meinen Feststellungen zufolge in der Rechtsprechung der kaufmännischen Schiedsgerichte nicht vor. Dies gilt auch für die meisten von *Haage* als Gewohnheitsrecht bezeichneten Regeln, über deren Geltung und Inhalt anscheinend kein Streit besteht, so daß insoweit einschlägige Entscheidungen der Schiedsgerichte nicht vorliegen. Eine schiedsgerichtliche Fortbildung von Handelsgewohnheitsrecht gibt es demnach bereits mangels Anwendung solchen Rechts nicht, ohne daß es noch auf die Beantwortung der Frage ankommt, ob eine Rechtsfortbildung bezüglich des Gewohnheitsrechts begrifflich überhaupt möglich ist.

IV. Fortbildung von Handelsbräuchen

Die allgemeine rechtliche und wirtschaftliche Bedeutung von Handelsbräuchen soll hier nicht weiter erörtert werden. Es sei lediglich auf die Ausführungen bei *Brüggemann*[1] verwiesen, der treffend bemerkt, die Normen des Handelsrechts vermöchten den komplizierten Ablauf des modernen Handels- und Wirtschaftsverkehrs niemals erschöpfend zu regeln; das reibungslose Funktionieren desselben bedürfe jedoch umfassender Ordnung, die sich dadurch bilde, daß sich der Verkehr auf eine *faktische* Ordnung einspiele, die für die einzelnen Märkte verschieden sein könne und die Sollensordnung des Rechts ergänze, nicht selten auch von ihr abweiche.

Dies alles trifft in besonderer Weise auch auf den hier untersuchten Handelsbereich zu, wenngleich nicht zu verkennen ist, daß gerade grundlegende und allgemein anerkannte Handelsbräuche in die beinahe regelmäßig vereinbarten allgemeinen Geschäftsbedingungen und Formularverträge aufgenommen worden sind und dadurch im Verkehr auf vertraglichem Wege Geltungskraft erlangen. Neben solchen kodifizierten Handelsbräuchen gibt es aber eine Reihe von Handelsbräuchen, die entweder bewußt oder unbewußt nicht in Geschäftsbedingungen und Formularverträgen niedergelegt worden sind oder die sich neben solchen kodifizierten Handelsbräuchen in lückenausfüllender oder ergänzender Weise gebildet haben und laufend neu entstehen. Die Schiedsgerichte haben sich daher trotz der weiten Verbreitung von allgemeinen Geschäftsbedingungen und Formularverträgen häufig mit Handelsbräuchen zu befassen, so daß eine Untersuchung darüber angebracht ist, ob und in welcher Weise solche Handelsbräuche durch die Schiedsgerichte fortgebildet werden.

---

[1] *Brüggemann* in Großkomm. HGB, Allg. Einl. Anm. 21.

1. Anwendungsbereich von Handelsbräuchen

Die in der Rechtsprechung der Schiedsgerichte angewandten Handelsbräuche treten teilweise an die Stelle dispositiven Gesetzesrechts oder dienen dessen Auslegung. Anwendung finden sie auch bei der Lückenausfüllung und Auslegung von Verbandsrecht. Am meisten aber werden sie zur Vertragsauslegung und in deren Rahmen auch zur Auslegung von allgemein üblichen Handelsklauseln herangezogen. Aus Raumgründen können im folgenden zu den einzelnen Wirkungsweisen der Handelsbräuche lediglich jeweils einige wenige Beispiele angeführt werden.

a) Verdrängung und Auslegung staatlichen Rechts

Es ist heute nahezu unbestritten, daß die Verkehrssitte (im Bereich des Handels also der Handelsbrauch) zwar nicht zwingendes Recht, jedoch nachgiebige Rechtssätze außer Anwendung setzen kann, sofern sie nicht mißbräuchlich den einen Teil in einer gegen Treu und Glauben verstoßenden Weise eindeutig begünstigt[2]. Die absolute Vorrangigkeit des dispositiven Rechts vor dem Handelsbrauch[3] wird kaum noch vertreten, lediglich die Mittelmeinung, wonach der nachgiebige Rechtssatz vorgehe, wenn er die Absicht des Gesetzgebers auf einen gerechten Interessenausgleich zur Darstellung bringe, findet vereinzelt Anhänger[4]. Wie *Brüggemann* und *Soergel - Siebert - Knopp* mit Recht bemerken, fällt der Unterschied zwischen dieser Mittelmeinung und der erstgenannten Auffassung praktisch kaum ins Gewicht, da die Verkehrssitte immer einen Verstoß gegen Treu und Glauben darstellen und damit unbeachtlich sein wird, wenn sie von einem dem Interessenausgleich dienenden Gesetz abweicht[5].

In der Rechtsprechung der Schiedsgerichte sind mir eine ganze Reihe von Schiedssprüchen begegnet, in denen ausdrücklich die Anwendbarkeit bestimmter Vorschriften staatlichen Rechts mit der Begründung abgelehnt wird, diese Rechtssätze hätten aufgrund Handelsbrauchs keine Geltung. Auf einen solchen Fall ist oben bereits hingewiesen worden[6]. Es seien hier lediglich noch drei weitere Beispiele ausdrücklicher Nichtanwendung staatlichen Rechts angeführt[7]; auf die vielen

---

[2] Siehe *Soergel - Siebert - Knopp* § 157 Rdnr. 43 f. m. w. Nachw.
[3] So noch in der Vorauflage *Schlegelberger - Hildebrandt* § 346 Rdnr. 9; OLG München BB 56, 94.
[4] Siehe etwa *Gallois* NJW 54, 295.
[5] *Brüggemann* in Großkomm. HGB, Allg. Einl. Anm. 26; *Soergel - Siebert - Knopp* § 157 Rdnr. 43.
[6] Siehe oben B. II. 1. Anm. 14.
[7] Schiedsspruch Waren Az. 4/63: „Die Beklagte hat sich auf § 94 II HGB berufen, der bestimmt, daß — wenn das Geschäft nicht sofort erfüllt werden soll — die Schlußnoten durch den Makler den Parteien zu ihrer Unterschrift zuzustellen und jeder Partei die von der anderen unterzeichnete Schlußnote zuzusenden sei. Diese Gesetzesbestimmung, die nachgiebigen Rechts ist, hat

1. Anwendungsbereich von Handelsbräuchen

Fälle, in welchen die Entscheidungen sich lediglich auf bestimmte Handelsbräuche stützen, ohne den verdrängten nachgiebigen Rechtssatz zu nennen, kann nicht eigens eingegangen werden.

Neben der Verdrängung staatlichen Rechts dienen Handelsbräuche bisweilen auch der Auslegung gesetzlicher Bestimmungen in der Weise, daß die Schiedsgerichte feststellen, es bestehe ein Handelsbrauch, wonach dieses oder jenes Geschäft oder dieser oder jener Sachverhalt den Tatbestand eines bestimmten Rechtssatzes erfülle. So führt Schiedsspruch Waren JB 70, 57 ff. (58) zu einem Kaufvertrag, in welchem eine Verladung durch Waggon oder LKW zwischen dem 25. 10. und 10. 11. 1968 vereinbart worden war, aus:

„Die Vereinbarung einer Verladefrist macht nach Handelsbrauch auch ein LKW-Einfuhrgeschäft zu einem Fixgeschäft im Sinne des § 376 HGB. Die Klägerin kann daher wegen Fristversäumung ohne Setzung einer Nachfrist Schadensersatz wegen Nichterfüllung verlangen, wenn die Beklagte sich im Verzuge befand."

Nicht auf einen Handelsbrauch, wohl aber auf eine kaufmännische Verkehrsauffassung[8] stützt sich Schiedsspruch Wolle vom 2. 6. 55, wenn es dort heißt:

kraft Handelsbrauchs bei Einfuhrkontrakten, die fast durchweg auf künftige Leistungen gerichtet sind, niemals gegolten."

Schiedsspruch Caffee Hamburg vom 13. 4. 54 hatte sich mit der Frage zu befassen, ob ein Verkäufer, der irrtümlicherweise unrichtige Dokumente angedient hatte, diese Andienung anfechten dürfe, und führt aus: „Das Schiedsgericht erblickt in der Erklärung der Klägerin, man habe sich in der Lager-Nummer geirrt und sie diene nunmehr den richtigen Kaffee an, eine Anfechtungserklärung im Sinne der gesetzlichen Bestimmung. Das Schiedsgericht ist jedoch der Auffassung, daß der Klägerin das nach § 119 BGB zustehende Recht, die Andienung wegen Irrtums anzufechten, deshalb nicht zusteht, weil es im Kaffeehandel seit jeher Brauch ist, daß eine unrichtige Andienung nicht zurückgenommen werden kann, es sei denn, daß der Empfänger der Andienung bei gehöriger Prüfung hätte erkennen müssen, daß ihm ein Kaffee angedient wurde, der offensichtlich von dem kontrahierten Kaffee abweicht."

Schiedsspruch Waren JB 65, 70 f.: „Dem Kläger ist zuzugeben, daß ein Handelsvertreter im Sinne der §§ 84 ff. HGB wohl im Namen des ständig von ihm vertretenen Unternehmers, aber grundsätzlich nicht im Namen eines Gegenkontrahenten dieses Unternehmers zu handeln pflegt, wenn er zwischen dem Unternehmer und dem Gegenkontrahenten vermittelt. Das Schiedsgericht stellt jedoch für die Import-Agenten im Waren-Vereins-Bereich — jedenfalls im Bereich der Einfuhr getrockneter Früchte — einen abweichenden Handelsbrauch fest. Der Agent ist nicht allein der Vertreter seines Abladers, sondern er steht zwischen den Parteien. Er kann deshalb auch rechtsgeschäftlicher Vertreter des Gegenkontrahenten sein, nämlich dann, wenn er dessen Erklärung an den Ablader weitergibt."

[8] Diese ist zwar begrifflich gesehen kein Handelsbrauch, da es insoweit an einer tatsächlichen Übung fehlt, vgl. *Schlegelberger-Hefermehl* § 346 Rdnr. 4, entfaltet aber in der Anwendung durch die Schiedsgerichte dieselbe Wirkung wie ein Handelsbrauch. Im übrigen ist häufig nicht klar, ob die Schiedsgerichte Handelsbrauch und Verkehrsauffassung überhaupt voneinander zu unterscheiden vermögen. Bisweilen ist von einer Verkehrsauffassung die Rede, obwohl es mit Sicherheit um einen Handelsbrauch geht, vgl. auch unten B. IV. 2. Anm. 20 f.

"Hat der Käufer die Ware bearbeitet, verarbeitet oder veräußert, ... ist der Wandlungsanspruch ausgeschlossen. Das folgt aus §§ 467, 351 BGB, wonach die Wandlung ausgeschlossen ist, wenn eine wesentliche Verschlechterung, der Untergang oder eine anderweitige Unmöglichkeit der Herausgabe der Hauptsache durch den Käufer verschuldet ist. Nach der Verkehrsauffassung des Wollgroßhandels ist aber eine wesentliche Verschlechterung der Ware im Sinne dieser Vorschriften bereits dann gegeben, wenn trotz Feststellung der Mangelhaftigkeit einer an sich einheitlichen Partie ein erheblicher Teil derselben in Bearbeitung genommen worden ist. Es ist dem Käufer nicht gestattet, sich aus einer solchen Partie das herauszusuchen, was für ihn vielleicht verwertbar erscheint, um den ihm nicht verwertbar erscheinenden Rest zurückzugeben."

b) Ergänzung und Auslegung von Verbandsrecht

Häufiger noch als in bezug auf staatliches Recht spielen Handelsbräuche bei der Anwendung von Verbandsrecht eine Rolle. Trotz der eingehenden Regelung, die alle wichtigen Fragen der einschlägigen Geschäftsbeziehungen in den Geschäftsbedingungen und Formularverträgen gefunden haben, gibt es immer wieder Lücken und Auslegungsfragen im Verbandsrecht, die durch Anwendung von Handelsbräuchen gefüllt bzw. gelöst werden.

Ein Fall der Lückenausfüllung etwa findet sich im Schiedsspruch Baumwolle Nr. 2296 a, der sich mit der Frage auseinanderzusetzen hatte, innerhalb welcher Frist ein Käufer das ihm wegen Lieferung falscher Testzertifikate zustehende Recht auf Regulierung[9] geltend machen müsse. Das Berufungsschiedsgericht führt aus:

„In diesem Zusammenhang ist zunächst zu bemerken, daß entgegen der in den erstinstanzlichen Entscheidungsgründen vertretenen Ansicht die Sonderbestimmung des § 43 der BBB ... auch nicht analog herangezogen werden kann ... Da weiter nach der Auffassung des Berufungsschiedsgerichts im vorliegenden Fall auch kein anderer Paragraph der Bedingungen — und zwar weder direkt noch analog — herangezogen werden kann, sind die im Baumwollhandel üblichen Usancen als Grundlage für die Beurteilung des Streitfalls von entscheidender Bedeutung: Danach ist es — soweit keine Sonderbestimmungen bestehen — Usance im Baumwollhandel ..., daß der Käufer *unverzüglich*, d. h. ohne schuldhaftes Zögern beim Empfang seiner Prüfungspflicht nachkommen muß."

Anders als in dem vorstehenden Beispiel der Lückenausfüllung hatte Schiedsspruch Caffee Hamburg vom 29. 10. 66 die Auslegungsfrage zu lösen, was unter der gemäß Ziffer 5 Satz 1 E. K. K. als in der Rechnung abzusetzenden „reellen Tara" zu verstehen sei. Hierzu erklärt das Schiedsgericht:

„Was unter einer reellen Tara zu verstehen ist, sagt Ziff. 5 E. K. K. nicht. Sie bringt in Satz 2 lediglich zum Ausdruck, auf welche Weise das Durch-

---

[9] Die Regulierung bedeutet nach § 28 II lit. a) BBB „die Aufhebung bzw. teilweise Aufhebung eines Vertrages unter Verrechnung des Vertragspreises gegen den Marktwert der Baumwolle am Regulierungstag (Regulierungspreis) mit einer Strafvergütung von 3 % auf den Regulierungspreis."

schnittsgewicht der Säcke (Umhüllung) ermittelt werden kann, nicht aber ermittelt werden muß. Die Frage also, was unter reeller Tara zu verstehen ist, kann, da der E. K. K. hierüber schweigt, nur der Handelsgepflogenheit entnommen werden. Ziff. 46 E. K. K. sagt, daß im Streitfalle der Kontrakt nach dem Gesetz auszulegen ist, das in dem Lande gilt, wo die Arbitrage (Schiedsgericht) stattfindet. Nach deutschem Recht ist im kaufmännischen Verkehr auf die im Handelsverkehr geltenden Gewohnheiten und Gebräuche Rücksicht zu nehmen (§ 346 HGB). Das Schiedsgericht trägt demnach keine Bedenken, aus eigener Sachkenntnis festzustellen, daß die in der provisional invoice in Ansatz gebrachte Tara als reell (actual) zu gelten hat, sofern diese im Rahmen des Üblichen liegt. Nach den Gepflogenheiten unseres Handels ist die Tara in der vorläufigen Rechnung als endgültig anzusehen, falls sie sich im Rahmen des Üblichen hält und sofern nicht eine Ermittlung der actual tare zeitgerecht veranlaßt worden ist."

c) Vertragsauslegung

Eine besondere Bedeutung erlangen Handelsbräuche in der schiedsgerichtlichen Rechtsprechung für die Vertragsauslegung, in deren Rahmen es kaum einmal um die Auslegung eines Vertrages in seiner Gesamtheit[10], sondern fast ausschließlich um die Auslegung bestimmter in dem Vertrag verwendeter Begriffe oder Klauseln geht. Bei letzteren ist zwischen individuellen vertraglichen Vereinbarungen und allgemeinen Handelsklauseln[11] zu unterscheiden. Es ist erstaunlich, daß trotz der weitgehend von allgemeinen Geschäftsbedingungen und Formularverträgen beherrschten Geschäftsbeziehungen der Parteien immer wieder Meinungsverschiedenheiten über zusätzliche einzelvertragliche Bestimmungen auftreten. Falls es sich bei diesen um solche handelt, die im Handelsverkehr nur selten vorkommen, verbleibt es bei einer herkömmlichen Auslegung durch die Schiedsgerichte, wobei in erster Linie immer von dem Wortsinn ausgegangen wird[12]. Häufig aber berufen sich die Parteien auf einen Handelsbrauch, nach welchem dieser oder jener Begriff in dem ihnen günstigen Sinne gehandhabt werde. Wenn die Schiedsgerichte in solchen Fällen auch vielfach das Bestehen eines Handelsbrauchs verneinen und eine Vertragsauslegung gemäß den allgemein geltenden Regeln vornehmen, so gibt es doch — dies insbesondere in der Rechtsprechung des Schiedsgerichts des Waren-

---

[10] Vgl. aber den unten B. IV. 2. mitgeteilten Schiedsspruch Wolle vom 27. 1. 67.
[11] Siehe zu diesen des näheren unten B. VI.
[12] So hatte sich etwa Schiedsspruch Getreide Hamburg Az. B 44/68 F mit der Frage zu befassen, ob die in einem Vertrag über eine Partie Fischmehl getroffene Bestimmung „Free of bones and boneslivers" auch die Freiheit von Fischgräten umfasse. Das Schiedsgericht führte aus, daß es zwar in der deutschen Sprache für die Knochen der Fische die Bezeichnung „Gräten" gebe, im Englischen man aber „bones" die „parts making up vertebrate animal's skeleton" (Oxford Concise Dictionary), also Teile des Skeletts der Wirbeltiere verstehe, zu denen sowohl Säugetiere wie Fische gehörten. Es sei daher auch eine Freiheit von Gräten zugesichert worden.

Vereins der Hamburger Börse e. V. — eine größere Anzahl von Beispielen für die Auslegung von Verträgen durch Anerkennung und Anwendung eines Handelsbrauchs[13]. Mir ist sogar ein Fall begegnet, in welchem ein Schiedsgericht einem Handelsbrauch den Vorrang vor einer abweichenden vertraglichen Bestimmung eingeräumt hat[14]. Es liegt auf der Hand, daß diese Entscheidung unrichtig ist, weil sie einen Handelsbrauch wie zwingendes Recht behandelt und damit gegen den Grundsatz verstößt, daß eine Verkehrssitte nicht zu berücksichtigen ist, wenn die Parteien eine Abrede treffen, die mit ihr unvereinbar ist[15].

2. Tatsachenfeststellung statt Rechtsfortbildung

Die Feststellung, daß Handelsbräuche in der schiedsgerichtlichen Rechtsprechung eine große Rolle spielen, läßt noch nicht den Schluß zu, daß es bei der Anwendung von Handelsbräuchen auch zu deren Fortbildung kommt. Eine *Rechts*fortbildung kann es insoweit ohnehin nicht geben, denn Handelsbräuche sind, wie bereits ausgeführt, im Gegensatz zum Handelsgewohnheitsrecht kein Recht, sondern nur die den Verkehr tatsächlich beherrschende Übung[16]. Aber auch die Möglichkeit einer „Fortbildung" von Handelsbräuchen durch die schiedsgerichtliche Rechtsprechung muß verneint werden, wenn man unter einer solchen Fortbildung entsprechend der Fortbildung staatlichen Gesetzesrechts[17] eine Ergänzung, Änderung oder Auslegung von Handelsbräuchen verstehen will. Lücken kann es in Handelsbräuchen nicht geben; ebensowenig ist eine Änderung von Handelsbräuchen durch

---

[13] So etwa Schiedsspruch Waren Az. 16/63: „Die Entscheidung des Streitfalls hängt von der Frage ab, ob bei einem Kontrakt, der die Verpackung von Formosa-Champignons der vereinbarten Größenordnung in „cases" vorsah, der Verkäufer berechtigt war, die Ware in Kartons zu liefern. Es kommt nicht darauf an, welche Bedeutung dem Wort „cases" in Wörterbüchern zuerkannt wird. Ausschlaggebend ist vielmehr der bisher geübte Handelsbrauch. Dem Schiedsgericht ist aus eigener Sachkunde bekannt, daß, wenn Formosa-Champignons in *cases* zu 48 Dosen á 2 oz. drained weight verkauft sind, solche Ware üblicherweise durchweg in Holzkisten geliefert zu werden pflegt, und daß Kartons hierfür nur dann verwendet werden, wenn im Kontrakt die Verpackung in Kartons vorgesehen ist."

[14] Schiedsspruch Caffee Hamburg vom 26. 1. 65 hatte sich mit der Frage zu beschäftigen, ob trotz der vereinbarten Klausel „Shipment to be effected in neutral bags" die Nichtaufnahme der Marke in die Faktura zur Zurückweisung der Dokumente berechtige: „Die Faktura als ein wesentlicher Bestandteil der Dokumente muß — wie erwähnt — vor allen Dingen erkennen lassen, ob die laut Kontrakt zu liefernde *Ware* abgeladen wurde. Diese einem langjährigen Handelsbrauch entsprechende Verpflichtung des Abladers kann durch eine Sonderabsprache über die Markierung der Kaffeesäcke keineswegs außer Kraft gesetzt werden." Das Schiedsgericht hielt daher die Zurückweisung der angedienten Dokumente für berechtigt.

[15] Siehe hierzu *Soergel - Siebert - Knopp* § 157 Rdnr. 41 m. w. Nachw.

[16] Vgl. oben B. III. 1.

[17] Siehe oben A. Anm. 7.

einen in einer schiedsgerichtlichen Entscheidung liegenden Erkenntnisakt denkbar. Auch eine Auslegung von Handelsbräuchen ist begrifflich ausgeschlossen, da die Beantwortung der Frage nach dem Inhalt eines Handelsbrauchs nicht ein mittels bestimmter Auslegungsmethoden zu vollziehender Vorgang der Klarstellung und Präzisierung ist, sondern die Feststellung einer tatsächlich bestehenden Übung, also eine Tatsachenfeststellung[18].

Die Tätigkeit der Schiedsgerichte erschöpft sich daher sowohl bei der erstmaligen als auch bei einer weiteren Anwendung von Handelsbräuchen in deren Feststellung. Eine Fortbildung von Handelsbräuchen ist nur in dem Sinne möglich, daß die Schiedsgerichte seit längerem bestehende oder auch neue tatsächliche Verhaltensweisen der maßgebenden beteiligten Kreise feststellen und, da sie anders als die ordentlichen Gerichte selbst zu dem Beteiligtenkreis gehören, durch ihre Rechtsprechung zur Entwicklung und Festigung von tatsächlich bestehenden Übungen beitragen.

Ein gutes Beispiel für die Feststellung eines Handelsbrauchs bietet Schiedsspruch Wolle vom 27. 1. 67. Das Schiedsgericht hatte über einen Schadensersatzanspruch wegen Nichterfüllung eines Kaufvertrages zu entscheiden. Die Beklagte machte geltend, sie habe lediglich einen Vorbehaltsauftrag erteilt, der nach Handelsbrauch erst durch ausdrückliche und endgültige Bestätigung durch den Käufer zur Ausführung gelange; eine solche Bestätigung sei nicht erfolgt. Das Schiedsgericht führt zum Bestehen eines solchen Handelsbrauchs aus:

„Unter der Bezeichnung „Vorbehaltsauftrag" hat sich im Wollhandel eine Vertragsform herausgebildet, die gewählt wird, wenn der Käufer eine Festofferte des Verkäufers benötigt, um sich seinerseits im Rahmen der Vergabe eines Behördenauftrags um den Zuschlag bewerben zu können. Dieser Vertrag begründet Verpflichtungen, die sich verwirklichen, wenn der Käufer oder dessen Kunde den Behördenauftrag innerhalb der Laufzeit der Festofferte erhalten hat und die einerseits in der Bindung des Verkäufers an das von ihm abgegebene Angebot und andererseits in der Abnahmepflicht des Käufers bestehen.

Im Zusammenhang mit dem Abschluß und der Abwicklung von „Vorbehaltsaufträgen" hat sich aufgrund der tatsächlichen Übung während eines längeren Zeitraumes und durch deren Anerkennung von den beteiligten Verkehrskreisen ein Handelsbrauch entwickelt, der gemäß § 346 HGB auch im vorliegenden Rechtsstreit zu berücksichtigen ist, da beide Parteien Kaufleute sind. Gegen das Bestehen eines Handelsbrauchs spricht auch nicht die

---

[18] Anderes mag hinsichtlich des Handelsgewohnheitsrechts gelten, bei welchem neben der Gegebenheit einer allgemeinen Verhaltensweise noch die Deutung gehört, ob diese Verhaltensweise den Sinn einer Rechtsnorm hat, vgl. *Larenz*, Methodenlehre S. 338 ff. Dieser hält im übrigen neben der bei der Feststellung von Gewohnheitsrecht erfolgenden Auslegung menschlichen Verhaltens eine zusätzliche Auslegung des Inhalts einer Regel des Gewohnheitsrechts für möglich.

Tatsache, daß das wirtschaftliche Risiko dieser Geschäfte weitgehend auf den Handel abgewälzt wird, denn eine lediglich einseitige Übung, die nur von den an ihr interessierten Käufern beachtet wird, läge nur dann vor, wenn die Händler dieser Übung überwiegend widersprächen und ihr die Anerkennung versagten (vgl. Schlegelberger, Kommentar zum HGB, Anm. 11 zu § 346). Dies ist jedoch nicht der Fall. Die Klägerin hat das Bestehen dieses Handelsbrauchs in Abrede gestellt. Das Gericht sah sich nicht veranlaßt, zu dieser Frage eine Beweisaufnahme durchzuführen, da es sachverständig besetzt ist; aus diesem Grund fand auch die von der Beklagten als Beweismittel eingereichte Korrespondenz mit anderen Wollhändlern keine Berücksichtigung. — Die kaufmännische Verkehrssitte — d. i. der Handelsbrauch — sieht für die Abwicklung der Vorbehaltskontrakte vor, daß der Käufer dem Verkäufer den Fortfall des Vorbehalts anzeigt. In der Regel wird diese Erklärung als „Bestätigung" bezeichnet. Sie bewirkt, daß der Vertrag in vollem Umfang *wirksam bleibt*. Daraus folgt aber, daß bis zu diesem Zeitpunkt bzw. bis zum Ende der Laufzeit der Festofferte ein auflösend bedingter Vertrag besteht, der mangels ausdrücklicher Bestätigung innerhalb des vereinbarten Zeitraumes seine Verbindlichkeit *verliert*.

Hierbei steht es dem Käufer frei, den Vertrag auch vor Ablauf der Frist zu annullieren, sofern der erwartete Zuschlag des Behördenauftrags nicht erfolgt."

Fälle solcher Art, in denen Schiedsgerichte bereits seit langem vorhandene oder auch erst neu entstandene Handelsbräuche in ihren Schiedssprüchen anerkennen, kommen des öfteren vor[19]. An sich ändert sich durch eine solche Feststellung an den Handelsbräuchen selbst nichts. Dennoch ist die Anerkennung eines Handelsbrauchs durch ein Schiedsgericht insofern von Bedeutung, als nunmehr eine bisher ungeschriebene Verhaltensweise durch den Schiedsspruch, insbesondere wenn dieser veröffentlicht wird, stärker in das Bewußtsein der beteiligten Kreise rückt. Der Handelsbrauch erlangt durch die Feststellung seitens des Schiedsgerichts die Vermutung seines tatsächlichen Bestehens. In Zukunft wird das Vorhandensein des einmal festgestellten Handelsbrauchs schwerer zu bestreiten sein. Schiedsgerichte, die sich später mit derselben Frage zu befassen haben, pflegen sich zum Nachweis des Bestehens eines Handelsbrauchs auf frühere Schiedssprüche zu beziehen. Beim Waren-Verein der Hamburger Börse e. V. etwa habe ich Verweisungen auf 40 bis 50 Jahre alte Entscheidungen gefunden. Weil die Schiedsgerichte aber so verfahren, dürfte sich dies hinsichtlich der beteiligten Kreise wiederum in der Weise auswirken, daß man sich tatsächlich entsprechend dem festgestellten Handelsbrauch verhält und so zu dessen Festigung beiträgt. Auf mittelbare Weise dient damit bereits die erstmalige Feststellung eines Handelsbrauchs durch ein Schiedsgericht auch der Entwicklung eben dieses Handelsbrauchs.

---

[19] Vgl. auch den unten B. IV. 3. Anm. 33 mitgeteilten Schiedsspruch sowie die unten B. IV. 3. abschließend zitierte Entscheidung Waren JB 63, 47 f.

2. Tatsachenfeststellung statt Rechtsfortbildung

Eine besondere Bedeutung erlangt die schiedsgerichtliche Rechtsprechung für die Festigung und allgemeine Anerkennung eines Handelsbrauchs, wenn sich zu diesem eine feste und ständige Schiedsgerichtsrechtsprechung bildet. In solchen Fällen ist dann die Schiedsgerichtsbarkeit anders als bei der erstmaligen Feststellung eines Handelsbrauchs nicht nur eine erkennende Institution, sondern da sie selbst Bestandteil der beteiligten Handelskreise ist, sind ihre Entscheidungen Ausdruck der den Verkehr tatsächlich beherrschenden Übung. Die kaufmännische Schiedsgerichtsbarkeit nimmt insofern eine Doppelstellung ein. Indem sie bestimmte Handelsbräuche immer wieder als bestehend anerkennt, entfaltet sie selbst als eine von Kaufleuten gebildete und die Kaufmannschaft in gewisser Weise repräsentierende Institution eine tatsächliche Übung, die ihrerseits zusammen mit dem Verhalten der Kaufmannschaft den Handelsbrauch darstellt. Dies kommt in Schiedssprüchen gut zum Ausdruck, die sich nicht nur auf den im Geschäftsverkehr bestehenden Handelsbrauch als solchen stützen, sondern daneben ausdrücklich betonen, dieser oder jener Handelsbrauch habe in der Schiedsgerichtsbarkeit seine Anerkennung gefunden[20]. Im übrigen fällt auf, daß die Schiedsgerichte gerade dann, wenn sie nicht von einem Handelsbrauch, sondern lediglich von einer Verkehrs- oder Handelsauffassung sprechen[21], vielfach die schiedsgerichtliche Rechtsprechung mit zur Begründung heranziehen. Es hat ein wenig den Anschein, als ob die schiedsgerichtliche Übung gewissermaßen als Ersatz für die nur schwer feststellbare oder gar fehlende

---

[20] Schiedsspruch Grofor vom 12.9.52: „Danach kann nach allgemeinem Handelsbrauch, der in der Rechtsprechung des Hanseatischen Oberlandesgerichts und in der ständigen Rechtsprechung der kaufmännischen Hamburger Schiedsgerichte seine Anerkennung gefunden hat, eine unrichtige Andienung nicht berichtigt werden, und der Käufer ist in solchem Falle berechtigt, eine zweite Andienung zurückzuweisen."
Schiedsspruch Waren JB 55, 22, der zwar nur von einem „Grundsatz" spricht, sich aber auf einen Handelsbrauch bezieht: „Bei der Klausel „Kasse gegen Dokumente" ist dem Käufer jedwede Aufrechnung mit Gegenforderungen aus anderen Kontrakten untersagt. Dieses ist ein allgemein anerkannter Grundsatz, der auch vom Schiedsgericht des Waren-Vereins mehrfach ausgesprochen worden ist."
[21] Es sei allerdings nochmals betont, daß die Begriffswahl seitens der Schiedsgerichte keinen sicheren Schluß zuläßt, ob nicht doch ein Handelsbrauch gemeint ist. Dies ist, wie ich aus anderen Entscheidungen weiß, z. B. in Schiedsspruch Getreide Hamburg Az. DNV 732/69 der Fall: „Der Auffassung der Klägerin, daß sie das Recht habe, die Ware von einem anderen Land als Frankreich abzuladen, konnte sich das Schiedsgericht nicht anschließen. Aus dem von den Parteien abgeschlossenen Kontrakt geht zwar nicht ausdrücklich hervor, daß die Verladung vom Ursprung erfolgen sollte. Es entspricht jedoch herrschender Handelsauffassung und der Rechtsprechung des hiesigen Schiedsgerichts, daß eine Abladung vom Ursprung vorgenommen werden muß, wenn die Parteien nicht ausdrücklich etwas anderes vereinbart haben."

Verhaltensweise unter den Kaufleuten selbst dienen soll[22]. Oft ist es auch so, daß die Schiedsgerichte ihre Entscheidungen ganz allein auf eine ständige Rechtsprechung stützen, ohne noch auf einen dieser Rechtsprechung zugrunde liegenden Handelsbrauch oder auf eine entsprechende Verkehrsauffassung hinzuweisen[23].

Gerade hinsichtlich allgemein anerkannter und häufiger von den Schiedsgerichten angewandter Handelsbräuche ist die schiedsgerichtliche Rechtsprechung des weiteren insofern von Bedeutung, als die Handelsbräuche durch ihre Anwendung auf den Einzelfall eine Präzisierung ihrer Grenzen und ihres Inhalts erfahren. So ist es beispielsweise zwar unbestritten Handelsbrauch, daß im Abladegeschäft unrichtige und unvollständige Dokumente nicht aufgenommen zu werden brauchen[24], doch ist die Frage, wann ein unrichtiges Dokument vorliegt, im Einzelfall nicht immer leicht zu bestimmen. Schiedsspruch Caffee Hamburg vom 2. 3. 61 etwa hatte den Fall zu entscheiden, ob eine Faktura aufgenommen werden müsse, in der abweichend vom Kontrakt (dort hieß es „1./2. Bohne") als abgeladene Ware E. L. V./S. I. Especial angegeben worden war. Das Schiedsgericht führt hierzu aus:

„Das Schiedsgericht billigt den *Grundsatz*, daß die dem Konnossement beizugebende Faktura wahr sein muß und daß eine Andienung zurückgewiesen werden darf, wenn nach der Aussage der Faktura befürchtet werden muß, daß eine unkontraktliche Ware geliefert wird; denn die Dokumente ersetzen die Ware. Dieses strenge Recht steht aber nicht allein im Raum. Daneben wird unser gesamtes Recht, und nicht zuletzt das Recht des Kaufmanns, von dem Grundsatz von Treu und Glauben beherrscht. Die Anwendung dieses Grundsatzes verbietet eine Überbewertung des im Dokumentenrecht aus wohlerwogenen Gründen herrschenden „Buchstabenrechts". So ist das Schiedsgericht einhellig der Auffassung, daß die Beklagte nach Treu und Glauben nicht das Recht hatte, die Aufnahme der Dokumente schlechthin zu verweigern mit der Begründung, in der Faktura sei nicht erklärt, es sei entsprechend dem Kontrakt 1./2. Bohne abgeladen worden. Da der Rohkaffee-Einfuhrhandel überdies weiß, daß unter der Marke E. L. V./S. I. Especial stets die Lieferung der 1./2. Bohne verstanden wird, mußte die Beklagte sich sagen, daß nicht etwa eine Ware verschifft wurde, die nicht 1./2. Bohne ist, sondern daß lediglich die Faktura versehentlich diesen Zusatz

---

[22] Schiedsspruch Baumwolle Nr. 2291 zur Auslegung einer Klausel: „Nach der Rechtsprechung der Schiedsgerichte der Bremer Baumwollbörse und nach handelsüblicher Auffassung hat, wenn nicht ausdrücklich anderes vereinbart wurde, diese Klausel aufschiebende bzw. für den nichtlizenzierten Fall der Kontrakte aufhebende Wirkung."

[23] Schiedsspruch Hamburger freundschaftliche Arbitrage JB 58, 25 ff. (27): „Die Beklagte hat aber die Aufnahme dieses zweiten Lieferscheins mit Recht verweigert, denn es handelte sich hier ... um den Versuch, eine unrichtige erste Andienung durch eine anders geartete zweite Andienung zu ersetzen. Das aber ist nach in der Hamburger Schiedsgerichtsrechtsprechung geltenden allgemeinen Grundsätzen nicht zulässig."

[24] Vgl. *Mathies - Grimm - Sieveking* § 13 Rdnr. 55 und *Haage*, Abladegeschäft S. 93, die diese Regel offenbar für derart selbstverständlich halten, daß sie sie gar nicht eigens als Handelsbrauch kennzeichnen.

nicht enthielt oder daß man den Zusatz fortgelassen hatte, weil man ihn für überflüssig gehalten hatte."

Fälle solcher im Einzelfall erfolgenden Präzisierung eines Handelsbrauchs sind nicht gerade selten. Auf diese Weise erhalten Handelsbräuche von Fall zu Fall klarere Konturen und sind dadurch im täglichen Geschäftsverkehr leichter zu handhaben. Die Schiedsgerichte bewirken durch ihre Rechtsprechung eine Fortbildung der Handelsbräuche in dem Sinne, daß in zukünftigen Meinungsverschiedenheiten zwischen Kaufleuten und in Schiedsgerichtsstreitigkeiten[25] die Reichweite des Handelsbrauchs in gewisser Weise feststeht, da die Schiedsgerichtspraxis nicht nur von den Schiedsgerichten selbst[26], sondern auch von den Kaufleuten beachtet zu werden pflegt[27], wie dies etwa vergleichsweise hinsichtlich der höchstrichterlichen Rechtsprechung der ordentlichen Gerichte der Fall ist.

3. Verfahrensweise der Schiedsgerichte

Die Erkenntnis, daß die Schiedsgerichte hinsichtlich der Handelsbräuche zwar keine Rechtsfortbildung im eigentlichen Sinne, jedoch immerhin eine Fortbildung der Handelsbräuche durch deren Feststellung und Anwendung bewirken, wirft die Frage auf, in welcher Weise die Schiedsgerichte hierbei verfahren und wie sie die von ihnen festgestellten und angewandten Handelsbräuche in den Entscheidungsgründen darstellen.

---

[25] Hatte sich Schiedsspruch Waren JB 52, 11 noch — im Ergebnis bejahend — mit der Frage auseinander zu setzen, ob ein Konnossement unrichtig und damit nicht andienungsfähig sei, in welchem das ursprüngliche Verladungsdatum, das eine kontraktwidrige Verladung ausgewiesen hatte, ausradiert und ein kontraktgemäßes Datum eingesetzt worden war, so konnten sich Parteien und Schiedsgericht bereits in Schiedsspruch Waren JB 54, 15 ff. (17) auf die vorgenannte Entscheidung stützen: „Darüber, daß die Rasur als solche einen Grund für die Beanstandung der Dokumente darstellte, waren sich Schiedsgericht und Parteien einig. Hierfür wird auch auf den Schiedsspruch Nr. 27/52 (veröffentlicht ...) verwiesen, in dem ausführlich dargelegt wird, daß ..."
[26] So etwa Schiedsspruch Waren JB 53, 11 ff. (12): „Aus allen diesen Gründen sind für die Abwicklung dieses Geschäfts die Grundsätze des Abladegeschäfts ... anzuwenden. Hierzu gehört in erster Linie der Grundsatz der Unzulässigkeit der zweiten Andienung in dem Sinne, wie er sich in der Praxis des Schiedsgerichts entwickelt hat."
[27] Dies wurde mir in Gesprächen mit Kaufleuten wiederholt bestätigt, zeigt sich aber auch darin, daß die Parteien nicht selten in Schiedsgerichtsverfahren auf frühere Schiedssprüche verweisen. Es kommt sogar einmal vor, daß ein Schiedsgericht gewissermaßen Rechtsberatung übt, wie etwa Schiedsspruch Hamburger freundschaftliche Arbitrage JB 51, 15 ff. (16): „Da der Fall eine Reihe von Fragen aufwirft, die für den einschlägigen Handel von Bedeutung sind, wird das Schiedsgericht — einem ausdrücklich von den Parteien geäußerten Wunsch entsprechend — zu allen diesen Problemen Stellung nehmen, auch soweit sie für die endgültige Entscheidung nicht von unmittelbarer Bedeutung sind."

B. IV. Fortbildung von Handelsbräuchen

Eine Feststellung über das Vorhandensein eines Handelsbrauchs ist die Feststellung einer Tatsache[28]. Im Verfahren vor den ordentlichen Gerichten bedeutet dies, daß die Feststellung von Handelsbräuchen in der Weise vor sich geht, daß eine Partei eine entsprechende Behauptung aufstellt und für diese Beweis antritt, den das Gericht zu erheben hat. Der Beweis kann auf jede zulässige Art geführt werden; gewöhnlich wird ein Gutachten der zuständigen Industrie- und Handelskammer eingeholt[29]. Nach § 114 GVG können die Kammern für Handelssachen über das Bestehen von Handelsbräuchen aufgrund eigener Sachkunde entscheiden, wenn sie dazu ohne Einholung eines Gutachtens in der Lage sind.

In der Praxis der Schiedsgerichte ist mir lediglich ein einziger Fall begegnet, in welchem sich ein Schiedsgericht zum Beweise des Vorliegens eines Handelsbrauchs auf das Gutachten einer Handelskammer gestützt hat[30]. Ansonsten berufen sich die Schiedsgerichte bei der erstmaligen Feststellung eines Handelsbrauchs häufig auf ihre eigene Sachkunde[31], ein Vorgehen, das mit Rücksicht auf § 114 GVG sowie angesichts des Umstandes, daß es sich bei den Schiedsrichtern fast regelmäßig um erfahrene branchenkundige Kaufleute handelt, nicht zu beanstanden ist. Es kommt auch vor, daß Schiedsgerichte den für das Bestehen eines Handelsbrauchs angebotenen Beweis mit der Begründung nicht erheben, aufgrund eigener Sachkunde des Schiedsgerichts stehe fest, daß es einen solchen Handelsbrauch nicht gebe[32]. Woher die

---
[28] Eine andere Frage ist es, ob die Handelsbräuche als außerjuristische Sätze revisibel sind, so *Rosenberg - Schwab* § 144 I 3 (S. 756 f.); a. A. *Stein - Jonas - Grunsky* § 549 Anm. II 3; BGH LM Nr. 1 zu § 284 BGB.
[29] *Schlegelberger - Hefermehl* § 346 Rdnr. 15.
[30] Schiedsspruch Hamburger freundschaftliche Arbitrage vom 11. 11. 64, vgl. oben A. V. Anm. 8.
[31] Siehe für viele Schiedsspruch Wolle vom 27. 1. 67, oben B. IV. 2. sowie Schiedsspruch Waren JB 63, 47 f., unten B. IV. 3.
[32] Schiedsspruch Caffee Hamburg vom 29. 1. 70: „Das Schiedsgericht ist der Empfehlung der Beklagten, den Vereinsvorsitzenden, Herrn ..., zu dem „langjährigen Handelsbrauch" zu vernehmen, der Käufer dürfe einseitig (subjektiv) den nicht probegemäßen Ausfall der Ware rechtsverbindlich gegenüber dem Verkäufer feststellen, nicht gefolgt, weil es hinreichend sachkundig ist, um den Text der Ziff. 11 der Usancen über die Frage auszulegen, ob die subjektive Auffassung der Beklagten oder die objektive Auffassung der Klägerin zu gelten hat. Einen Handelsbrauch entsprechend der subjektiven Auffassung kann das Schiedsgericht nicht feststellen."
Schiedsspruch Waren JB 57, 17 f. (18): „Die Beklagte hat sich erboten, den Beweis dafür anzutreten, daß es in allen maßgeblichen Ländern üblich sei, „Baby Bits" in dieser Verpackung zu handeln. Das Schiedsgericht hat davon abgesehen, Beweis über diese Behauptung zu erheben, denn dem Schiedsgericht ist aus eigener Sachkunde bekannt, daß in Hamburg diese Art Ware in Kanistern mit 28-lbs-Stempel gehandelt worden ist. Daher kann ein eingewurzelter, allgemein anerkannter Handelsbrauch, der den Käufer zur Abnahme der unkontraktlich abgepackten Ware zwingen würde, nicht festgestellt werden."

3. Verfahrensweise der Schiedsgerichte

Schiedsgerichte ihre Sachkunde beziehen, wird nicht eigens in den Schiedssprüchen festgestellt. Diesen ist auch nicht zu entnehmen, ob die Schiedsrichter sich tatsächlich lediglich auf ihre Sachkunde verlassen und nicht etwa auch eigene Ermittlungen bei den beteiligten Handelskreisen oder anderen geeigneten Stellen erheben. Dies scheint aber kaum vorzukommen, denn mir ist nur ein einziger Fall bekannt geworden, in welchem ein Schiedsgericht zur Bestätigung des sich schon aufgrund der Sachkunde festgestellten Handelsbrauchs eine weitere Erkundigung eingezogen hat[33]. Vielfach fehlt sogar jeglicher Hinweis, auch der auf die eigene Sachkunde, aus welchem man entnehmen könnte, worauf die Beurteilung des Bestehens[34] oder Nichtbestehens[35]

---

[33] Die Parteien hatten zum Zwecke der Qualitätsfeststellung eine Analyse des Skandinavisk Bryggeri-Laboratoriums vereinbart. Die Klägerin wollte die aufgrund einer bestimmten Methode erstellte Analyse nicht gelten lassen. Schiedsspruch Getreide Hamburg Az. DNV 591/69 führt aus: „Die vom Skandinavisk Bryggeri-Laboratorium vorgenommene Analyse sieht das Schiedsgericht als kontraktlich an. Obwohl in Kreisen des Braugerste-Importhandels schon seit Jahren allgemein bekannt ist, daß Keimenergieuntersuchungen beim Skandinavisk Bryggeri-Laboratorium nur nach der EBC-Sand-Methode erfolgen, hat das Schiedsgericht das vorgenannte Institut nochmals veranlaßt, zu bestimmten Fragen hinsichtlich der eventuellen Anwendung der Schönfeld-Methode eindeutig Stellung zu nehmen. Aus der Beantwortung geht klar hervor, daß auch bei einer Antragstellung nach der Schönfeld-Methode das Skandinavisk Bryggeri-Laboratorium den Antragsteller dahingehend bescheiden würde, entweder die Sand-Methode zu akzeptieren oder auf eine Analyse zu verzichten. Es wurde weiterhin bestätigt, daß in den letzten 10 Jahren für Handelszwecke Keimenergieuntersuchungen nach der Schönfeld-Methode nicht durchgeführt wurden. Aus dieser langjährigen Entwicklung heraus hat sich die EBC-Sand-Methode des Skandinavisk Bryggeri-Laboratoriums für den deutschen Braugersten-Importhandel zur Usance entwickelt, d. h. daß damit, sofern das Skandinavisk Bryggeri-Laboratorium als Analysestelle im Schlußschein festgelegt ist, auch generell die Anwendung der EBC-Sand-Methode als vereinbart gilt. Das Schiedsgericht hält es nicht aus dem aus der Praxis sich entwickelten Handelsbrauch nicht für erforderlich, die Schönfeld-Methode gemäß den Zusatzbestimmungen für Braugerste von 1958 für das Skandinavisk Bryggeri-Laboratorium im Schlußschein besonders auszuschließen bzw. die Anwendung der Sand-Methode als Sonderbedingung zusätzlich zu vereinbaren."

[34] So etwa Schiedsspruch Caffee Hamburg vom 29. 6. 65: „Da es im hiesigen Kaffeeinfuhrhandel anerkanntermaßen Handelsbrauch ist, daß Abweichungen der Verpackung von der üblichen Verpackungsart nicht als Qualitätsmangel anzusehen sind, ..."
Schiedsspruch Waren JB 59, 26 ff. (28 f.) bezieht sich hinsichtlich des Rechts des Käufers, bei einem Abladegeschäft die Überschreitung der vereinbarten Abladefrist gutzuheißen und statt Schadensersatzes Erfüllung außerhalb der Frist zu verlangen, auf *Haage*, Abladegeschäft S. 10 und führt aus: „Diese Ausführungen entsprechen, wie das Schiedsgericht feststellt, den in dem hier einschlägigen Handel geltenden Handelsbräuchen."

[35] Schiedsspruch Baumwolle Nr. 2320 hatte sich mit der Frage zu befassen, ob der Käufer fehlerhafter Ware vom Verkäufer die Erstattung der Aussortierungskosten verlangen könne, und führt aus: „Dem Schiedsgericht ist bekannt, daß — insbesondere im Jahre 1958 — zahlreiche Reklamationen wegen Fremdkörperbesatz in syrischer Baumwolle erfolgten. Das Schiedsgericht hat nicht feststellen können, daß bei der Behandlung von Reklama-

eines Handelsbrauchs beruht. Auch in diesen Fällen darf aber wohl davon ausgegangen werden, daß sich die Schiedsgerichte stillschweigend auf ihre Sachkunde stützen. Bei der Anwendung von allgemein anerkannten Handelsbräuchen wird es im übrigen so sein, daß das Bestehen des Handelsbrauchs unstreitig ist, so daß es eines Beweises und damit eines Hinweises auf die Sachkunde des Schiedsgerichts nicht bedarf.

Obwohl sich die Schiedsgerichte bei der Entscheidung über das Bestehen eines Handelsbrauchs im allgemeinen offenbar lediglich auf ihre Sachkunde verlassen und nicht etwa Erhebungen anstellen, wie sie in einem vom Deutschen Industrie- und Handelstag herausgegebenen Merkblatt vorgeschlagen werden[36], erwecken die Schiedssprüche insgesamt gesehen nicht den Eindruck, als ob die Schiedsgerichte leichtfertig vorgingen. Vornehmlich bei der erstmaligen Feststellung des Bestehens eines von einer Partei behaupteten Handelsbrauchs scheinen die Schiedsgerichte recht vorsichtig zu sein. Meinen Feststellungen zufolge übertrifft insoweit die Anzahl von Schiedssprüchen, in denen die Schiedsgerichte das Vorhandensein eines Handelsbrauchs verneinen, bei weitem die Zahl der Entscheidungen, in welchen das Vorliegen eines Handelsbrauchs positiv festgestellt wird. Lediglich hinsichtlich des Vorhandenseins einer bestimmten „Verkehrsauffassung" oder „Handelsauffassung" scheinen die Schiedsgerichte ein wenig großzügiger zu sein. Inwieweit allerdings dieser Eindruck nur bei einem außenstehenden branchenunkundigen Betrachter besteht, dem der nähere Einblick in die Gepflogenheiten des Handels fehlt, vermag nicht abschließend beurteilt zu werden.

Manchmal, indes nicht sehr häufig, fügen die Schiedsgerichte den von ihnen festgestellten Handelsbräuchen eine Begründung bei, die den wirtschaftlichen Hintergrund und die innere Berechtigung des Handelsbrauchs verdeutlichen soll. Eine solche Begründung macht den Handelsbrauch nicht nur verständlich, sondern erhöht im übrigen auch die Nachprüfbarkeit der Entscheidung des Schiedsgerichts durch die beteiligten Kreise. Ein gutes Beispiel hierfür bietet Schiedsspruch Waren JB 63, 47 f. (48). Die Klägerin hatte von der Beklagten eine Partie Kerassund/Ordu-Haselnußkerne gekauft. Die gelieferten Säcke trugen jedoch die Bezeichnung „Unye" und die Plomben die Bezeich-

---

tionen Wege beschritten wurden, die auf ein Zustandekommen eines Handelsbrauchs im Sinne der Klage schließen lassen. Somit ist der Klage auch diese Stütze versagt."

[36] Vgl. Merkblatt des DIHT vom März 1957, abgedruckt bei *Schlegelberger - Hefermehl* § 346 Rdnr. 18, das für die Feststellung von Handelsbräuchen eine Reihe allgemeiner Leitsätze enthält, die sich aus der Praxis der Industrie- und Handelskammern herausgebildet und in ihrer Anwendung **bewährt haben.**

3. Verfahrensweise der Schiedsgerichte

nung „Fatsa". Als die Klägerin die Rücknahme der Ware und Rückzahlung des Kaufpreises verlangte, wies die Beklagte im Schiedsverfahren nach, daß die Orte Unye und Fatsa zum gleichen amtlichen Verwaltungsbezirk gehören wie Ordu. Das Schiedsgericht prüfte, ob es Handelsbrauch sei, daß der Verkäufer bei einem Kontrakt über Ordu-Haselnußkerne das Recht habe, auch Unye-Kerne anzudienen, und führt aus:

„Hierzu stellt das sachverständig besetzte Schiedsgericht aus eigener Sachkenntnis fest:
Seit vielen Jahrzehnten werden die im östlichen Bereich der türkischen Schwarzmeerküste geernteten Haselnußkerne im Handel entweder unter der Bezeichnung „Levantiner" oder „Kerassunder" oder „Ordu" oder auch „Kerassund/Ordu" gehandelt. Dabei bilden die Levantiner den Sammelbegriff, unter dem der Verkäufer berechtigt ist, Ware aller verschiedener lokalen Provenienzen anzudienen. Wenn aber der Käufer einen Kontrakt ausbedingt über Kerassunder- oder Ordu-Haselnußkerne, so beruht dies darauf, daß die Schokoladenindustrie, welche diese Ware zu verarbeiten pflegt, für einige Zwecke ihrer Fabrikation besonders geartete, vielleicht ebenso wertvolle Kerne, nicht dafür verwenden kann. Das gilt insbesondere für die Kerne, die in der eigentlichen Ordu-Region geerntet werden. Diese Kerne sind in der Praxis durch besonders gleichmäßige Größe und flache Gestaltung gekennzeichnet und eignen sich daher besonders für die Herstellung von Tafelschokolade mit ganzen Nüssen. Gerade für diesen Zweck sind Unye-Kerne nicht geeignet, weil sie in der Größe unregelmäßig auszufallen pflegen und zudem viele spitze Kerne aufweisen. Aus diesen wirtschaftlich einleuchtenden Gründen hat sich der Handelsbrauch entwickelt, daß Kerne, die aus der Unye-Region stammen, nicht als Ordu-Haselnußkerne angedient werden können. Dagegen hat die Art und Weise, wie die türkische Regierung ihr Land in Verwaltungsgebiete aufgeteilt hat, im Außenhandel im Bereich des Waren-Vereins noch niemals eine Rolle gespielt. Es kann einem Käufer nicht zugemutet werden, daß er gezwungen wird, eine dem Handelsbrauch nicht entsprechende und für seine Zwecke nicht verwendbare Ware entgegenzunehmen, nur weil ihm nachgewiesen wird, daß die Ware in einem Bezirk geerntet wurde, der verwaltungsmäßig zu Ordu gehört."

Meistens allerdings fehlen jegliche weiteren Ausführungen zum inneren Grund des Bestehens eines Handelsbrauchs, dies vor allem dann, wenn das Schiedsgericht Handelsbräuche feststellt und anwendet, über deren Gegebensein unter den Parteien und in den beteiligten Kreisen keine Meinungsverschiedenheiten bestehen. Das führt in manchen Fällen dazu, daß nicht einmal mehr ausdrücklich gesagt wird, diese oder jene Rechtsfolge ergebe sich aus einem Handelsbrauch, sondern daß einfach von einer — anscheinend allgemein akzeptierten — Regel ausgegangen wird, über deren Herkunft man sich keine Gedanken mehr macht[37]. Inwieweit dies als Indiz dafür gewertet werden darf, ob der

---

[37] So etwa Schiedsspruch Baumwolle Nr. 2299 a: „Es ist außerhalb jeden Zweifels, daß ein Käufer durch Aufnahme der Dokumente eine aus den Dokumenten (Datum des Konnossements) selbst hervorgehende verspätete Verschiffung anerkennt, und daß er das durch diese Dokumenten-Aufnahme

jeweils angewandte Grundsatz zum Gewohnheitsrecht erstarkt ist, mag allerdings dahingestellt bleiben[38].

V. Fortbildung von Verbandsrecht

Unter dem Begriff Verbandsrecht wird im folgenden nicht etwa eine besondere Art staatlichen Rechts verstanden. Im Anschluß an *Großmann - Doerth*[1] wird dieser Begriff vielmehr als zusammenfassende Bezeichnung für die bereits oben erwähnten, von den Verbänden erstellten und herausgegebenen Geschäftsbedingungen und Formularverträge verwandt. Daß es sich bei allgemeinen Geschäftsbedingungen nicht um Recht, sondern um dem Vertragsrecht unterfallende Bestimmungen handelt, die zwischen den Parteien lediglich aufgrund vertraglicher Vereinbarung Geltung erlangen, ist heute herrschende Meinung[2]. Das gleiche gilt erst recht für Formularverträge. Wenn hier dennoch in etwas irreführender Weise von Verbands*recht* gesprochen wird, so soll damit lediglich dem Umstand Rechnung getragen werden, daß die allgemeinen Geschäftsbedingungen in Rechtsprechung und Schrifttum als vertragliche Bestimmungen besonderer Art behandelt werden, für deren Vereinbarung, Auslegung und Revisibilität besondere Regeln gelten[3], die von der Rechtsprechung teilweise auch auf Formularverträge angewandt werden[4]. Zudem kann mit der Verwendung des Begriffs Verbandsrecht der eigenständige, gegenüber dem staatlichen Recht zumeist stark abweichende Inhalt der verbandseigenen Regelungen angedeutet werden[5].

Es ist bereits hervorgehoben worden, daß die von den Branchenschiedsgerichten zu entscheidenden Streitigkeiten fast ausschließlich Verträgen entspringen, die auf der Grundlage der von den Verbänden erstellten Geschäftsbedingungen und Formularverträge, also von Verbandsrecht abgeschlossen worden sind[6]. In diesem Zusammenhang wurde auf die überragende Bedeutung des Verbandsrechts für die schiedsgerichtliche Streitentscheidung hingewiesen[7]. Aufgrund der häu-

---

hinfällig gewordene Regulierungsrecht nicht nachträglich von sich aus wieder aufleben lassen kann, es sei denn, daß er vor der Aufnahme die Regulierung angemeldet, sich aber wegen evtl. Hinausschiebung bzw. wegen evtl. späterer Zurücknahme der Regulierungs-Anmeldung mit seinem Verkäufer verständigt hat."
[38] *Vierheilig* S. 26 meint, beim Schiedsgericht der Bremer Baumwollbörse e. V. lasse sich für bestimmte Fragen aus der Gleichförmigkeit der Entscheidungen das Bestehen eines Handelsbrauchs erkennen.
[1] Siehe *Großmann - Doerth*, Überseekauf S. 71 f.
[2] Vgl. statt vieler *Larenz*, AT S. 285; *Weber* Rdnr. 195 m. zahlr. w. Nachw.
[3] Siehe im einzelnen *Weber* Rdnr. 237 ff., 311 ff.
[4] Vgl. die Nachweise bei *Schmidt-Salzer* S. 30 f.
[5] So zu Recht *Vierheilig* S. 11.
[6] Siehe oben B. II. 1.
[7] Vgl. oben B. II. 2.

figen Anwendung von Verbandsrecht durch die Schiedsgerichte liegt es nahe, einmal zu untersuchen, ob und in welcher Weise Verbandsrecht durch die schiedsgerichtliche Rechtsprechung fortgebildet wird. Daß insoweit wie schon bei den Handelsbräuchen nicht von einer *Rechtsfortbildung* gesprochen werden kann, liegt auf der Hand. Anders als bei den Handelsbräuchen aber erscheint eine der Fortbildung staatlichen Gesetzesrechts entsprechende Fortbildung des Verbandsrechts im Wege der Ergänzung, Änderung oder Auslegung nicht von vornherein begrifflich ausgeschlossen.

1. *Auslegung*

Die hier als Verbandsrecht bezeichneten Geschäftsbedingungen und Formularverträge der Verbände, die einander nach Umfang, Aufbau und Inhalt teilweise ähneln, teilweise aber auch stark voneinander abweichen, bedürfen als im allgemeinen recht umfangreiche und weitgehend vom Kaufrecht des BGB und des HGB abweichende Regelungen mindestens ebenso häufig der Auslegung durch die Schiedsgerichte wie das staatliche Recht in der Rechtsprechung der ordentlichen Gerichte. Je umfangreicher das jeweilige Verbandsrecht ausgestaltet ist, um so mehr haben sich die zuständigen Schiedsgerichte mit Fragen der Auslegung von Verbandsrecht zu beschäftigen. So spielt etwa die Auslegung von Verbandsrecht bei den Schiedsgerichten des Vereins der Getreidehändler der Hamburger Börse e. V., des Verbandes des Kartoffelgroßhandels Schleswig-Holstein und Hamburg e. V. und des Waren-Vereins der Hamburger Börse e. V. eine weitaus größere Rolle als bei den Schiedsgerichten des Verbandes des Deutschen Großhandels mit Ölen, Fetten und Ölrohstoffen e. V. und der Vereinigung des Wollhandels e. V. Gegenstand der schiedsgerichtlichen Auslegung sind nicht nur einzelne Begriffe oder Klauseln, sondern darüber hinaus ganze grundlegende oder zumindest wichtige Bestimmungen innerhalb des Verbandsrechts. Hier auch nur einen einigermaßen repräsentativen Überblick mit Beispielen aus der Vielfalt der Schiedsgerichtspraxis zu geben, ist aus Platzgründen unmöglich.

Wichtiger erscheint es vielmehr, einen Blick auf die von den Schiedsgerichten angewandten Auslegungsmethoden zu werfen. Nach herrschender Meinung in Literatur und Rechtsprechung sind allgemeine Geschäftsbedingungen mit Rücksicht darauf, daß sie trotz ihrer Zugehörigkeit zum Vertragsrecht inhaltlich weder durch die Umstände des Einzelfalles noch durch die Absichten der Einzelvertragsparteien geprägt sind, nicht nach den für die Auslegung rechtsgeschäftlicher Erklärungen geltenden Grundsätzen, sondern *objektiv* unter Beschränkung auf den Wortlaut und unter Berücksichtigung der typischen Interessenlage und der typischen Umstände, die für ihre Aufstellung maßgebend waren, auszulegen[8].

In genau dieser Weise wird seitens der Schiedsgerichte nicht nur hinsichtlich der Auslegung allgemeiner Geschäftsbedingungen, sondern auch in bezug auf Formularverträge verfahren[9]. Dies liegt insofern nahe, als die jeweils sich in einem Rechtsstreit gegenüber stehenden Parteien ohnehin an der Erstellung und ständigen Reform des bisweilen — von Änderungen und Neufassungen abgesehen — länger als ein halbes Jahrhundert bestehenden Verbandsrechts nicht unmittelbar beteiligt sind. So wird denn das Verbandsrecht, sofern die Schiedsgerichte nicht eine Auslegung aufgrund Handelsbrauchs vornehmen[10] und damit ebenfalls einen objektiven Maßstab anlegen, im allgemeinen mittels derselben Methoden ausgelegt, wie sie von der Gesetzesauslegung her bekannt sind[11]. Mit dieser Feststellung ist allerdings nichts über die Ausführlichkeit und juristische Qualität der im einzelnen von den Schiedsgerichten im Zusammenhang mit Auslegungsproblemen angestellten Überlegungen gesagt. Wenngleich die ganz überwiegende Mehrzahl der Auslegungen von Verbandsrecht im Ergebnis als richtig oder zumindest vertretbar erscheint, läßt die Begründung doch mitunter zu wünschen übrig. Es finden sich nicht nur Schiedssprüche, die es sich ein wenig zu einfach machen[12], sondern auch solche, die eine be-

---

[8] Vgl. statt vieler die kritische Darstellung der h. M. bei *Schmidt-Salzer* S. 161 ff.
[9] So geht etwa Berufungsschiedsspruch Kartoffeln Az. 94/66 in keiner Weise auf den Parteiwillen ein, wenn er die erstinstanzliche Entscheidung, wonach die Verletzung einer verbandsrechtlichen Formvorschrift (Einschreibebrief) die Unwirksamkeit einer Mängelrüge zur Folge habe, bestätigt und ausführt: „Allerdings kann eine Berufung des Empfängers auf die Vereinbarung, daß eine Erklärung durch eingeschriebenen Brief erfolgen muß, unter Umständen als gegen Treu und Glauben verstoßend angesehen werden ... In Übereinstimmung mit der Vorinstanz stellt das Oberschiedsgericht fest, daß dies nicht der Fall ist. Wenn die Nichtbefolgung der durch § 12 (7) BV vorgeschriebenen Form immer dann als unbeachtlich anzusehen wäre, wenn die Erklärung zwar nicht eingeschrieben, im übrigen aber ordnungsgemäß dem Empfänger zugegangen ist, würde der § 12 (7) BV nur die Bedeutung des Beweises für die Absendung des Briefes haben. Das ist nicht der Sinn und Zweck der Beanstandung. Die Eigenarten des Kartoffelhandels erfordern es, daß die in den Berliner Vereinbarungen niedergelegten Bestimmungen genau befolgt werden. Das gilt insbesondere für die Erhebung der Mängelrüge, die Feststellung ihrer Berechtigung und die sich aus solcher ergebenden Rechtsfolgen."
[10] Vgl. hierzu oben B. IV. 1. b).
[11] Ob Geschäftsbedingungen wie Gesetze auszulegen sind (so etwa *Soergel - Lange* vor § 145 Rdnr. 107; a. A. *Schlegelberger - Hefermehl* § 346 Rdnr. 92; vermittelnd *Weber* Rdnr. 311), ist eine andere Frage.
[12] Schiedsspruch Getreide Hamburg Az. V 18/70 E etwa, der die Frage betrifft, ob § 42 der Einheitsbedingungen im deutschen Getreidehandel („Entstehen nach Abschluß eines Geschäftes beim Bezug von Waren Mehrkosten, so kann der Verkäufer diese dem Käufer in Anrechnung bringen, wenn sie nachweislich durch unvorhersehbare Verfügungen von hoher Hand

stimmte Auslegung des Verbandsrechts mit derart allgemeinen Hinweisen vornehmen, daß es den Parteien überlassen bleibt, sich die richtige Begründung auszusuchen[13]. Die große Mehrzahl der mit der Auslegung von Verbandsrecht befaßten Schiedssprüche indes ist — gemessen an den Ansprüchen, die an mit Laien besetzte, wenn auch durch Juristen beratene kaufmännische Schiedsgerichte gestellt werden können — zwar recht kurz, jedoch ausreichend begründet. Daneben gibt es sogar eine kleinere Anzahl von Entscheidungen, deren Gründe besonders sorgfältig und umfangreich abgefaßt sind, die aber gerade deshalb hier nicht wiedergegeben werden können.

Wie bei der Gesetzesinterpretation, bei welcher zunächst vom Wortsinn auszugehen ist[14], steht auch bei der schiedsgerichtlichen Auslegung von Verbandsrecht die grammatische Auslegungsmethode[15] im Vordergrund. Zumeist läßt sich mit dieser Methode bereits ein bestimmtes Auslegungsergebnis finden, doch beharren die Schiedsgerichte nicht ganz selten auf einer solchen Auslegung auch in Fällen, die eine Auslegung nach weiteren Methoden nahelegen, so daß es bisweilen zu formaljuristisch anmutenden Entscheidungen kommt[16]. Die logisch-syste-

---

(z. B. Zölle ...) verursacht werden.") den Verkäufer berechtigt, dem Käufer die nach Vertragsschluß weggefallene Importvergütung (vgl. § 1 des Absicherungsgesetzes vom 29.11.1968 (BGBl. I S. 1255)) anzurechnen, erklärt schlicht: „Diese 2 Prozent Importvergütung, die zwar bei Abschluß des Geschäfts kalkuliert waren, dann bei der Lieferung nicht mehr gewährt wurden, stellen Mehrkosten im Sinne des obengenannten § 42 der Einheitsbedingungen dar, welche die Klägerin als Verkäuferin der Beklagten in Anrechnung bringen kann." Unmittelbar aus dem Wortlaut ergibt sich diese Auslegung jedenfalls nicht, da der Wegfall einer Vergünstigung begrifflich nicht eine Mehraufwendung darstellt. Es wären daher einige nähere Ausführungen notwendig gewesen, um das an sich vertretbare Ergebnis zu rechtfertigen.

[13] Schiedsspruch Wolle vom 26.5.61 hatte sich mit der gleichen Frage zu befassen wie Berufungsschiedsspruch Kartoffeln Az. 94/66 (vgl. oben B. V. 1. Anm. 9), kommt jedoch zum entgegensetzten Ergebnis: „Nun meint die Beklagte, diese Art der Mängelrüge entspreche nicht den Bestimmungen, wie sie in den Lieferungsbedingungen des Wollhandels mit bindender Kraft für die Parteien vorgeschrieben seien. Die Mängelrüge habe durch Einschreibebrief erfolgen müssen, der spätestens am dritten Werktage nach der Ablieferung habe abgesandt werden müssen. Hierzu ist zu sagen, daß diese Vorschrift nicht besagt, *nur* eine solche förmliche, durch Einschreibebrief übermittelte Mängelanzeige genüge, um die Mängelansprüche des Käufers zu erhalten. Nach Handelsbrauch wie nach dem Gesetz genügt jede andere Form der Übermittlung, sofern sie nur rechtzeitig, d. h. unverzüglich, erfolgt." Das Schiedsgericht meint, die durch Boten übermittelte Mängelrüge sei daher wirksam. Der pauschale Hinweis auf das Gesetz ist völlig ungenügend, zumal § 125 S. 2 BGB eine gegenteilige Vermutung ausspricht. Ob es den angeführten Handelsbrauch gibt, erscheint fraglich, denn sonst hätte es des Hinweises auf das Gesetz nicht bedurft. Daß die Entscheidung im Ergebnis zutreffen mag, ist eine andere Frage.
[14] *Larenz*, Methodenlehre S. 301; *Coing* 2. Aufl. S. 317 f.
[15] Vgl. zu dieser Methode *Engisch* S. 77 f.
[16] So etwa Schiedsspruch Getreide Hamburg Az. V 3/66 F: „Die Klage hat keinen Erfolg. Die Entscheidung des vorliegenden Streitfalls hängt davon

matische und die teleologische Auslegungsmethode[17] haben neben der grammatischen Interpretationsmethode keine große praktische Bedeutung, wenngleich nicht zu verkennen ist, daß die Schiedsgerichte in bedeutenderen Fällen durchaus bereit sind, auf die genannten Methoden zurückzugreifen, wobei sie im Rahmen der teleologischen Methode in erster Linie auf die Grundsätze von Treu und Glauben sowie der Sicherheit im kaufmännischen Rechtsverkehr abstellen. Mit Rücksicht darauf, daß es hinsichtlich des Verbandsrechts Unterlagen, die den Gesetzesmaterialien bezüglich des staatlichen Rechts gleichen, im allgemeinen nicht gibt oder solche den Schiedsgerichten zumindest nicht zur Verfügung stehen, erstaunt es nicht, daß die historische Interpretationsmethode[18] so gut wie gar nicht zum Zuge kommt. Nur in ganz seltenen Fällen und dies auch nur in sehr geringen Ansätzen wird auf die Entstehungsgeschichte einer Vorschrift eingegangen.

Eine einmalige Ausnahme ist insoweit Schiedsspruch Waren Az. 4/71, der sich mit der Frage zu befassen hatte, ob § 13 I S. 2 WVB[19] auch dann anzuwenden sei, wenn sowohl bei Vertragsschluß als auch bei Lieferung keine Abgabenfreiheit bestanden habe, aufgrund eines bei Vertragsschluß bestehenden und vor Lieferung widerrufenen fehlerhaften Erlasses des Bundesfinanzministers aber in den beteiligten Handelskreisen ganz allgemein der Eindruck bestanden habe, die Einfuhr sei abgabenfrei. Das Schiedsgericht führt aus:

„1. Einfuhrabgaben werden nur durch Rechtsnormen (Gesetz, Rechtsverordnung, Staatsvertrag) begründet oder geändert. Ob Einfuhrabgaben sich

---

ab, wie § 5 des Hamburger Futtermittel-Schlußscheins Nr. VII auszulegen ist. Diese Bestimmung hat folgenden Wortlaut:
Sollte eine öffentliche Abgabe, z. B. Zoll u. s. w. auf die beim Abschluß des Geschäfts hiervon freie Ware eingeführt werden, oder eine Erhöhung bzw. eine Ermäßigung erfolgen, ... erhöht bzw. ermäßigt sich der Preis um den Unterschied.
Aus dieser Formulierung geht nicht hervor, daß eine Zollerhöhung nur dann weiterberechnet werden könnte, wenn eine effektive Belastung der gelieferten Ware eingetreten ist. Vielmehr stellt der Wortlaut lediglich auf die Tatsache der Zollerhöhung ab, ohne die Weiterberechnung davon abhängig zu machen, ob im Einzelfall tatsächlich eine Mehrbelastung der gelieferten Ware erfolgt ist."
Das Schiedsgericht hätte der Frage nachgehen müssen, inwieweit sich dieses Ergebnis mit dem Zweck der Klausel vereinbaren läßt. Ein Indiz dafür, daß mit der Klausel lediglich *effektive* Änderungen ausgeglichen werden sollten, ist der Umstand, daß in neuerer Zeit in mehreren Schlußscheinen die obige Klausel dahingehend geändert worden ist, daß Mehrkosten nur anrechenbar sind, wenn sie *nachweislich* durch Verfügungen von hoher Hand verursacht worden sind.
[17] Vgl. zu diesen Methoden *Engisch* S. 78 ff.
[18] Siehe zu dieser Methode *Coing* 2. Aufl. S. 318 ff.
[19] Dieser lautet: „Erhöhen sich die Einfuhrabgaben in der Zeit zwischen Abschluß des Kaufvertrages und Fälligwerden der Lieferung, so erhöht sich der Kaufpreis um diesen Unterschied, wenn ... der Verkäufer ... vertraglich die Einfuhrabgaben zu tragen hat;".

im Sinne der Gleitklausel des § 13 WVB ändern, ist also grundsätzlich nach diesen Rechtsnormen zu beurteilen, nicht nach Dienstanweisungen (Erlässen) der Finanzverwaltung.
2. Die hier auszulegende Gleitklausel wurde von der außerordentlichen Mitgliederversammlung des Waren-Vereins ... nach einem im wesentlichen gleichlautenden Entwurf des Vorstandes beschlossen. Einzelne Mitgliedsfirmen machten in dieser Versammlung geltend, daß die abstrakt gehaltene Klausel unter besonderen Umständen für den Importeur ungünstig wirken könne. Diesen Einwendungen hat der Vorsitzende des Waren-Vereins entgegengehalten, daß die Geschäftsbedingungen nicht jeden denkbaren Einzelfall nach Billigkeit regeln können, weil das eine sehr komplizierte und ins einzelne gehende Fassung erfordern würde. Die Geschäftsbedingungen müßten sich auf die Ausarbeitung einer im Prinzip gerechten und praktikablen Lösung beschränken. Den besonderen Umständen einzelner Geschäfte müßten die Kontrahenten durch entsprechende Zusatzvereinbarungen Rechnung tragen. Nach dem im wesentlichen unveränderten Antrag des Vorstands hat die Mitgliederversammlung dann von solchen Einzelregelungen abgesehen und die Gleitklausel in der noch jetzt geltenden Fassung beschlossen. Diese Entstehungsgeschichte wird bewiesen durch die in der mündlichen Verhandlung verlesene Niederschrift über die außerordentliche Mitgliederversammlung vom 12. 9. 1967.
Unerheblich ist hiernach, ob am Markt ... die Auffassung geherrscht hat, daß Kenia-Ananaskonserven frei von Einfuhrabgaben seien. Unerheblich ist insbesondere ... Im Sinne der Materialien zur Entstehung der Gleitklausel des § 13 WVB bieten solche Meinungen mithin kein praktikables Maß für die Handhabung dieser Gleitklausel. Praktikabel ist nur die Anwendung der bestehenden Rechtsnormen."

2. Ergänzung und Änderung

Die bei der Fortbildung staatlichen Rechts übliche Unterscheidung zwischen der Fortbildung durch Auslegung und solcher durch Ergänzung oder Änderung[20] läßt sich auf die Fortbildung des Verbandsrechts in der schiedsgerichtlichen Rechtsprechung übertragen. Auch dort ist neben der aufgezeigten Fortbildung des Verbandsrechts durch Auslegung eine Fortbildung im engeren Sinne zu beobachten, wenngleich diese nicht annähernd den gleichen Umfang hat wie die Fortbildung mittels Auslegung. Unter all den ausgewerteten Schiedssprüchen befindet sich lediglich ein gutes Dutzend von Entscheidungen, die angesichts der fließenden Grenze zwischen echter und unechter Fortbildung[21] eindeutig nicht mehr der Auslegung, sondern der Fortbildung im engeren Sinne zuzuordnen sind[22].

Dies dürfte allerdings nicht auf die bisweilen vertretene Meinung zurückzuführen sein, wonach Lücken in allgemeinen Geschäftsbedin-

---
[20] Vgl. oben A. Anm. 7.
[21] Siehe oben A. Anm. 9.
[22] Insofern darf mit Interesse der von *Vierheilig* angekündigten Untersuchung entgegengesehen werden, die sich mit der echten Fortbildung der BBB befassen soll und dabei vielleicht weitere Beispiele aus der schiedsgerichtlichen Rechtsprechung nachweisen wird, vgl. *Vierheilig* S. 15 Anm. 30.

gungen nicht wie bei Gesetzen nach den Grundsätzen der Analogie und Restriktion ausgefüllt werden dürfen[23], sondern vielmehr darauf, daß das Verbandsrecht durch eine Vielzahl von Handelsbräuchen ergänzt wird, so daß den Schiedsgerichten entweder die Lückenhaftigkeit des Verbandsrechts gar nicht bewußt wird oder sie aber Lücken des Verbandsrechts ausdrücklich durch Handelsbräuche ausfüllen[24]. Überlegungen des Inhalts, daß eine Lückenausfüllung nur durch staatliches Recht erfolgen könne, sind nirgendwo zu finden, auch nicht in den Fällen, in welchen tatsächlich ergänzend staatliches Recht angewendet[25] oder die Möglichkeit der entsprechenden Anwendung einer verbandsrechtlichen Vorschrift verneint wird. In Entscheidungen letztgenannter Art wird zur Begründung entweder darauf verwiesen, daß insoweit eine Regelungslücke nicht vorhanden sei, oder aber geltend gemacht, die zur Lückenausfüllung in Aussicht genommene Vorschrift sei nicht analogiefähig. Die Fortbildung des Verbandsrechts im Wege der Lückenausfüllung wird offenbar stillschweigend als zulässig vorausgesetzt, in einer Entscheidung des Schiedsgerichts der Bremer Baumwollbörse e. V. sogar besonders als Aufgabe der schiedsgerichtlichen Rechtsprechung hervorgehoben[26].

---

[23] So etwa *Schlegelberger - Hefermehl* § 346 Rdnr. 92; ähnlich *Raiser* S. 254 f.: Wo die allgemeinen Geschäftsbedingungen schwiegen, trete an ihre Stelle im Zweifel das Gesetz oder normativer Brauch, nicht die Flickkunst des Juristen. Auch *Schmidt-Salzer* S. 201 verneint m. Nachw. aus der Rechtsprechung eine ausdehnende Auslegung oder entsprechende Anwendung von allgemeinen Geschäftsbedingungen, hält aber auf S. 250 eine teleologische Reduktion für zulässig.

[24] Vgl. oben B. IV. 1. b).

[25] Siehe hierzu oben B. II. 2., 3.

[26] Schiedsspruch Nr. 2296 b hatte sich mit der Frage zu befassen, welche Rechte der Käufer bei Lieferung von falschen, nicht zu der Partie gehörenden Testzertifikaten geltend machen könne: „Zutreffend gehen die beiden Vorinstanzen davon aus, daß die BBB keine Vorschriften für die Behandlung der Testzertifikate für Micronaire- und Pressley-Werte enthalten. Die BBB haben solche Vorschriften auch gar nicht vorsehen können, da sie zu einer Zeit entstanden sind, als Verträge mit der Stipulation für Testzertifikate für Micronaire und Pressley noch nicht vorkommen konnten. Kontrakte mit der besonderen Qualitätsabrede, daß Micronaire nicht unter einem bestimmten Werte liegen dürfe, sind erst seit einigen Jahren in Deutschland bekannt. Das Fehlen besonderer Vorschriften der BBB in diesem Falle kann aber nicht dahin gedeutet werden, daß gegen die sich nicht an die vertraglichen Abreden haltende Partei weder im Wege der Arbitrage noch der Regulierung vorgegangen werden könne. Das würde letztlich ein Versagen der Rechtsprechung gegenüber der Technik bedeuten. Denn nachdem es der Technik gelungen ist, Micronaire- und Pressley-Werte zu erkennen und der Handel sich der technischen Errungenschaften bedient, ist es Aufgabe der Rechtsprechung, dem Sinne der BBB die durch die neuen Werte geschaffene Lage anzupassen."

Das Schiedsgericht führt sodann aus, den verschiedenen Vorschriften der BBB sei der Grundgedanke zu entnehmen, daß dem Käufer bei jeder Qualitätsabweichung ein Regulativ gegenüber dem Verkäufer gegeben sei. Dies müsse auch gelten, wenn andere Ware geliefert werde als sie in den zuge-

2. Ergänzung und Änderung

Im Rahmen der echten Rechtsfortbildung wird zwischen der Ausfüllung von Gesetzeslücken und der Umbildung der gesetzlichen Regelung sowie der Ausbildung neuer Rechtsinstitute unterschieden[27]. Wendet man diese Trennung auf die schiedsgerichtliche Fortbildung des Verbandsrechts entsprechend an, so ist festzustellen, daß es sich bei den entdeckten einschlägigen Schiedssprüchen ausschließlich um Fälle der Ausfüllung von Lücken des Verbandsrechts handelt. Unter diesen wiederum lassen sich wie bei der echten Rechtsfortbildung anfängliche und nachträgliche[28] sowie offene und verdeckte Lücken[29] unterscheiden[30]. Wie in der Rechtsfortbildung werden die offenen Lücken des Verbandsrechts, sofern es keine einschlägigen Handelsbräuche gibt, durch Analogie und die verdeckten Lücken durch teleologische Reduktion[31] ausgefüllt. Die Frage, ob die Schiedsgerichte bei der Fortbildung des Verbandsrechts, insbesondere bei der Lückenfeststellung, methodisch

---

sandten Testzertifikaten aufgeführt sei. Das Schiedsgericht meint, die Arbitrage scheide als Ventil zur Lösung des Streites aus. Die Sache sei vielmehr als ein Fall der Nichterfüllung mit dem Recht zur Regulierung gemäß § 7 BBB zu behandeln.

[27] Siehe *Larenz*, Methodenlehre S. 350 ff. sowie S. 382 ff.

[28] Vgl. hierzu *Larenz*, Methodenlehre S. 358 f.

[29] Zu dieser Unterscheidung siehe *Larenz*, Methodenlehre S. 350 ff., 355 ff.

[30] Den Fall einer anfänglich offenen Lücke behandelt Schiedsspruch Kartoffeln Az. 516/59: „Es trifft zwar zu, wie auch von der Beklagten ausgeführt wird, daß die Berliner Vereinbarungen 1956 keine ausdrückliche Bestimmung darüber enthalten, in welcher Zeit der Sachverständige das Gutachten zu erstatten und das Ergebnis dem Antragsteller der Begutachtung mitzuteilen hat. Aus dem Sinn und Zweck der Bestimmungen des Beanstandungsverfahrens nach den Berliner Vereinbarungen 1956, wonach allgemein kurze Fristen vorgeschrieben sind, ist davon auszugehen, daß auch der Sachverständige nach seiner Benennung durch die Benennungsstelle unverzüglich das Ergebnis dem Antragsteller der Begutachtung mitzuteilen hat. Dieser Rechtsgrundsatz ist auch bereits von dem Oberschiedsgericht der Kartoffelwirtschaft Hannover in seinem Schiedsspruch vom 8. 10. 1958 (vgl. „Kartoffelwirtschaft" 1959 S. 52) hervorgehoben worden."
Schiedsspruch Getreide Hamburg Az. V 1310/67 F betrifft den Fall einer nachträglich verdeckten Lücke: „Es trifft zwar zu, daß nach § 15 Zeile 208/209 des Hamburger Futtermittel-Schlußscheins Nr. III a ... der Verkäufer, falls er eine zweite Analyse wünscht, dies dem Käufer innerhalb von 14 Tagen nach Erhalt des ersten Analyseattestes mitteilen muß. Diese Bestimmung ist zu einer Zeit entstanden, als sich kaum mehr als zwei Parteien als Verkäufer und Käufer wegen derselben Partie gegenüberstanden. In einer derartigen Situation verfügt der Käufer über das Muster für die erste Analyse und der Verkäufer über dasjenige über die zweite Analyse. Anders verhält es sich dagegen bei den zurzeit im Fischmehlhandel überwiegend vorhandenen Ketten. Hier siegelt lediglich die erste und letzte in der Kette stehende Partei, während die dazwischen stehenden keine eigene Siegelung vornehmen, sondern diejenigen des ersten gegen den letzten gegen sich gelten lassen. Aufgrund dieser veränderten Sachlage ist das Schiedsgericht der Meinung, daß die obige Frist von 14 Tagen lediglich für den letzten in der Kette stehenden Verkäufer gelten kann."

[31] Vgl. zu dieser Methode *Larenz*, Methodenlehre S. 369 ff.

immer richtig vorgehen[32], kann anhand der wenigen vorliegenden Fälle nicht allgemein beantwortet werden, zumal die Begründungen zumeist recht kurz gehalten sind[33] und damit eine Nachprüfung der schiedsrichterlichen Überlegungen erschweren. Allerdings erwecken die z. T. schwachen Begründungen den Eindruck, als ob die Schiedsgerichte sich sehr vom gewünschten Ergebnis her leiten lassen.

3. Präjudizien und ständige Rechtsprechung

In der richterlichen Rechtsfortbildung spielen Präjudizien, d. h. Entscheidungen in derselben Rechtsfrage, über die neuerlich zu entscheiden ist, eine kaum zu überschätzende Rolle. Wenn es sich um veröffentlichte Entscheidungen höchster Gerichte handelt, pflegen sich die unteren Gerichte zumeist nach ihnen zu richten, und auch das oberste Gericht selbst weicht nur ungern von seinen eigenen Entscheidungen ab. Die Rechtsberater der Parteien, Firmen und Verbände stellen sich hierauf ein, so daß die Präjudizien, besonders wenn es sich um eine sogenannte „ständige Rechtsprechung" handelt, nach geraumer Zeit geradezu wie „geltendes Recht" angesehen werden[34].

Eine entsprechende Bedeutung vermögen die schiedsgerichtlichen Entscheidungen in bezug auf das Verbandsrecht im allgemeinen nicht zu entfalten[35]. Dies hat verschiedene Gründe. Bei Schiedsgerichten mit nur verhältnismäßig geringer Inanspruchnahme kommt es nicht oder nur sehr selten vor, daß dieselbe Verbandsrechtsfrage von entscheidungserheblicher Bedeutung wiederholt zu beantworten ist und eine zustimmende oder ablehnende Auseinandersetzung mit einem früheren Schiedsspruch erfordert. So habe ich unter den Entscheidungen des Schiedsgerichts für den Europäischen Kartoffelhandel sowie der Schiedsgerichte der Vereinigung des Wollhandels e. V. und des Ver-

---

[32] So meint etwa *Vierheilig* S. 137 zu dem oben B. V. 2. Anm. 26 wiedergegebenen Schiedsspruch, über das Ergebnis der Entscheidung lasse sich zwar streiten, die Begründung sei jedenfalls nicht zu billigen.
[33] Schiedsspruch Waren JB 68, 55 enthält überhaupt keine eigene Begründung, wenn es dort heißt: „Gemäß § 36 Abs. 1 WVB, welcher auf Verladungen per Waggon entsprechend anzuwenden ist (Mathies - Grimm - Sieveking Bem. 4 zu § 36 WVB), kann die Klägerin deshalb Schadensersatz wegen Nichterfüllung ohne Gewährung einer Nachfrist verlangen."
Mathies - Grimm - Sieveking äußern sich zu der Anwendbarkeit des seinem Wortlaut nach nur für Abladegeschäfte geltenden § 36 WVB ebenfalls nur kurz: „§ 36 Abs. 1 und 2 sind nach dem zu vermutenden Willen der Parteien entsprechend anzuwenden, wenn Verladung per Waggon, Lastkraftwagen oder Binnenschiff innerhalb bestimmter Frist vereinbart worden ist, denn die Interessenlage ist im wesentlichen gleich." Diese Ausführungen lassen offen, ob die Verfasser und damit das Schiedsgericht eine ergänzende Vertragsauslegung oder eine analoge Anwendung des § 36 WVB vertreten.
[34] Siehe hierzu im einzelnen *Larenz*, Methodenlehre S. 403 ff.
[35] Anderes gilt für die Entscheidungen zum Bestehen und zur Auslegung von Handelsbräuchen, vgl. oben B. IV. 2.

3. Präjudizien und ständige Rechtsprechung

bandes des Deutschen Großhandels mit Ölen, Fetten und Ölrohstoffen e. V.[36] überhaupt keinen und beim Schiedsgericht des Verbandes der am Caffeehandel betheiligten Firmen in Hamburg lediglich einen Fall gefunden, in welchem auf eine frühere Entscheidung — zudem ablehnend — eingegangen wird[37]. Erst recht gibt es bei diesen Schiedsgerichten keine ständige Rechtsprechung zu bestimmten Verbandsrechtsfragen. Unter den Nachkriegsentscheidungen des Schiedsgerichts der Bremer Baumwollbörse e. V.[38] befindet sich hingegen immerhin ein halbes Dutzend von Schiedssprüchen, in welchen früheren Entscheidungen teilweise beigetreten, z. T. aber auch unter ausdrücklicher Ablehnung nicht gefolgt wird[39].

Bei dem Schiedsgericht des Vereins der Getreidehändler der Hamburger Börse e. V. sollte man angesichts seiner außerordentlich starken Inanspruchnahme[40] im Gegensatz zu den vorgenannten Schiedsgerichten eine größere Bedeutung von Präjudizien erwarten dürfen. Soweit meine im wesentlichen nur die Entscheidungen eines Jahres betref-

---

[36] Zur Inanspruchnahme der genannten Schiedsgerichte vgl. oben A. I. 1.
[37] Schiedsspruch Caffee Hamburg vom 14. 4. 67: „Die Frage „Schadensersatz neben einer Annullierung" ist, soweit ersichtlich, von dem Vereins-Schiedsgericht außer in dem Urteil vom 23. 10. 61, auf das sich die Klägerin bezieht und das vom Schiedsgericht herbeigezogen wurde, noch nicht entschieden worden. In dem 1961 entschiedenen Streitfall hatte das Schiedsgericht der damaligen Klägerin neben dem Recht auf Annullierung den Ersatz des ihr entgangenen Gewinns zuerkannt. ... Es sei dahingestellt, ob das zitierte Urteil einer Nachprüfung standhalten würde. Jedenfalls ist das zur Entscheidung des vorliegenden Streitfalles angerufene Schiedsgericht nicht an die Vorentscheidung gebunden." Das Schiedsgericht kommt sodann nach eingehender Prüfung zu einem abweichenden Ergebnis.
[38] Zur Anzahl der Entscheidungen vgl. oben A. I. 1.
[39] Schiedsspruch Baumwolle Nr. 2266 a zur Auslegung des § 18 I BBB: „Dieser Wortlaut ist absolut klar und verlangt von dem Berufungskläger, daß ... Die gleiche Frage ist schon einmal durch ein Schiedsgericht der Bremer Baumwollbörse, und zwar durch die Berufungsschiedssprüche 2017 a und 2017 b, entschieden worden. Schon damals ist mit Recht darauf hingewiesen worden, daß ..."
Schiedsspruch Baumwolle Nr. 2303 a: „Was nun die Schiedssprüche Nr. 1602 und 1603 vom 26. Juni 1921 angeht, in denen ein Schiedsgericht den Käufer zur Abnahme und Zahlung verurteilt hat, so war dieses Berufungsschiedsgericht nicht in der Lage, den zugrundeliegenden Tatbestand zu untersuchen ... Sollte jedoch das damalige Schiedsgericht seinen Spruch unter unberechtigter Außerachtlassung des § 7 der BBB gefällt haben, so würde dieses Berufungsschiedsgericht den damaligen Schiedssprüchen nicht folgen und ihnen daher keine Bedeutung zuerkennen können. Dieses Berufungsschiedsgericht verweist außerdem darauf, daß es in neuerer Zeit mehrere Schiedssprüche gegeben hat, welche die Ausschließlichkeit der Anwendung des § 7 für Fälle wie den hier zu beurteilenden ausdrücklich herausstellen."
Diese Entscheidung ist wiederum von Schiedsspruch Baumwolle Nr. 2306 übernommen worden: „Das Schiedsgericht schließt sich vollinhaltlich den Schiedssprüchen der Bremer Baumwollbörse Nr. 2303/2303 a an. Der vorliegende Streitfall kann nur aufgrund des § 7 der BBB entschieden werden."
[40] Siehe oben A. I. 1.

fende Auswertung überhaupt eine allgemeine Feststellung zuläßt, geht diese jedoch dahin, daß in Verbandsrechtsfragen ebenfalls nur äußerst selten auf Präjudizien oder eine ständige Rechtsprechung des Schiedsgerichts hingewiesen wird. Hierbei pflegen die früheren einschlägigen Entscheidungen nicht einmal konkret bezeichnet zu werden[41]. Dies mag an der bisher unzureichenden Veröffentlichung der Schiedssprüche liegen[42]. Inwieweit sich aufgrund der Veröffentlichungen im „Ernährungsdienst" eine Änderung ergeben wird, bleibt abzuwarten.

Lediglich bei dem Schiedsgericht des Waren-Vereins der Hamburger Börse e. V. spielen Präjudizien zum Verbandsrecht wegen des Umfangs der Spruchtätigket[43] und gleichzeitig ausreichender Veröffentlichungen[44] eine größere Rolle. Dies dürfte des weiteren darauf zurückzuführen sein, daß die wichtigsten Entscheidungen in dem Kommentar zu den WVB in systematischer Form ausgewertet worden sind[45]. Den interessierten Beteiligten ist hierdurch die Möglichkeit gegeben, sich in kurzer Zeit eine Übersicht über die vorhandene einschlägige schiedsgerichtliche Rechtsprechung zu verschaffen. So finden sich denn in den Entscheidungen des Waren-Verein-Schiedsgerichts Bezugnahmen auf mitunter bis zu Beginn des Jahrhunderts zurückreichende Schiedssprüche[46]. Zudem hat sich zu bestimmten Fragen des Verbandsrechts eine regelrechte ständige Rechtsprechung gebildet[47].

---

[41] So etwa Schiedsspruch Getreide Hamburg Az. DNV 628/67 zu der Frage, ob eine hier nicht näher interessierende einzelvertragliche Klausel einer bestimmten Vorschrift des Formularvertrages vorgehe: „Wenn die Parteien das Formular insoweit ausschalten wollten, hätten sie das ausdrücklich vereinbaren müssen. Das ist jedoch nicht geschehen. Das unterzeichnete Schiedsgericht schließt sich damit den Entscheidungen der hiesigen Schiedsgerichte an, die in ähnlich gelagerten Fällen ergangen sind."

[42] Vgl. hierzu oben A. IV. 2. Anm. 11.

[43] Siehe dazu oben A. I. 1.

[44] Hierzu vgl. oben A. IV. 2. Anm. 10.

[45] Vgl. etwa die bei *Mathies - Grimm - Sieveking* § 38 Rdnr. 41 ff. wiedergegebene Rechtsprechung des Schiedsgerichts zur Abwicklung eines Dekkungsgeschäfts gemäß § 38 IV, V WVB.

[46] So etwa Schiedsspruch Waren JB 55, 10 ff. (12 f.) bei Prüfung der Frage, ob bei einem „Kauf auf Mustergutbefund" der Verkäufer wenigstens gattungsgemäße Muster vorlegen müsse. Dies wird vom Schiedsgericht bejaht: „Falls der Verkäufer diese Verpflichtung nicht erfüllt, so macht er sich schadensersatzpflichtig. Dieser Grundsatz ist vom Schiedsgericht des Waren-Vereins für den analogen Fall des „Kaufs auf Besicht" in ständiger Rechtsprechung festgestellt (Sammlung der Entscheidungen des Waren-Vereins-Schiedsgerichts Nr. 38 (1903) sowie Jahresbericht 1951, Seite 9) ... In dem auf Seite 9 des Jahresberichts 1951 erwähnten Schiedsspruch heißt es: ... Das Schiedsgericht macht sich diese Ausführungen, die für den „Kauf auf Mustergutbefund" gleichermaßen zu gelten haben, vollen Umfangs zu eigen."

[47] So hat das Schiedsgericht etwa fortlaufend entschieden, die Erklärung des Verkäufers, er könne oder wolle nicht leisten, berechtige den Käufer zum Rücktritt oder zur Forderung von Schadensersatz, ohne daß gemäß § 38 WVB eine Nachfrist gesetzt werden müsse.

Auch in der Rechtsprechung des Schiedsgerichts des Verbandes des Kartoffelgroßhandels Schleswig-Holstein und Hamburg e. V. hatten Präjudizien bis zum Beginn des Rückgangs der Spruchtätigkeit[48] eine gewisse Bedeutung. Dies war darauf zurückzuführen, daß die Schiedsgerichtsbarkeit des Kartoffelgroßhandels überregional organisiert ist und wichtigere Entscheidungen aller deutschen Kartoffelschiedsgerichte, insbesondere des in Hannover ansässigen in der Zeitschrift „Die Kartoffelwirtschaft" veröffentlicht werden, so daß einschlägige Schiedssprüche auch anderer Schiedsgerichte nicht selten zur Entscheidung herangezogen werden konnten[49].

4. Einfluß auf Änderungen des Verbandsrechts

Staatliches Gesetzesrecht wird durch den Gesetzgeber laufend reformiert und ergänzt. Ähnlich unterliegt das Verbandsrecht ständigen Änderungen seitens der Verbände. Hierbei kommt es nicht nur zur Reform einzelner Bestimmungen oder zur Ergänzung durch Einfügung neuer Vorschriften, sondern in größeren zeitlichen Abständen erstellen die Verbände ganze Neufassungen ihres Verbandsrechts. Dies wirft die Frage auf, inwieweit die schiedsgerichtliche Rechtsprechung bei solchen Reformen berücksichtigt wird und auf diese Weise zur Fortbildung des Verbandsrechts beiträgt.

In Gesprächen mit den bei den Schiedsgerichten tätigen Rechtsberatern haben diese auf entsprechende Befragung durchweg erklärt, es sei völlig selbstverständlich, daß die zu bestimmten Problemen vorliegende schiedsgerichtliche Rechtsprechung bei der Änderung und Neufassung verbandsrechtlicher Bestimmungen zumindest erörtert und bei Billigung durch die Änderungskommissionen auch vielfach übernommen werde[50]. Dieses Verfahren werde dadurch sehr gefördert, daß gerade die häufig als Schiedsrichter tätigen Personen im allgemeinen an den Reformarbeiten mitwirkten. Konkrete Fälle der Einwirkung schiedsgerichtlicher Entscheidungen auf die Neufassung bestimmter Vorschrif-

---

[48] Vgl. hierzu oben A. I. 1.
[49] Schiedsspruch Kartoffeln Az. 514/59 zum Ausschluß der Geltendmachung verdeckter Mängel: „Dies ergibt sich aus § 12 (6) Berliner Vereinbarungen 1956. Dementsprechend ist auch von dem Schiedsgericht der Kartoffelwirtschaft Schleswig-Holstein/Hamburg durch Schiedsspruch vom 4. 1. 1958 (vgl. „Kartoffelwirtschaft" 1958 S. 222) und durch das Schiedsgericht der Kartoffelwirtschaft Hannover in den Schiedssprüchen vom 12. 3. 1959 und 4. 8. 1959 (vgl. „Kartoffelwirtschaft" 1959 S. 276 und S. 538) entschieden worden."
[50] Ähnlich *Liebig* ED vom 27. 2. 71 bezüglich des Schiedsgerichts des Vereins der Getreidehändler der Hamburger Börse e. V.: Die Schiedssprüche bildeten die Grundlage für Überlegungen, bestimmte Klauseln in Makler-Schlußscheinen oder Abschlußbestätigungen sowie in den Formularkontrakten nach inzwischen gewonnenen Erfahrungen neu zu gestalten.

ten konnten die Rechtsberater allerdings aus der Erinnerung nur äußerst selten geben[51].

Dennoch besteht kein Anlaß, an der Richtigkeit der erhaltenen Auskünfte zu zweifeln. An dem Beispiel der am 16. 11. 1971 neugefaßten Geschäftsbedingungen des Waren-Vereins der Hamburger Börse e. V. läßt sich vielmehr der Einfluß der schiedsgerichtlichen Rechtsprechung auf Änderungen des Verbandsrechts gut nachweisen. Dem im April 1968 berufenen Ausschuß zur Revision der Bedingungen (ihm gehörte u. a. auch der oben A. II. 1. mit 94 Verfahren am häufigsten ernannte Schiedsrichter des Waren-Vereins an) wurde durch Beschluß der Mitgliederversammlung zur Aufgabe gemacht, unter Zugrundelegung des Kommentars von *Mathies - Grimm - Sieveking* zu prüfen, welche Bestimmungen zweckmäßiger zu fassen seien[52]. Dies kam praktisch der Anweisung gleich, die schiedsgerichtliche Rechtsprechung zu berücksichtigen, da der genannte Kommentar seinerseits in weiten Teilen eine systematische Auswertung und Wiedergabe der zum Verbandsrecht sowie zu Handelsbräuchen und allgemeinen Handelsklauseln ergangenen schiedsgerichtlichen Rechtsprechung darstellt.

Tatsächlich lassen sich in den neugefaßten Bedingungen, denen zwischenzeitlich bereits Teilreformen vorangegangen waren[53], etwa 15 Vorschriften nachweisen, die eindeutig auf bestimmte schiedsgerichtliche Entscheidungen zurückzuführen sind[54]. Teilweise handelt es sich lediglich um die genauere und klarere Formulierung einer Vorschrift, wie sie in einem bestimmten Schiedsspruch durch Auslegung geprägt worden ist[55], teils aber auch um Ergänzungen auf der Grundlage der zu

---

[51] So beruht nach Auskunft des Syndikus des Vereins der am Kaffeehandel beteiligten Firmen in Bremen e. V. etwa die Bestimmung der Ziff. 7 E. K. K. (keine Annullierung des Kontraktes bei Qualitätsdifferenz außer im Falle von grober Fahrlässigkeit oder Betrug) auf der langjährigen Rechtsprechung der Kaffeevereins-Schiedsgerichte in Bremen und Hamburg.
[52] Vgl. JB 68, 9 f.
[53] So wurde u. a. bereits im Jahre 1969 eine ergänzende Regelung des Waggon-Einfuhrgeschäfts eingeführt, der sich der Ausschuß vorrangig angenommen hatte, damit, wie es in JB 68, 10 heißt, „eine in der Schiedsgerichtspraxis bereits stark bemerkbare Lücke alsbald geschlossen wird." Bis dahin hatte man sich teilweise mit einer entsprechenden Anwendung vorhandener Vorschriften beholfen, vgl. oben B. V. 2. Anm. 33.
[54] Bezeichnend für die Einwirkung der schiedsgerichtlichen Rechtsprechung auf die neugefaßten Bedingungen ist der Umstand, daß im Jahresbericht 1971 erstmals seit 1950 keine Schiedssprüche abgedruckt wurden, u. a. mit der Begründung, die in den Schiedssprüchen des Jahres 1971 gewonnenen Grundsätze hätten teilweise bereits Eingang in die neugefaßten Geschäftsbedingungen gefunden, vgl. JB 71, 71.
[55] So hat etwa der oben B. V. 1. abschließend zitierte Schiedsspruch Az. 4/71 in § 11 II WVB seinen Niederschlag gefunden, wenn es dort nunmehr eindeutig heißt: „Wird nach Abschluß des Kaufvertrages
1. eine *Rechtsnorm verkündet,* nach welcher sich die Einfuhrabgaben mit Wirkung für die vereinbarte Lieferzeit ... ändern ..." (Hervorhebung d. Verf.).

4. Einfluß auf Änderungen des Verbandsrechts

einigen Bestimmungen vorliegenden ständigen Rechtsprechung des Schiedsgerichts[56]. Des weiteren sind manche Vorschriften unter Verwertung der zu ihnen ergangenen Rechtsprechung völlig umgestaltet worden[57]. Außerdem wurden bestimmte allgemeine Handelsklauseln, die lediglich einzelvertraglich vereinbart zu werden pflegen, unter Berücksichtigung der zu ihnen vorliegenden Entscheidungen eingehend definiert. Zu erwähnen sind etwa § 29 WVB, der ausführlich die sich bei Vereinbarung eines Selbstbelieferungsvorbehalts ergebenden Rechtsfolgen regelt[58], sowie § 75 WVB, welcher die Rechte und Pflichten bei Abschluß mit der Klausel „verzollt" betrifft[59]. Als neue Vorschriften in den Bedingungen eingefügt worden sind auch einige in der schieds-

---

[56] Die oben B. V. 3. Anm. 46 genannten Entscheidungen sind sowohl für den Kauf auf Besicht (§ 23 III WVB: „Der Verkäufer ist verpflichtet, dem Käufer eine Ware vorzusetzen, die zur vereinbarten Gattung gehört.") als auch für den Kauf auf Mustergutbefund (§ 24 II WVB: „Der Verkäufer hat dem Käufer ein Muster vorzusetzen, das zu der Gattung gehört, aus welcher verkauft wurde.") übernommen worden.
Desgleichen ist aufgrund der oben B. V. 3. Anm. 47 erwähnten ständigen Rechtsprechung mit § 18 II WVB eine besondere Vorschrift eingefügt worden: „Hat ein Vertragsteil dem anderen ungerechtfertigt erklärt, daß er nicht leisten könne oder daß er nicht leisten wolle, kann der andere Teil nach seiner Wahl vom Vertrage zurücktreten oder Schadensersatz wegen Nichterfüllung verlangen."

[57] So ist etwa das zur Ermittlung eines Schadens zu betreibende Deckungsgeschäft in § 17 V WVB bis in alle durch das Schiedsgericht herausgearbeiteten Einzelheiten neu geregelt worden.
Beispiel: § 38 V aF WVB sah vor, daß der mit der Durchführung des Deckungsgeschäfts beauftragte Makler nach Sammlung von Angeboten die Partie auch den Parteien anzubieten hatte. Schiedsspruch waren JB 70, 59 f. hatte sich mit einem Deckungskauf zu beschäftigen, den der Makler mit der Klägerin als Verkäuferin abgeschlossen hatte, ohne daß konkurrierende Angebote von den hierzu aufgeforderten Firmen abgegeben worden waren. Das Schiedsgericht hielt den Deckungskauf für unverbindlich: „Unter solchen Umständen lassen Absatz 5 und Absatz 6 von § 38 WVB sich vernünftigerweise nicht anwenden, weil der Verkäufer sonst nach Belieben oder gar nach Willkür den Preis des Deckungskaufs und damit die Höhe des vom säumigen Verkäufer zu vergütenden Schadens bestimmen könnte." § 17 V lit. b S. 6 WVB bestimmt nunmehr ausdrücklich: „Handelt es sich um einen Deckungskauf, so ist das Gebot des Gläubigers nicht zu berücksichtigen, wenn sonst kein Gebot abgegeben worden ist."

[58] Dort ist jetzt nicht nur der in ständiger Rechtsprechung vertretene Grundsatz, wonach der Verkäufer beim Eingreifen der Klausel seine eigenen Ansprüche aus dem Einkaufsvertrag abzutreten hat (so u. a. Schiedsspruch Waren JB 51, 20 ff. (22)), ausdrücklich niedergelegt worden, sondern auch die in Schiedsspruch Waren JB 55, 27 ff. (29) ausgesprochene Regel, daß der Verkäufer, der sich auf die Klausel berufen wolle, gehalten sei, seinen Käufer von jeder Schwierigkeit, die die Selbstbelieferung in Frage stelle, unverzüglich zu benachrichtigen.

[59] Die unten B. VI. Anm. 17 genannte Entscheidung des Waren-Verein-Schiedsgerichts etwa ist nunmehr in § 75 WVB übernommen worden, wenn es dort in Absatz 1 heißt: „Wird „verzollt" oder mit ähnlicher Klausel verkauft, so hat der Verkäufer sämtliche Einfuhrabgaben zu tragen."

gerichtlichen Rechtsprechung bisher lediglich als Handelsbräuche anerkannte Regeln[60].

Eine ganze Reihe weiterer Änderungen dürfte ebenfalls auf die schiedsgerichtliche Rechtsprechung zurückzuführen sein, wenngleich insoweit ein unmittelbarer Zusammenhang nicht nachweisbar ist, da es sich um Fälle handelt, in denen die Schiedsgerichte durch einander widersprechende Entscheidungen oder in sonstiger Weise lediglich Unklarheiten oder Lücken haben sichtbar werden lassen, ohne eine bestimmte „gesetzgeberische Lösung" vorzuzeichnen[61]. Dennoch erfüllt die Schiedsgerichtsbarkeit auch hierdurch bei der Fortbildung des Verbandsrechts eine wichtige Aufgabe, indem sie den als „Gesetzgeber" fungierenden Verband zur Klärung einer strittigen oder ungeregelten Frage veranlaßt[62]. So lagen etwa gegenteilige Entscheidungen des Schiedsgerichts zu der Frage vor, ob bei einem Abladegeschäft eine nicht fristgemäße Verladung den Käufer lediglich berechtigte, Schadensersatzansprüche unter gleichzeitiger Zurückweisung der Ware geltend zu machen[63], oder ob der Käufer die Ware auch annehmen und nur den Verzögerungsschaden ersetzt verlangen könne[64]. Diese letztere Lösung ist nunmehr ausdrücklich in die WVB übernommen worden[65].

---

[60] Hatte z. B. Schiedsspruch Waren Az. 29/70 noch erklärt: „Für die Erstattung einer solchen Verladeanzeige gilt usancegemäß auch ein Agent als bevollmächtigt", so heißt es jetzt in § 41 V WVB: „Der Agent des Verkäufers und der Makler, der das Geschäft vermittelt hatte, gelten als bevollmächtigt ... zur Erstattung der Verschiffungsanzeige."

[61] Vgl. den oben B. II. 2. Anm. 20 genannten Waren-Vereins-Schiedsspruch, der lediglich eine Lücke des Verbandsrechts registriert und sodann staatliches Recht anwendet. Zur Frage der Fehlmengen enthält nunmehr § 21 WVB eine ausführliche Regelung: „Eine Fehlmenge braucht nicht innerhalb der in § 378 HGB bestimmten Frist gerügt zu werden, soweit der Käufer nicht die Nachlieferung der Fehlmenge, sondern nur die Minderung des Kaufpreises verlangt. Der Anspruch auf Rückzahlung des zuviel bezahlten Kaufpreises verjährt in sechs Monaten nach der Ablieferung."

[62] Vgl. oben B. V. 4. Anm. 53.

[63] So Schiedsspruch Waren JB 56, 13, der ein Wahlrecht unter Berufung auf den Wortlaut des § 36 I aF WVB („Ist die Frist nicht eingehalten, ... so ist der Käufer zur Zurückweisung der Ware und zur Geltendmachung von Schadensersatzansprüchen ... befugt.") ablehnt.

[64] So Schiedsspruch Waren JB 68, 56 mit der Begründung, der Käufer verzichte mit der Annahme der Dokumente lediglich auf den in § 36 I aF WVB vorgesehenen Schadensersatzanspruch wegen Nichterfüllung, könne aber gleichwohl das sich aus § 286 I BGB ergebende mindere Recht auf Vergütung des Verzögerungsschadens geltend machen.

[65] § 44 I WVB: „Ergibt die Verschiffungsanzeige, daß die darin bezeichnete Ware nicht rechtzeitig ... abgeladen worden ist, kann der Verkäufer nach seiner Wahl ohne weiteres vom Vertrage zurücktreten oder Schadensersatz wegen Nichterfüllung verlangen oder die Ware als Erfüllung annehmen und daneben Ersatz des durch die Verletzung des Vertrages entstandenen Schadens verlangen."

4. Einfluß auf Änderungen des Verbandsrechts

Unklarheiten bestanden auch zu § 14 aF WVB[66]. Während eine etwas weiter zurückliegende Entscheidung des Schiedsgerichts zu dem früheren § 17 a WVB[67] ohne nähere Begründung davon ausgegangen war, daß unter „jeweiliger Ernte" neue Ernte zu verstehen sei[68], hat das Schiedsgericht in neuerer Zeit entschieden, der Verkäufer dürfe, falls kein abweichender Wille der Parteien erkennbar sei, Erzeugnisse jeglicher Ernte liefern, da § 14 aF WVB lediglich von „jeweiliger Ernte" spreche und die WVB nicht bestimmten, welches die jeweilige Ernte sei[69]. In § 7 S. 2 WVB ist nunmehr bestimmt, daß beim Verkauf von Trockenfrüchten oder Schalenobst mangels vertraglicher Regelung aus neuer Ernte zu liefern sei, woraus der Gegenschluß zu ziehen ist, daß hinsichtlich aller nicht genannten Artikel aus jeglicher Ernte geliefert werden kann.

Dafür, daß in anderen Verbänden die Schiedsgerichtsbarkeit in ähnlicher Weise die Änderungen und Neufassungen des Verbandsrechts beeinflußt, kann ein ebenso überzeugender Nachweis nicht geführt werden, da insoweit umfassendes Material nicht zur Verfügung steht. Aufgrund mir bekannt gewordener einzelner Fälle[70] sowie der eingangs genannten Auskünfte der Rechtsberater aber darf angenommen werden, daß die Schiedsgerichtsbarkeit in den anderen Verbänden eine vergleichbare gewichtige Rolle spielt wie im Waren-Verein der Hamburger Börse e. V.[71].

---

[66] Dieser lautete: „Der Verkäufer hat Durchschnittsqualität der jeweiligen Ernte zu liefern, falls nicht beim Abschluß des Geschäfts etwas anderes ausbedungen ist."
[67] Die Vorschrift entsprach genau § 14 aF WVB, war jedoch auf Abladungsgeschäfte und Geschäfte auf Nachstechen beschränkt.
[68] Schiedsspruch Waren JB 53, 15 f.
[69] Schiedsspruch Waren JB 70, 56 f.
[70] So ist etwa die in Schiedsspruch Baumwolle Nr. 2296 b (vgl. oben B. V. 2. Anm. 26) zutage getretene Lücke in den am 24. 5. 1962 neugefaßten BBB gefüllt worden: §§ 56 ff. treffen nunmehr eine eingehende Regelung, die darauf hinausläuft, daß dem Käufer nur ein Anspruch auf Vergütung der Marktwertdifferenz für die Abweichung zusteht.
Hatte Schiedsspruch Baumwolle Nr. 2320 (vgl. oben B. IV. 3. Anm. 35) zur Frage der Aussortierungskosten noch geäußert: „Das Schiedsgericht möchte jedoch auch zum Ausdruck bringen, daß nach seiner Meinung Fälle, wie der hier vorliegende, mangels geeigneter Rechtsgrundlage kaum durch Rechtsstreit befriedigend gelöst werden können", so sieht § 66 II BBB jetzt vor, daß der Verkäufer sich bei erheblichem Fremdbesatz an den Reinigungskosten in angemessener Höhe zu beteiligen hat.
In Schiedssprüchen des Schiedsgerichts des Vereins der Getreidehändler der Hamburger Börse e. V. findet sich nicht selten der Hinweis, die vom Schiedsgericht vertretene Auffassung zu dieser oder jener Frage habe in einer Neufassung des Formularkontrakts inzwischen ihren Niederschlag gefunden.
[71] Vgl. auch v. *Hoffmann* AWD 70, 250: Die Spruchtätigkeit institutioneller Schiedsgerichte trage zur Klärung des Inhalts von Formularen bei oder gebe zu Neuformulierungen Anlaß.

VI. Fortbildung allgemeiner Handelsklauseln

Im Handelsverkehr werden die einzelnen Rechte und Pflichten der Vertragspartner häufig nicht einzeln aufgezählt und genau umschrieben, sondern durch Verwendung abkürzender Klauseln festgelegt[1]. Der Inhalt dieser Klauseln ergibt sich, sofern er nicht bereits in den vereinbarten allgemeinen Geschäftsbedingungen oder Formularverträgen näher umschrieben ist, aus dem zu der jeweiligen Klausel bestehenden Handelsbrauch[2]. Die wichtigsten und gebräuchlichsten Klauseln, die sogenannten Liefer- oder Basisklauseln, sind inhaltlich dadurch näher präzisiert worden, daß die Internationale Handelskammer zuerst im Jahre 1923 und zuletzt im Jahre 1953 eine Aufzeichnung (Trade Terms) veröffentlicht hat, in welcher die von einzelnen Landesgruppen der IHK (u. a. der deutschen Landesgruppe) jeweils für ihr Land festgestellten Handelsbräuche niedergelegt sind[3]. Daneben hat die IHK zuerst im Jahre 1936 und erneut im Jahre 1953 die Incoterms aufgestellt. Diese präzisieren wie die Trade Terms den Inhalt der gebräuchlichsten Lieferklauseln, beschränken sich allerdings nicht auf die Wiedergabe einzelner nationaler Handelsbräuche, sondern bieten lediglich eine einzige auf internationale Vereinheitlichung zielende Festlegung des Inhalts der Kurzklauseln[4]. Nach überwiegender Meinung gelten die Incoterms zwischen den Parteien nur, falls im Kaufvertrag auf sie Bezug genommen worden ist[5].

Während die in den Trade Terms behandelten Klauseln ebenso wie eine ganze Reihe weiterer, wenn auch weniger bekannter Klauseln[6] in fast jedem Vertrag zu finden sind, der Gegenstand einer schiedsgerichtlichen Streitigkeit ist, befindet sich unter den hier ausgewerteten Schiedssprüchen kein Fall, in welchem die Incoterms von den Parteien vereinbart worden sind. Dies mag angesichts des Umstands, daß an etwa einem Viertel der Entscheidungen eine ausländische Partei beteiligt war, erstaunen, doch ist diese völlige Nichtbeachtung der Incoterms eine zwangsläufige Folge der oben beschriebenen starken Verbreitung der allgemeinen Geschäftsbedingungen und Formularverträge[7]. Es liegt auf der Hand, daß die inländische oder auch auslän-

---

[1] *Baumbach - Duden* § 346 Anm. 5 mit Beispielen.
[2] *Schlegelberger - Hefermehl* § 346 Rdnr. 44.
[3] Zu den Klauseln cif, fob, ab Kai vgl. des näheren *Haage*, Vertragsklauseln S. 9 ff.
[4] *Eisemann*, Incoterms S. 18 f.; *Baumbach - Duden* § 382 Anhang I unter Wiedergabe der Incoterms.
[5] *Schlegelberger - Hefermehl* § 346 Rdnr. 38; *Baumbach - Duden* aaO; *Würdinger* in RGRKomm. z. HGB Vorbem. vor § 373 Anm. 1 e; *Haage*, Überseekauf S. 223; a. A. *Eisemann*, Incoterms S. 53 ff.
[6] Hierzu gehören in erster Linie Zahlungsklauseln, Transportklauseln, Vorbehaltsklauseln, Spesenklauseln und Gefahrtragungsklauseln.
[7] Vgl. oben B. II. 1.

dische Partei (es gibt nicht selten Schiedssprüche, bei welchen beide Parteien Ausländer sind), die die Vereinbarung der ihr genehmen Bedingungen und des ihr zusagenden Schiedsgerichts durchgesetzt hat, nicht auch noch die Incoterms in den Vertrag einbezieht. Auch sehen die Schiedsgerichte offenbar keine Veranlassung, ihrerseits ohne eine Vereinbarung der Incoterms diese zur Entscheidung heranzuziehen[8]. Die Ansicht, den Incoterms komme auch neben allgemeinen Geschäftsbedingungen und Formularverträgen insoweit eine Bedeutung zu, als häufig bei Streitigkeiten über einzelne Klauseln der Formularverträge die Incoterms als Anhaltspunkt für die Auslegung herangezogen würden[9], trifft auf die hier untersuchte Schiedsgerichtsbarkeit daher nicht zu. Auch findet sich in dieser keine Bestätigung der Auffassung, die Incoterms genössen im Hamburger Einfuhrhandel großes Ansehen und große Wertschätzung[10].

Trotz der starken Verbreitung allgemeiner Handelsklauseln kommt es über die Frage ihres maßgeblichen Inhalts verhältnismäßig selten zu Meinungsverschiedenheiten vor den Schiedsgerichten, so daß diesen nur wenig Gelegenheit gegeben ist, durch ihre Rechtsprechung an der Fortbildung der Klauseln mitzuwirken. Gerade über die Bedeutung der gebräuchlichsten Klauseln scheint allgemeines Einverständnis zu herrschen. Am häufigsten kommt es noch zu Streitigkeiten über die Force majeure-[11] oder die Selbstbelieferungsklausel[12]. Entscheidungen, die sich mit anderen Klauseln befassen, treten demgegenüber nur sehr vereinzelt auf.

Besondere von den Schiedsgerichten bei der Feststellung des Inhalts von Handelsklauseln angewandte Methoden sind nicht zu erkennen. Sofern die Klauseln Bestandteil des Verbandsrechts sind[13], erfolgt ihre

---

[8] Lediglich in Schiedsspruch Waren JB 57, 27 ff. (28) wird einmal auf die Incoterms hingewiesen, ohne daß diese von den Parteien vereinbart worden waren: „Beim Cif-Kontrakt trifft den Käufer die Reisegefahr ... Die Beklagte hat aber im Kontrakt auch die Verpflichtung übernommen, der Klägerin ein ordnungsgemäßes Cif-Konnossement auf Triest anzudienen. Diese Verpflichtung des Cif-Verkäufers ist als internationale Usance anerkannt. Es wird insofern auf die Incoterms, Regel 16, verwiesen."
[9] *Hermann* S. 43.
[10] So *Grimm* AWD 64, 404.
[11] Diese Klausel stellt den Verkäufer für den Fall höherer Gewalt von seiner Leistungspflicht frei. Teilweise werden in den recht unterschiedlich formulierten Klauseln einzelne Fälle höherer Gewalt (etwa Streik und Krieg) aufgeführt.
[12] Diese Klausel sieht vor, daß der Verkäufer von seiner Leistungspflicht befreit ist, wenn er selbst von seinem Vorlieferanten nicht ordnungsgemäß beliefert wird.
[13] Wie sich insbesondere an den neugefaßten Geschäftsbedingungen des Waren-Vereins der Hamburger Börse e. V. beobachten läßt, pflegen Verbände die im Handel gebräuchlichen Klauseln in ihrem Verbandsrecht nach und nach aus Gründen der Rechtssicherheit inhaltlich möglichst genau zu präzisieren, vgl. oben B. V. 4. Anm. 58 f.

Auslegung nach den für die Auslegung des Verbandsrechts beschriebenen Grundsätzen[14]. Enthält das Verbandsrecht keine Regelung, so stellen die Schiedsgerichte entweder auf den zu der betreffenden Klausel geltenden Handelsbrauch ab[15] oder legen die Klausel wie das Verbandsrecht objektiv unter Berücksichtigung der typischen Interessenlage und der typischen Umstände, die für die Vereinbarung einer solchen Klausel maßgebend sind, aus. Der Wortlaut der Klauseln tritt hierbei, sofern ihm nicht ausnahmsweise einmal unmittelbar ein bestimmtes Auslegungsergebnis entnommen werden kann[16], stark in den Hintergrund[17]. Aus ihm läßt sich angesichts seines fragmentarischen Charakters zumeist ohnehin nichts für spezielle sich aus der Vereinbarung der Klauseln ergebende Fragen herleiten. So ist es beispielsweise nicht möglich, dem Wortlaut der Klausel „Kasse gegen Dokumente" irgendeinen Anhaltspunkt für die Beantwortung der Frage zu entnehmen, ob das nach allgemeiner Meinung in dieser Klausel liegende Aufrechnungsverbot für den Fall eine Ausnahme erfährt, daß über das Vermögen des Verkäufers zur Abwendung des Konkurses ein Vergleichsverfahren eröffnet wird. Eine Lösung läßt sich nur aus allge-

---

[14] Siehe hierzu oben B. V. 1.

[15] So etwa Schiedsspruch Caffee Hamburg vom 11. 1. 57: „Verkauft ein Ablader *mit sofortiger Verschiffung,* so übernimmt er damit nach dem im überseeischen Kaffeehandel bestehenden Handelsbrauch die Verpflichtung, den Kaffee innerhalb von 15 Tagen, beginnend mit dem auf den Abschlußtag folgenden Tag, an Bord des Schiffes zu bringen."
Siehe auch Schiedsspruch Baumwolle Nr. 2291, oben B. IV. 2. Anm. 22, der die Klausel „Subject to Import Licence" betrifft.

[16] So beispielsweise Schiedsspruch Waren JB 50, 20 ff. (22): „Auch die weitere Klausel: „Regierungsmaßnahmen vorbehalten" kann nicht zur Anwendung kommen. Diese Klausel soll den Verkäufer vor den Folgen solcher Behördenmaßnahmen schützen, die nach Abschluß des Kontraktes ergehen, z. B. wenn eine rechtsgültige Ausfuhrgenehmigung erteilt war und dann gleichwohl die Ausfuhr nachträglich aus irgendwelchen Gründen untersagt wird. Als eine Behördenmaßnahme im Sinne der Klausel kann zudem nur das aktive Eingreifen einer Behörde bewertet werden. Hier aber liegt es ... so, daß nur die künftige Erteilung der Ausfuhrgenehmigung in Aussicht gestellt oder zugesichert war. Die Nichterfüllung eines solchen Versprechens bedeutet ein rein passives Verhalten der beteiligten Behörden und keine Maßnahme."

[17] Schiedsspruch Waren JB 67, 52 ff. (53 f.): „Die Zuckerabschöpfung ist eine Steuer im Sinne der Klausel „verzollt, versteuert" ... Weil die Abschöpfungen ... primär der Wirtschaftslenkung ... dienen, streitet man im Bereich des öffentlichen Rechts darüber, ob die Abschöpfungen zu den Zöllen und damit zu den Steuern ... gehören. Diese öffentlich-rechtliche Betrachtungsweise ist dem Kaufmann fremd, denn für sein Geschäft kommt es nur auf dessen Belastung an, aber nicht die Gründe, welche den Gesetzgeber zur Auferlegung dieser Lasten bewogen haben. Als Steuer betrachtet der Kaufmann deshalb schlechthin jede durch staatlichen Zwang ohne spezielle Gegenleistung auferlegte Abgabe ... Zu diesen Zwangsabgaben gehören auch die Abschöpfungen, und hiervon ist bei Bestimmung des Inhalts der Klausel ... auszugehen."

meinen Überlegungen zu der zwischen den Parteien bestehenden Interessenlage sowie zum Sinn und Zweck der Klausel gewinnen[18].

VII. Fortbildung von außerstaatlichem Recht des internationalen Handels

In neuerer Zeit wird zunehmend die These vertreten, im Bereich des internationalen Handels und der internationalen Wirtschaft gebe es ein sich ständig fortentwickelndes, wenn auch noch nicht zu einem vollständigen Rechtssystem ausgeformtes außerstaatliches Recht[1]. Dieser Auffassung liegt zumeist die Vorstellung zugrunde, die am internationalen Handel beteiligten Kreise bildeten eine eigene Gemeinschaft[2], die über ein autonomes, von den nationalen staatlichen Rechtsordnungen unabhängiges internationales Handelsrecht verfüge[3]. Eine bestimmte Bezeichnung hat sich für dieses angeblich bestehende oder sich bildende Recht noch nicht durchsetzen können, so daß man nicht nur von einer „lex mercatoria"[4] oder einem „ius gentium"[5], sondern auch von einem „droit commun du commerce international"[6] oder schlicht einem „droit anational"[7] spricht. Dabei werden mit diesen

---

[18] So denn auch Schiedsspruch Waren Az. 29/70: „Kann sich ein Vergleichsgläubiger, der gleichzeitig Schuldner des Vergleichsschuldners ist, von seiner Schuld gemäß § 54 VerglO in Verbindung mit §§ 54, 55 KO durch Aufrechnung befreien, so läuft dies im Ergebnis auf eine abgesonderte Befriedigung seiner Forderung hinaus. Auf dieses Absonderungsrecht zu verzichten wird demjenigen, der seinem *zahlungsfähigen* Vertragsgegner pünktliche Zahlung verspricht, verständigerweise nicht in den Sinn kommen. Daher wird der Aufrechnungsverzicht regelmäßig nicht für den Fall der Zahlungsunfähigkeit als vereinbart gelten können. Mit diesen Ausführungen folgt das Schiedsgericht den Grundsätzen, welche das Reichsgericht (RGZ 124, 8) analog für den Konkursfall aufgestellt hat."

[1] Vgl. zu dieser Feststellung auch *v. Hoffmann*, Handelsschiedsgerichtsbarkeit S. 21.

[2] *Kahn* S. 17 ff. spricht von einer „société internationale des vendeurs et acheteurs", *Fouchard* S. 401 von einer „société internationale des commerçants" und *Rubellin - Devichi* S. 127 von einer „société formée par la communauté des commerçants".

[3] *Kahn* S. 36 f.; *Fouchard* S. 401 ff.; *Goldman* S. 474 ff.; *Rubellin - Devichi* aaO; *Langen* S. 9, 11, 16; *Neuhaus* S. 10; vgl. auch *Kronstein* S. 6, der in bezug auf die internationalen Marktregelungen meint, die dort vorhandenen tatsächlichen Ordnungen hätten ihr eigenes Rechtssystem, ihre eigene rechtliche Verwaltung und ihren eigenen Rechtsschutz unbehelligt von staatlicher Autorität aufgebaut.

[4] *Rubellin - Devichi* aaO; diese Bezeichnung findet sich auch wiederholt bei *Schmitthoff* RabelsZ 64, 47 ff., allerdings lediglich zur schlagwortartigen Umschreibung verschiedeener Rechtsmaterien ohne Vorwegnahme ihrer rechtlichen Einordnung, siehe *Münzberg* S. 74 Anm. 1.

[5] *David* S. 136. Auch *Langen* S. 11 vergleicht das sich seiner Meinung nach bildende Weltwirtschaftsrecht mit dem römischen ius gentium.

[6] *Goldman* S. 475.

[7] *Fouchard* S. 402 unter gleichzeitiger Verwendung der Bezeichnung „droit extraétatique".

Begriffen im einzelnen durchaus unterschiedliche Vorstellungen verbunden.

Neu ist der Gedanke einer von nationalen Rechtssätzen losgelösten eigenen Ordnung des internationalen Handels an sich nicht. Bereits *Rabel* spricht in seinem grundlegenden Werk über den Warenkauf davon, daß der Handel mit einem ungeheuren Netz von Klauseln, Vertragsblanketten und Geschäftsbedingungen eine eigene Rechtsordnung erbaut habe, die sich mehr oder weniger von den Landesrechten und vom internationalen Privatrecht losgelöst habe[8]. Während allerdings *Rabel* offenbar dem von ihm beschriebenen „Kaufrecht des Handels" oder „Handelsrecht"[9] keinen Rechtscharakter zuerkennen will[10], wird von den Vertretern der eingangs genannten These besonderer Wert auf die Feststellung gelegt, daß es sich bei der von ihnen angesprochenen Rechtsmaterie um wirkliches Recht handele[11].

Ob es mit Rücksicht auf den Rechtsquellenkatalog ein außerstaatliches Recht geben kann und ob die These von dem Bestehen eines solchen Rechts nicht auf einer unzulässigen soziologischen Betrachtungsweise beruht[12], mag in dieser rechtstatsächlichen Untersuchung dahingestellt bleiben[13]. Angesichts der von den Anhängern eines angeblich bestehenden außerstaatlichen Rechts immer wieder hervorgehobenen grundlegenden Bedeutung der Schiedsgerichtsbarkeit für die Bildung und Weiterentwicklung dieses Rechts[14] soll vielmehr die Frage beantwortet werden, ob die Hamburger und Bremer kaufmännische Schiedsgerichtsbarkeit aufgrund ihrer starken Verknüpfung mit dem internationalen Handel[15] in irgendeiner Weise an der Fortbildung dessen teilhat, was als außerstaatliches internationales Handelsrecht be-

---
[8] *Rabel* S. 36.
[9] *Rabel* S. 37, 39.
[10] Das gleiche gilt hinsichtlich des von *Großmann - Doerth*, Recht der Wirtschaft S. 5 bereits zuvor untersuchten „selbstgeschaffenen Rechts der Wirtschaft".
[11] *Fouchard* S. 402, 407; *Kahn* S. 35 ff.; *Goldman* S. 475 ff.; *Rubellin - Devichi* S. 127 f.; *Langen* S. 9 spricht von einem „echten internationalen Wirtschaftsrecht", *Neuhaus* S. 11 von einem „autonomen Welthandelsrecht".
[12] Siehe hierzu *Eisemann*, Incoterms S. 51 ff.; *Mann* S. 102; *v. Hoffmann*, Handelsschiedsgerichtsbarkeit S. 21 ff.; *Münzberg* S. 75 f. Vgl. des weiteren auch *Larenz*, Methodenlehre S. 288 ff.; *Rehbinder* S. 18 ff.
[13] Nach *Stein - Jonas - Schlosser* § 1044 Anm. I 3 hat sich eine Rechtsmasse, aus der man eine vom Völkerrecht und nationalen Recht unabhängige Rechtsordnung zu konstruieren versuche, noch nicht herausgebildet.
[14] *Fouchard* S. 420, 423 f.; *Kahn* S. 38 ff.; *Goldman* S. 477; *Neuhaus* S. 10. *Langen* S. 11 vergleicht die moderne Schiedsgerichtspraxis im internationalen Wirtschaftsverkehr gar mit der Schaffung des römischen Obligationenrechts durch den praetor peregrinus. Vgl. auch *Hirsch* S. 13, bei dem indes unklar bleibt, was er unter „transnationalem Handelsrecht" versteht.
[15] Unter den hier ausgewerteten Schiedssprüchen befinden sich etwa 300 Entscheidungen, an welchen zumindest eine ausländische Partei beteiligt war. Siehe auch oben Einl. Anm. 37.

zeichnet wird. Dies setzt Klarheit darüber voraus, welche Rechtsmaterie konkret gemeint ist, wenn von einem außerstaatlichen Recht des internationalen Handels oder ähnlichem gesprochen wird.

1. Die Lehre von Fouchard

Die ausführlichsten Darlegungen hierzu finden sich bei *Fouchard*. Dieser sieht die Besonderheit des von der „société internationale des commerçants" geschaffenen „droit commercial véritablement international"[16] in dessen negativem Charakter:

„il se forme, s'applique, se sanctionne en dehors, en marge des cadres et des autorités étatiques, à l'intérieur de groupes humains plus vastes et plus réduits à la fois, qui ne se constituent pas au sein d'une nation, mais d'une ou plusieurs professions ou corporations, et plus largement d'une ‚communauté internationale des commerçants'[17]."

Innerhalb des von ihm als „droit anational" bezeichneten außerstaatlichen Rechts unterscheidet *Fouchard* zwischen einem „droit corporatif" und einem „droit commun des nations"[18]. Unter dem „droit corporatif" versteht *Fouchard* zunächst einmal „des usages corporatifs" in Gestalt von einseitig aufgestellten allgemeinen Geschäftsbedingungen oder Formularkontrakten. Für noch aufschlußreicher hält er die allgemeinen Bestimmungen[19], die von fachlichen oder überfachlichen Vereinigungen, oder besser noch, durch internationale Abkommen zwischen den Repräsentanten verschiedener Gruppen oder Fachrichtungen ausgearbeitet worden sind, deren Interessen im allgemeinen einander entgegenstehen[20]. Ein besonderer Platz sei den von Experten bei der Wirtschaftskommission der Vereinten Nationen für Europa erarbeiteten allgemeinen Verkaufs- und Kaufbedingungen einzuräumen[21]. Hierbei handele es sich um eine groß angelegte Vereinheitlichungsbestrebung, die sich im Rahmen dieser wie auch anderer Organisationen fortsetzen werde[22]. So habe die Internationale Handelskammer bereits eine bestimmte Anzahl von Regeln des internationalen Handels kodifizieren können, einerseits auf dem Gebiet des Dokumenten-Akkreditivs und des Handelswechsels, andererseits zur einheitlichen Auslegung

---

[16] *Fouchard* S. 401.
[17] *Fouchard* S. 402.
[18] *Fouchard* S. 407 f.
[19] *Fouchard* S. 409 ff. spricht insoweit durchgehend lediglich von „documents", ohne diesen Begriff näher zu präzisieren.
[20] *Fouchard* S. 409 ff. mit konkreten Beispielen; vgl. auch *Kahn* S. 22 f., *Neuhaus* S. 11, *Langen* S. 9, *Goldman* S. 475 f.
[21] *Kahn* S. 23 ff. rechnet diese Bedingungen ebenfalls zu den Quellen des von ihm anerkannten autonomen Rechts des internationalen Handels; desgleichen *Goldman* S. 476.
[22] *Fouchard* S. 411.

laufend in internationalen Verträgen verwendeter Handelsklauseln (Incoterms)[23].

Ebenfalls zum „droit corporatif" rechnet *Fouchard* die große Zahl von Gebräuchen, die nicht generell abgefaßt worden sind. Es handele sich hier oft um Handelszweige mit sehr starker Solidarität, in welchen die ungeschriebenen Gebräuche in genügendem Maß bestimmt seien, um ohne Schwierigkeit von den Praktikern und Schiedsrichtern angewendet zu werden[24]. *Fouchard* verweist in diesem Zusammenhang auf eine Reihe von ihm untersuchter Schiedssprüche, in welchen die Schiedsrichter mangels Formularverträgen sehr oft in den „usages de la profession" die ausschließliche Begründung ihrer Entscheidung gefunden hätten[25].

Fouchard gesteht ein, daß das von ihm als „droit corporatif" bezeichnete außerstaatliche Recht angesichts der sehr starken Spezialisierung vieler ständiger Schiedsgerichte einen großen Partikularismus befürchten lasse, er meint jedoch, als Gegengewicht hierzu führe die internationale Handelsschiedsgerichtsbarkeit auch zur Anwendung oder zur Entwicklung internationaler Normen, der ersten Anlage eines „véritable droit commun des nations"[26]. Dieses Recht wird nach der Auffassung *Fouchards* von den Schiedsrichtern des internationalen Handels aufgedeckt[27]. *Fouchard* meint, unter den allen zivilisierten Ländern gemeinsamen Lösungen werde man „des principes généraux du droit" finden, die in der juristischen Beurteilung als Leitfaden dienen könnten, die jedoch manchmal nicht ausreichen, um eine bestimmte Lösung zu ergeben. Besonders schwierig werde es sein, festzustellen, von wann ab eine Regel zu einem allgemeinen Rechtsprinzip werde. Nichtsdestoweniger könne man jetzt schon annehmen, daß bestimmte Regeln bezüglich der Auslegung und Durchführung von Verträgen, der Verpflichtung zum Ersatz rechtswidrig zugefügten Schadens, des Verbots, sich rechtsgrundlos zu bereichern, usw. als allgemeine Rechtsprinzipien eingestuft werden könnten[28].

---

[23] *Fouchard* S. 411. Vgl. auch *Kahn* S. 29 f., demzufolge die Incoterms einen sehr wichtigen Fortschritt in der Ausarbeitung eines „droit professionnel en dehors du cadre des états" darstellen. Ebenso zählt *Goldman* S. 475 die Incoterms und die Regeln bezüglich des Dokumenten-Akkreditivs zu dem von ihm anerkannten außerstaatlichen Recht.
[24] *Fouchard* S. 412.
[25] *Fouchard* S. 412 f.
[26] *Fouchard* S. 422 f.
[27] Siehe zum folgenden *Fouchard* S. 423 ff. m. Nachw. aus einzelnen Schiedssprüchen verschiedenster Herkunft. Vgl. auch *Schlesinger - Gündisch* RabelsZ 64, 30 f., die ebenfalls den Rechtscharakter allgemeiner Rechtsgrundsätze betonen und geltend machen, bei diesen handele es sich um in der Praxis der internationalen Wirtschaft bereits verwendetes Gemeingut der Rechtsordnungen.
[28] *Fouchard* S. 423.

Außer nach den allgemeinen Rechtsprinzipien könnten die Schiedsrichter innerhalb einer kleinen Gruppe von Rechtssystemen nach übereinstimmenden Lösungen des ihnen vorgelegten Problems forschen: Wenn sie entdeckten, daß die miteinander konkurrierenden nationalen Rechte die gleiche Haltung zu einem Streitpunkt einnähmen, könnten sie sich darauf beschränken, diese Übereinstimmung festzustellen und das teilweise übereinstimmende Recht anzuwenden[29]. Diese vergleichende Methode befinde sich in voller Entwicklung. Zusammenfassend stellt *Fouchard* allerdings fest, es sei nicht zu verhehlen, daß das Erscheinen eines vollständig ausgearbeiteten „véritable droit commun des nations" zahlreichen schwer zu überwindenden Hindernissen begegne[30].

2. *Praxis der Schiedsgerichte*

Bei der Untersuchung der Frage, ob die als außerstaatliches Recht bezeichnete konkrete Rechtsmaterie auch durch die Hamburger und Bremer kaufmännische Schiedsgerichtsbarkeit fortgebildet wird, ist zweckmäßigerweise an die von *Fouchard* getroffene Unterscheidung zwischen einem „droit corporatif" und einem „droit commun des nations" anzuknüpfen.

Was die zum „droit corporatif" zählenden „usages corporatifs" in Gestalt von allgemeinen Geschäftsbedingungen und Formularverträgen angeht, die von einzelnen Verbänden oder Verbandsgruppen herausgegeben werden, so handelt es sich sachlich um nichts anderes als das, was hier als Verbandsrecht bezeichnet worden ist[31] und an dessen Fortbildung die Hamburger und Bremer Schiedsgerichte in der Tat großen Anteil haben[32]. Hingegen finden die übrigen von *Fouchard* genannten allgemeinen Kodifikationen von Handelsbräuchen, die auf die Initiative von Organisationen außerhalb der Branchenvereinigungen zurückgehen, in der Rechtsprechung der Hamburger und Bremer Schiedsgerichte keine Anwendung und werden daher auch nicht fortgebildet[33]. Anderes gilt indes hinsichtlich der Fortbildung der ungeschriebenen „usages corporatifs", da diese mit den hier als Handelsbräuche behandelten Regeln identisch sind. Auf die Bedeutung der Schiedsgerichtsbarkeit bei der Fortbildung der Handelsbräuche ist hingewiesen worden[34]. *Fouchard* hat daher Recht, wenn er den Ver-

---

[29] Ebenso *Langen* S. 14.
[30] *Fouchard* S. 446.
[31] Siehe oben B. V.
[32] Vgl. oben B. V. 1., 2., 4.
[33] Dies gilt insbesondere auch von den Incoterms (vgl. oben B. VI.), denen nicht nur nach *Fouchard* S. 411 f., sondern etwa auch *Kahn* S. 29 f. und *Eisemann*, Incoterms S. 26 ff. zufolge eine recht weite Verbreitung zukommen soll.
[34] Siehe oben B. IV. 2.

bandsschiedsgerichten eine führende Rolle in der Aufdeckung und Kristallisation von Handelsbräuchen beimißt[35]. Fraglich ist lediglich, ob die von den Schiedsgerichten in internationalen Streitigkeiten zur Entscheidung herangezogenen Handelsbräuche tatsächlich immer derart international sind[36], wie *Fouchard* anzunehmen scheint[37]. Nur sehr selten und dies zumeist auch nur in bezug auf wahrhaft grundlegende Gebräuche und Regeln des Abladegeschäfts wird hier und da in Schiedssprüchen die Bezeichnung „international" verwandt, wenn etwa von den „Gepflogenheiten des internationalen C & F Geschäfts"[38], einem „international feststehenden Handelsbrauch im Bereich des Dokumenten-Abladegeschäfts"[39], den „primitivsten internationalen und nationalen kaufmännischen Gepflogenheiten"[40] oder den „Handelsbräuchen des internationalen Handels"[41] gesprochen wird[42]. Inwieweit die Schiedsgerichte, ohne dies vielleicht selbst zu erkennen oder aber ausdrücklich zu betonen, in internationalen Streitigkeiten wahrhaft internationale oder nur räumlich begrenzte Handelsbräuche anwenden, ist für den außenstehenden Beobachter nicht nachprüfbar.

Läßt sich nach allem eine Mitwirkung der Hamburger und Bremer Schiedsgerichte an der Bildung und Entwicklung des von *Fouchard* als außerstaatliches Recht bezeichneten „droit corporatif" zumindest teilweise bejahen, so ist dies hinsichtlich des „droit commun des nations" nicht der Fall. Unter allen untersuchten Schiedssprüchen internationalen Charakters ist keine einzige Entscheidung zu finden, in welcher die Schiedsrichter nach irgendwelchen allgemeinen Rechtsprinzipien der Art entschieden haben, wie sie von *Fouchard* offenbar gemeint sind.

---

[35] *Fouchard* S. 420.
[36] Zur Frage, wann ein Handelsbrauch als international zu bezeichnen ist, siehe *Luithlen* S. 33 f.
[37] *Fouchard* S. 418.
[38] Schiedsspruch Getreide Hamburg Az. B 38/66 F bei Entscheidung der Frage, ob eine vor Beginn des Verschiffungszeitraums vorgenommene Verladung als Lagervertrag angesehen werden könne und die Verschiffung erst mit der im Verschiffungszeitraum erfolgten Ausstellung des Konnossements beginne und damit kontraktgemäß sei (wird verneint).
[39] Schiedsspruch Waren JB 59, 25 f., der ein Zurückbehaltungsrecht im Abladegeschäft ablehnt.
[40] Schiedsspruch Rucip Az. 15/63 in Ablehnung der Möglichkeit, hinsichtlich einer noch nicht im Besitz des Empfängers befindlichen Ware die Mängelrüge zu erheben.
[41] Schiedsspruch Waren JB 57, 15 ff. (16) bei Entscheidung der Frage, ob die Bezeichnung „tons" im Kontrakt deutscher Parteien metrische Tonnen oder englische long tons bedeute. Das Schiedsgericht entschied sich für das international übliche Gewicht, nämlich englische Tonnen mit der Begründung, der internationale Handelsbrauch gelte auch dann, wenn es sich — wie hier — um ein von zwei Hamburger Importfirmen getätigtes reines Cif-Geschäft handele.
[42] Vgl. auch die oben B. III. 2. Anm. 15 und B. VI. Anm. 8 wiedergegebenen Schiedssprüche.

2. Praxis der Schiedsgerichte

Ebensowenig gibt es Schiedssprüche, die nach der von *Fouchard* beschriebenen vergleichenden Methode gelöst worden sind[43]. Die hierfür maßgebenden Gründe sind leicht zu erkennen. Zunächst einmal bilden das jeweilige Verbandsrecht und die einschlägigen Handelsbräuche eine derart umfassende Regelung, daß mittels dieser in den allermeisten Fällen — selbst bei der Hamburger freundschaftlichen Arbitrage — eine Lösung des Streitfalls ohne den Rückgriff auf staatliches Recht möglich ist[44]. In den Fällen, in welchen weder das Verbandsrecht noch Handelsbräuche eine Antwort auf die den Schiedsgerichten gestellte Frage gewähren, wenden die Schiedsrichter stillschweigend oder unter Berufung darauf, daß die Vereinbarung eines deutschen institutionellen Schiedsgerichts auch die Vereinbarung deutschen Rechts bedeute[45], deutsches materielles Recht an, und zwar ohne Rücksicht darauf, ob sie hierzu ausdrücklich aufgerufen sind oder nicht[46]. Inwieweit das völlige Fehlen eines „droit commun des nations" in der Hamburger und Bremer Schiedsgerichtspraxis auch darauf zurückzuführen ist, daß von den

---

[43] Der einzige in etwa einschlägige Fall, den ich entdecken konnte, bezog sich nicht auf materielles, sondern formelles Recht. In Berufungsschiedsspruch Rucip, Kartoffelwirtschaft 67, 234 ging es um die Frage, ob das in der Schweiz tagende Oberschiedsgericht mangels einer die Wiedereinsetzung in den vorigen Stand regelnden Bestimmung der SchGO Rucip subsidiär deutsches Prozeßrecht (das Schiedsgericht 1. Instanz hatte in Deutschland getagt) oder das Gerichtsverfassungsgesetz des Kantons Zürich anzuwenden habe. Das Schiedsgericht ließ die Frage offen und gewährte die Wiedereinsetzung, indem es ausführte, im konkreten Fall liege einerseits ein „unabwendbarer Zufall" gemäß § 233 ZPO vor, andererseits fehle es aber auch an einer „groben Nachlässigkeit" der säumigen Partei i. S. d. § 221 des Gerichtsverfassungsgesetzes des Kantons Zürich.

[44] Vgl. oben B. II. 2.

[45] So etwa Schiedsspruch Wolle vom 23. 4. 65: „Da die Verkaufsbestätigung der Klägerin in Verbindung mit ihrem sonstigen Vorbringen keinen Anhaltspunkt für die Anwendung eines anderen nationalen Rechts als das deutsche auf das Vertragsverhältnis erkennen läßt und auch die Anrufung dieses Schiedsgericht ohne irgendeine andere Erklärung in diesem Punkt zu dem Schluß zwingt, daß die Klägerin von diesem in Bremen domizilierten und von der Handelskammer Bremen gebildeten Schiedsgericht nichts anderes erwartet, als daß es sowohl in seinem Verfahren als auch bei der Entscheidung aller Rechtsfragen deutsches Recht anwendet, ist die Anwendung deutschen Rechts geboten. Dieses gilt nicht nur für die Frage, welches Recht das Vertragsverhältnis beherrscht, wenn und soweit es zustande gekommen ist, sondern auch für die Frage, nach welchem Recht es zu beurteilen ist, ob der Vertrag überhaupt zustande gekommen ist und ob ein Teil des Vertrages, wie hier die Schiedsabrede, dabei wirksam vereinbart wurde. Dieses entspricht der herrschenden Rechtsprechung des Reichsgerichts und der herrschenden Rechtslehre zu dieser Frage (vgl. Lewald, Das deutsche internationale Privatrecht, 1931, S. 232 ff., insbesondere die dort zitierten Entscheidungen des Reichsgerichts, sowie neuerdings Raape, Internationales Privatrecht, 4. Aufl., S. 526 und 529, 5. Aufl., S. 557 ff. und 563)."

[46] Vgl. im einzelnen oben A. III. 2. Siehe auch die noch vor Einführung des § 1 III BBB (vgl. oben A. III. 2. bei Anm. 18) erlassenen Schiedssprüche des Schiedsgerichts der Bremer Baumwollbörse e. V., mitgeteilt bei *Schottelius*, Kaufmännische Schiedsgerichtsbarkeit S. 53 f.

überwiegend juristisch nicht vorgebildeten Schiedsrichtern wohl kaum jemand in der Lage ist, irgendwelche allen zivilisierten Staaten gemeinsame allgemeine Rechtsprinzipien aufzudecken oder nach der vergleichenden Methode zu arbeiten[47], ist nicht feststellbar.

VIII. Zusammenfassung

In Zusammenfassung aller Einzelergebnisse ist zunächst festzuhalten, daß es sich bei den vor den Hamburger und Bremer Branchenschiedsgerichten ausgetragenen Streitigkeiten fast ausschließlich um solche aus Kaufverträgen über brancheneigene Artikel handelt und daneben allenfalls Streitigkeiten aus Makler- oder Handelsvertreterverträgen vorkommen. Anders ist es bei den Nichtfachschiedsgerichten der Handelskammer Hamburg und der Hamburger freundschaftlichen Arbitrage, bei denen sich neben Streitigkeiten aus Kaufverträgen verschiedenster Artikel auch Streitigkeiten aus Gesellschafts-, Handelsvertreter-, Werk-, Grundstückskauf- und Geschäftsabtretungsverträgen finden.

Eine statistisch exakte Aussage darüber, inwieweit sich die Schiedsgerichte mit Rechtsfragen oder aber nur mit Tatsachenfragen zu befassen haben, läßt sich zwar nicht treffen, doch halten sich beide Arten von Entscheidungen vorbehaltlich aller Abgrenzungsschwierigkeiten in etwa die Waage, wenn man die Fälle der Anwendung von Verbandsrecht, Handelsbräuchen und allgemeinen Handelsklauseln in den Bereich der Rechtsanwendung und -entscheidung einbezieht.

Soweit die wesentlichen Streitpunkte nicht in Tatsachenfragen liegen, geht es in den Entscheidungen der Schiedsgerichte zum ganz überwiegenden Teil um die Anwendung von Verbandsrecht, einschlägigen Handelsbräuchen und allgemeinen Handelsklauseln, während das staatliche Gesetzesrecht eine nur geringe und Handelsgewohnheitsrecht sogar überhaupt keine Rolle spielt. Der Grund für die Verdrängung des Gesetzesrechts liegt darin, daß die Fachschiedsgerichte es fast nur mit Streitigkeiten aus Verträgen zu tun haben, die von den Parteien auf der Grundlage der von den Verbänden erstellten Formularverträge

---

[47] Beinahe unwillig klingt die Zurückweisung der Berufung auf fremdes Recht in Schiedsspruch Waren JB 51, 11 f. (12): „Wenn die Beklagte ferner behauptet, sie brauche den Kontrakt nach italienischem Recht nicht zu erfüllen, weil der Wert der Mandeln inzwischen um über 25 % gestiegen sei, so ist dieser Einwand schon um deswillen zurückzuweisen, weil dem Kontrakt ausdrücklich die Geschäftsbedingungen des Waren-Vereins zugrunde gelegt sind. Die Bedingungen des Waren-Vereins aber kennen nur das, was in der ganzen Welt von jeher gegolten hat, nämlich das Prinzip der Vertragstreue, wonach jeder Kaufmann verpflichtet ist, seine vertraglich eingegangenen Verpflichtungen zu erfüllen ohne Rücksicht darauf, ob nach Abschluß des Kontrakts sich die Konjunktur zu seinem Vorteil oder zu seinem Nachteil verändert hat."

B. VIII. Zusammenfassung

oder allgemeinen Geschäftsbedingungen abgeschlossen worden sind. Lediglich bei den Nichtfachschiedsgerichten der Handelskammer Hamburg und der Hamburger freundschaftlichen Arbitrage kommt es nicht selten vor, daß die Parteien überhaupt keine oder nur eigene lückenhafte Geschäftsbedingungen vereinbart haben. Das mehr oder minder recht ausführlich gehaltene Verbandsrecht und dazu auch noch einschlägige Handelsbräuche ergänzen und ändern das dispositive Gesetzesrecht derart umfassend, daß dieses in den Entscheidungen der Schiedsgerichte nur subsidiäre Geltung erlangt.

Da die schiedsgerichtliche Rechtsprechung zudem in bezug auf das staatliche Recht fast durchweg der herrschenden Meinung in Literatur und Rechtsprechung folgt, entfaltet sie auch von dem Inhalt ihrer Entscheidungen her gesehen[1] für die Fortbildung des Gesetzesrechts keine Bedeutung. Hieraus ergibt sich aber auch andererseits, daß die vielfach geäußerten Befürchtungen, die Schiedsgerichtsbarkeit diene der Rechtszersplitterung und bedrohe die Rechtseinheit, zumindest für die Hamburger und Bremer kaufmännischen Schiedsgerichte nicht begründet sind.

Wenn man überhaupt von einer Rechtszersplitterung sprechen will, so liegt diese vielmehr bereits in der Aufstellung und Verbreitung von allgemeinen Geschäftsbedingungen und Formularverträgen. Die Schiedsgerichte ihrerseits folgen dieser Entwicklung lediglich nach, indem sie ihre Entscheidungen vorrangig auf der Grundlage des Verbandsrechts treffen, wie dies ein ordentliches Gericht ebenfalls tun müßte. Daher kann nicht der Meinung zugestimmt werden, die private Schiedsgerichtsbarkeit mache als Krönung des ganzen Verbands- und Geschäftsbedingungswesens dieses erst zu einer richtigen Gefahr für das Rechtsleben[2]. Die Konzentration aller bezüglich eines Verbandsrechts entstehenden Streitigkeiten auf jeweils ein Schiedsgericht dürfte sogar eher zu einer einheitlichen Anwendung dieses Verbandsrechts führen und damit der Rechtssicherheit dienen als die Einschaltung der ordentlichen Gerichte, dies zumal dann, wenn es um internationale Streitigkeiten geht[3].

Da die hanseatischen Schiedsgerichte ihre Entscheidungen vielfach auf der Grundlage von Handelsbräuchen treffen, indem sie diese anstelle dispositiven Gesetzesrechts, zur Ergänzung und Auslegung von

---

[1] Zu den objektiven Bedingungen vgl. die zusammenfassenden Bemerkungen oben A. VI.
[2] So jedoch *Raiser* S. 98.
[3] Nach *v. Hoffmann* AWD 70, 247 wird im internationalen Geschäftsverkehr eine einheitliche Auslegung von Formularbedingungen gerade dann garantiert, wenn in den Formularen eine Schiedsklausel enthalten ist, in der ein institutionelles Schiedsgericht vereinbart wird, denn dieses wahre die Kontinuität der Auslegung.

Verbandsrecht oder auch zur Vertragsauslegung heranziehen, tragen sie anders als in bezug auf das staatliche Recht wesentlich zur Fortbildung der Handelsbräuche bei. Durch ihre Feststellung und Anwendung seitens der Schiedsgerichte erlangen die Handelsbräuche die Vermutung ihres tatsächlichen Bestehens. Die Spruchpraxis der Schiedsgerichte trägt somit zur Festigung einmal festgestellter Handelsbräuche bei, dies zumal dann, wenn sich zu bestimmten Gebräuchen eine feste und ständige Rechtsprechung bildet, wie dies oftmals der Fall ist. Hierüber hinaus erfahren die Handelsbräuche durch die schiedsgerichtlichen Entscheidungen von Fall zu Fall eine Präzisierung ihres Inhalts und sind dadurch für die Kaufmannschaft und die Schiedsgerichte leichter zu handhaben[4].

Auch das Verbandsrecht, das in der schiedsgerichtlichen Streitentscheidung eine überragende Rolle spielt, wird durch die Schiedsgerichte vielfach fortgebildet, und zwar nicht nur im Wege der Auslegung (hierbei bedienen sich die Schiedsgerichte der von der Gesetzesauslegung her bekannten Methoden, vornehmlich der grammatischen Auslegungsmethode), sondern in bescheidenem Ausmaß auch durch Ausfüllung von Lücken der allgemeinen Geschäftsbedingungen und Formularverträge. Präjudizien und Fälle einer ständigen Rechtsprechung zu bestimmten Vorschriften des Verbandsrechts haben für die Streitentscheidung nur bei wenigen Schiedsgerichten mit größerer Inanspruchnahme und guter Veröffentlichung ihrer Schiedssprüche eine gewisse Bedeutung. Hingegen werden die Erkenntnisse der Schiedsgerichte bei Änderungen und Neufassungen des Verbandsrechts weitgehend berücksichtigt.

Einen nur geringen Einfluß entfaltet die Schiedsgerichtsbarkeit auf die Fortbildung allgemeiner Handelsklauseln. Zwar finden sich in fast jedem Vertrag, hinsichtlich dessen eine schiedsgerichtliche Entscheidung ergeht, solche Klauseln, doch kommt es über deren Inhalt nur verhältnismäßig selten zu Meinungsverschiedenheiten der Parteien und damit zu entsprechenden Aussagen der Schiedsgerichte.

Was die Bildung und Fortentwicklung eines wie auch immer zu bezeichnenden „internationalen Handelsrechts" durch die Schiedsgerichte anbelangt, so ist zunächst festzustellen, daß internationale Streitigkeiten ebenso wie innerdeutsche Verfahren fast durchweg auf der Grundlage des Verbandsrechts sowie von Handelsbräuchen und Handelsklauseln entschieden werden[5]. Sofern man das Verbandsrecht und

---

[4] Vgl. auch *Grimm - Rochlitz* S. 85, die meinen, es sei von jeher die Aufgabe und das Verdienst der kaufmännischen Schiedsgerichte gewesen, den Handelsbrauch zu ermitteln und klarzustellen.

[5] Ebenso *Grimm - Rochlitz* S. 18 mit der Feststellung, die Frage, nach welchem nationalen Recht zu entscheiden sei, brauche im Einfuhrhandel

die Handelsbräuche als außerstaatliches Recht ansieht, wirken die Schiedsgerichte insoweit auch an der Bildung und Weiterentwicklung eines solchen Rechts mit. Ansonsten aber gibt es ein außerstaatliches Recht des internationalen Handels in der Rechtsprechung der Hamburger und Bremer Schiedsgerichte nicht. Insbesondere finden allgemeine Kodifikationen von Handelsbräuchen, die auf die Initiative von außerhalb der Branchenvereinigungen bestehenden Organisationen zurückgehen (z. B. die Incoterms), keine Anwendung. Ebensowenig kennen die Schiedsgerichte das von *Fouchard* beschriebene „droit commun des nations", und zwar weder in der Form allgemeiner Rechtsprinzipien noch in Gestalt der sogenannten vergleichenden Methode. Wenn überhaupt die Anwendung staatlichen Rechts in Betracht kommt, stützen sich die Schiedsgerichte auf deutsches Recht.

---

nur selten ausgetragen zu werden, da das Branchenrecht den Vorrang vor jedem nationalen Recht habe.

Literaturverzeichnis

Balser - Bögner, Schiedsvertrag und Schiedsverfahren, Frankfurt a. M. 1954.

Bangert, Johann, Die Bindung des Schiedsrichters an das materielle Recht, Diss. Gießen 1932.

Baumbach - Duden, Handelsgesetzbuch, 20. Aufl., München 1972.

Baumbach - Schwab, Schiedsgerichtsbarkeit, Kommentar, 2. Aufl., München und Berlin 1960.

Baur, Fritz, Der schiedsrichterliche Vergleich, München 1971.

Berges, A. M., Die Schiedsgerichtsbarkeit als Aufgabe treuhänderischer Rechtspflege — Die Grundzüge der Handelsschiedsgerichtsbarkeit —, KTS 60, 97 ff.

— Recht und Billigkeit im Schiedsspruch, KTS 59, 88 ff.

Bernhardt, Wolfgang, Das Zivilprozeßrecht, 3. Aufl., Berlin 1968.

Blomeyer, Arwed, Zivilprozeßrecht, Erkenntnisverfahren, Berlin - Göttingen - Heidelberg 1963.

Blomeyer, Karl, Betrachtungen zur Schiedsgerichtsbarkeit, Festgabe für Leo Rosenberg, München und Berlin 1949, S. 51 ff.

Böhle-Stamschräder, A., Konkursordnung, 10. Aufl., München 1971.

de Boor-Erkel, Zivilprozeßrecht, 2. Aufl., Wiesbaden 1961.

Bredenkamp, Der Richter als privater Schiedsrichter? JW 26, 2147.

v. Brunn, Johann Heinrich, Zur Nachprüfbarkeit von Schiedssprüchen, NJW 69, 823 ff.

Bruns, Rudolf, Zivilprozeßrecht, Eine systematische Darstellung, Berlin und Frankfurt a. M. 1968.

Bülow, Arthur, Unwiderleglich vermutete Befangenheit von Vereinsschiedsrichtern gegenüber Nichtmitgliedern? NJW 70, 585 ff.

Capelle, K.-H., Handelsrecht, Ein Studienbuch, 15. Aufl., München 1972.

Coing, Helmut, Grundzüge der Rechtsphilosophie, 1. und 2. Aufl., Berlin 1950, 1969.

Dannenbring, Rolf, Über die Bindung der privaten Schiedsgerichte an das materielle Recht, ZZP 65, 136 ff.

David, René, Arbitrage international ou Arbitrage étranger, Festschrift für Hans G. Ficker, Frankfurt, Berlin 1967, S. 121 ff.

Devin, Heinz, Schiedsgerichts- und Schiedsgutachtenverträge in der Brauindustrie, Diss. Freiburg 1955.

Dreymüller, Karl, Das Schiedsgerichtswesen an den deutschen Produkten- und Warenbörsen, KTS 56, 41 ff.

Eisemann, Frédéric, Die Incoterms im internationalen Warenkaufrecht, Stuttgart 1967, zit.: Incoterms.

Eisemann, Frédéric, Rezension über Mathies - Grimm - Sieveking, Die Geschäftsbedingungen des Waren-Vereins der Hamburger Börse e. V., 3. Aufl., Hamburg 1967, in ZHR 69, 295 f.

Eisemann - Mezger - Schottelius, Internationale Schiedsgerichtsbarkeit in Handelssachen, Frankfurt a. M. - Berlin 1958.

Engisch, Karl, Einführung in das juristische Denken, 5. Aufl., Stuttgart - Berlin - Köln - Mainz 1971.

Esser, Josef, Grundsatz und Norm in der richterlichen Fortbildung des Privatrechts, Tübingen 1956.

Eyermann - Fröhler, Verwaltungsgerichtsordnung, 5. Aufl., München 1971.

Faller, Gert Rolf, Die Schiedsgerichtsbarkeit in der Holzbranche, Diss. Freiburg 1953.

Fleck, Das Schiedsgericht der Internationalen Handelskammer, RiW 55, 75 ff.

Fouchard, Philippe, L'arbitrage commercial international, Paris 1965.

Gallois, Hermann, Die wachsende Bedeutung der Verkehrssitte und ihre Einwirkung auf nachgiebiges Recht, NJW 54, 293 ff.

Gerig, Gerhard, Recht und Brauch im Verkehr mit Holz, 2. Aufl., Stuttgart 1962.

Götz, Donald, Zum Schweigen im rechtsgeschäftlichen Verkehr, Bad Homburg v. d. H. - Berlin - Zürich 1968.

Goldman, Berthold, Les conflits de lois dans l'arbitrage international de droit privé, Recueil des Cours de l'Académie de Droit international 1963 II, 347 ff.

Grimm, Walter, Der Einfuhrhandel, 3. Aufl., Hamburg 1958, zit.: Einfuhrhandel.

— Rezension über Eisemann, Frédéric, Die Incoterms in Handel und Verkehr, 2. Aufl., Wien 1963, in AWD 64, 403 f.

Grimm - Rochlitz, Das Schiedsgericht in der Praxis, Heidelberg 1959.

Großkomm. HGB, siehe RGRKomm. z. HGB.

Großmann - Doerth, Hans, Das Recht des Überseekaufs, Band I, Mannheim / Berlin / Leipzig 1930, zit.: Überseekauf.

— Selbstgeschaffenes Recht der Wirtschaft und staatliches Recht, Freiburg 1933, zit.: Recht der Wirtschaft.

Grote, Herwig Christian, Die Schiedsgerichtsbarkeit im Getreidehandel, Diss. Freiburg 1952.

Haage, Hans, Das Abladegeschäft, 4. Aufl., Hamburg 1958, zit.: Abladegeschäft.

— Die Vertragsklauseln cif, fob, ab Kai unter Berücksichtigung der Trade Terms, Heidelberg 1956, zit.: Vertragsklauseln.

Habscheid, Walther J., Drei aktuelle Fragen des internationalen privaten Schiedsrechts, KTS 64, 146 ff.

Hansen, Harald, Feeding Stuffs Contract No. III a for C. & F./C. I. F. transactions in feeding stuffs of animal origin, herausgegeben vom Verein der Getreidehändler der Hamburger Börse e. V., Hamburg 1967.

Heilberg, Der Richter als privater Schiedsrichter? JW 26, 1506 ff.

Hermann, Karl-Ludwig, Das Abladegeschäft im deutschen und französischen Recht und die Anforderungen an die Aufmachung des Konnossements, Diss. Köln 1962.

Heuer, Richter als Schiedsrichter, LZ 26, 429 f.

Heymann - Kötter, Handelsgesetzbuch, 4. Aufl. (21. Gesamtaufl.), Berlin - New York 1971.

Heyn, Karl, Parteivertretung durch Anwälte im Schiedsgerichtsverfahren, NJW 58, 1667 f.

v. Hinüber, Harald, Das ständige Schiedsgericht beim Deutschen Ausschuß für Schiedsgerichtswesen, KTS 58, 49 ff.

Hirsch, Ernst E., Leitfaden für das Studium des Handels- und Gesellschaftsrechts, 5. Aufl., Berlin und Frankfurt a. M. 1970.

Hoche, Ulrich, Zivilprozeßrecht, Ein Lehrbuch für Studium und Praxis, 2. Aufl., Darmstadt 1961.

v. Hoffmann, Bernd, Internationale Handelsschiedsgerichtsbarkeit — Die Bestimmung des maßgeblichen Rechts —, Frankfurt/M., Berlin 1970, zit.: Handelsschiedsgerichtsbarkeit.

— Zur Auslegung von Formularbedingungen des internationalen Handelsverkehrs, AWD 70, 247 ff.

Hueck - Nipperdey, Lehrbuch des Arbeitsrechts, 1. Band, 7. Aufl., Berlin und Frankfurt a. M. 1963.

Kahn, Philippe, La vente commerciale internationale, Paris 1961.

Kann, Richard, Freiheit und Gebundenheit des Schiedsrichters, Festgabe für Max Fuchs, Berlin 1926, S. 4 ff.

Katz, Edwin, Schiedsgerichte, Festgabe für Max Fuchs, Berlin 1926, S. 10 ff.

Kees, Jörg, Grenzen der Zulässigkeit von Schiedsgerichtsklauseln in Vereinssatzungen, Diss. Hamburg 1959.

Kessler, Joachim, Die Bindung des Schiedsgerichts an das materielle Recht, Köln und Berlin 1964, zit.: Bindung des Schiedsgerichts.

— Schiedsgerichtsvertrag und Schiedsverfahren, München 1970, zit.: Schiedsgerichtsvertrag.

Klein, Gottfried, 100 Jahre Verein der Getreidehändler der Hamburger Börse, Festschrift, herausgegeben vom Verein der Getreidehändler der Hamburger Börse e. V., Hamburg 1968.

Köppel, Zur Frage der Verbandsschiedsgerichte, KartRdsch. 41, 377 ff.

Kohler, Klaus, Die moderne Praxis des Schiedsgerichtswesens in der Wirtschaft — Ergebnisse einer Untersuchung in Frankfurt a. M. —, Berlin 1967.

Kollmann, Julius, Die Schiedsgerichte in Industrie, Gewerbe und Handel, München und Berlin 1914.

Kommissionsbericht, Bericht der Kommission zur Vorbereitung einer Reform der Zivilgerichtsbarkeit, herausgegeben vom Bundesjustizministerium, Bonn 1961.

Kornblum, Udo, Anmerkung zu dem Urteil des BGH vom 19. 12. 1968, ZZP 82, 480 ff.

— Grenzfragen des ordre public in der privaten Schiedsgerichtsbarkeit, KTS 68, 143 ff.

— Nachprüfbarkeit kartellrechtlicher Schiedssprüche durch die ordentlichen Gerichte, NJW 69, 1793 ff.

Krause, Hermann, Die ständigen Schiedsgerichte im Entwurf der neuen Zivilprozeßordnung, Festschrift zum 25jährigen Bestehen der Handelshochschule Berlin, Berlin 1931, S. 73 ff.

Kronstein, Heinrich, Das Recht der internationalen Kartelle, Berlin 1967.

Landolt, Hansjörg, Rechtsanwendung oder Billigkeitsentscheid durch den Schiedsrichter in der privaten internationalen Handelsschiedsgerichtsbarkeit, Bern 1955.

Lange, Heinrich, BGB Allgemeiner Teil, Ein Studienbuch, 12. Aufl., München 1969.

Langen, Eugen, Studien zum Internationalen Wirtschaftsrecht, München und Berlin 1963.

Larenz, Karl, Allgemeiner Teil des Deutschen Bürgerlichen Rechts, 2. Aufl., München 1972, zit.: AT.

— Methodenlehre der Rechtswissenschaft, 2. Aufl., Berlin, Heidelberg, New York 1969, zit.: Methodenlehre.

Lehmann - Hübner, Allgemeiner Teil des Bürgerlichen Gesetzbuchs, 16. Aufl., Berlin 1966.

Leist, Alexander, Schiedssprüche gegen zwingendes Recht, Festgabe der Gießener Juristenfakultät für Heinrich Dernburg, Berlin 1900, S. 49 ff.

Lent - Jauernig, Zivilprozeßrecht, Ein Studienbuch, 15. Aufl., München 1970.

Leo, Carl, Welche Hauptgrundsätze sind für die Neuregelung des Schiedsgerichtswesens zu empfehlen? Gutachten zum 34. DJT, Verhandlungen des 34. DJT, Band I, Berlin und Leipzig 1926, S. 179 ff.

Liebig, Karl, Vertrauen zum Schiedsgericht der Börse, ED vom 27. 2. 71.

Lorenz, Werner, Die Rechtsnatur von Schiedsvertrag und Schiedsspruch, AcP 157, 265 ff.

Lüdemann - Ravit, Schiedsrichter und staatliches Recht, LZ 19, 553 ff.

Luithlen, Wolfgang, Einheitliches Kaufrecht und autonomes Handelsrecht, Freiburg Schweiz 1956.

Magnus, Julius, Zur Schiedsgerichtsfrage, DJZ 12, 1179.

Mann, Frederick A., Internationale Schiedsgerichte und nationale Rechtsordnung, ZHR 68, 97 ff.

Mathies, Otto, Das Schiedsgerichtswesen des Großhandels in Hamburg — Zugleich Versuch einer Statistik —, Festschrift zum 24. Deutschen Anwaltstag, Mannheim - Berlin - Leipzig 1929, S. 270 ff., zit.: Schiedsgerichtswesen des Großhandels.

— Die ständigen Schiedsgerichte des Hamburger Großhandels, Braunschweig und Hamburg 1921, zit.: Ständige Schiedsgerichte.

Mathies - Grimm - Sieveking, Die Geschäftsbedingungen des Waren-Vereins der Hamburger Börse e. V., 3. Aufl., Hamburg 1967.

Mentschikoff, Soia, Commercial arbitration, Columbia Law Review 61, 846 ff.

Mroch, Karl-Egbert, Zum Kampf gegen die unlauteren Geschäftsbedingungen, Karlsruhe 1960.

Münzberg, Reinhard, Die Schranken der Parteivereinbarungen in der privaten internationalen Schiedsgerichtsbarkeit, Berlin 1970.

Neuhaus, Paul Heinrich, Die Grundbegriffe des Internationalen Privatrechts, Berlin und Tübingen 1962.

Nicland, Richterstand und Schiedsgerichte, DRiZ 26, 86 f.

Nikisch, Arthur, Zivilprozeßrecht, Ein Lehrbuch, 2. Aufl., Tübingen 1952.

Nußbaum, A., Schiedsgerichte und Rechtsordnung, JW 26, 13 ff.

Oertmann, Paul, Schiedsrichter und staatliches Recht, ZZP 47, 105 ff.

— Schiedsrichter und staatliches Recht, LZ 19, 947 ff.

Palandt, Bürgerliches Gesetzbuch, 30. Aufl., München 1971, zit.: Palandt und jeweiliger Bearbeiter.

Plewe, Dietmar, Die Schiedsgerichtsabrede im internationalen Schuldvertragsrecht, Diss. Bonn 1969.

Prager, Franz, Schiedsrecht (Recht des privaten Schiedsverfahrens), Diss. München 1931.

Prytek, Diskussionsbeitrag auf dem 34. DJT — 2. Sitzung der 3. Abteilung —, Verhandlungen des 34. DJT, Band II, Berlin und Leipzig 1927, S. 601 ff.

Rabel, Ernst, Das Recht des Warenkaufs, 1. Band, Berlin und Leipzig 1936.

Raiser, Ludwig, Das Recht der Allgemeinen Geschäftsbedingungen, Hamburg 1935 (Bad Homburg v. d. H. 1961).

Rauscher, Bert, Das Schiedsgutachtenrecht unter besonderer Berücksichtigung der Regelungen der Praxis des Massenverkehrs, Diss. Frankfurt a. M. 1969.

Redeker - v. Oertzen, Verwaltungsgerichtsordnung, 4. Aufl., Stuttgart, Berlin, Köln, Mainz 1971.

Rehbinder, Manfred, Das Kaufrecht in den Allgemeinen Geschäftsbedingungen der deutschen Wirtschaft, Berlin 1970.

Reimer - Mußfeld, Die kaufmännischen Schiedsgerichte Deutschlands — Ihre Gestaltung und ihr Verfahren —, Berlin 1931.

RGRKomm. z. HGB, Kommentar zum Handelsgesetzbuch, früher herausgegeben von Mitgliedern des Reichsgerichts, 1. Band, 3. Aufl., Berlin 1967, zit.: Großkomm. HGB und jeweiliger Bearbeiter; 3. und 4. Band, 2. Aufl., Berlin 1963, 1961, zit.: RGRKomm. z. HGB und jeweiliger Bearbeiter.

Richter, Ernst, Das deutsche Schiedsgerichtsverfahren, Berlin 1927.

Riedberg, Peter, Der amiable Compositeur im internationalen privaten Schiedsgerichtsverfahren, Frankfurt a. M., Berlin 1962.

Riehle, Joachim, Probleme des schiedsrichterlichen Verfahrens, NJW 50, 853 ff.

Rittner, Fritz, Ermessensfreiheit und Billigkeitsspielraum des Zivilrichters im deutschen Recht, Verhandlungen der Fachgruppe für Grundlagenforschung anläßlich der Tagung für Rechtsvergleichung in Wien vom 18. bis 21. September 1963, Heft 24 der Schriftenreihe „Arbeiten zur Rechtsvergleichung", Frankfurt/M., Berlin 1964, S. 21 ff.

Rosenberg, Leo, Lehrbuch des deutschen Zivilprozeßrechts, 9. Aufl., München - Berlin 1961.

Rosenberg - Schwab, Zivilprozeßrecht, 10. Aufl., München 1969.

Rubellin - Devichi, Jacqueline, L'arbitrage, Paris 1965.

Runge, Kurt, Der Schiedsgerichtsgedanke in Recht und Wirtschaft, Berlin 1926.

Schaps - Abraham, Das deutsche Seerecht, 2. Band, 3. Aufl., Berlin 1962.

Schiffer, Eugen, Ein Sofortprogramm für die deutsche Justiz, JZ 53, 1 ff.

Schlegelberger, Handelsgesetzbuch, 1. und 3. Band, 4. Aufl., Berlin und Frankfurt a. M. 1960, 1965 zit.: Schlegelberger und jeweiliger Bearbeiter.

Schlesinger - Gündisch, Allgemeine Rechtsgrundsätze als Sachnormen in Schiedsgerichtsverfahren, RabelsZ 64, 4 ff.

Schmidt-Salzer, Joachim, Das Recht der Allgemeinen Geschäfts- und Versicherungsbedingungen, Berlin 1967.

Schmitthoff, Clive M., Das neue Recht des Welthandels, RabelsZ 64, 47 ff.

Schönke - Kuchinke, Zivilprozeßrecht, Ein Lehrbuch, 9. Aufl., Karlsruhe 1969.

Schönke - Schröder - Niese, Lehrbuch des Zivilprozeßrechts, 8. Aufl., Karlsruhe 1956.

Schottelius, D. J., Die internationale Schiedsgerichtsbarkeit, Köln - Berlin 1957, zit.: Internationale Schiedsgerichtsbarkeit.

— Die kaufmännische Schiedsgerichtsbarkeit, Bremen 1953, zit.: Kaufmännische Schiedsgerichtsbarkeit.

Schütte, Hans-Edgar, Die Einsetzung von Schiedsgerichten durch die Satzungen juristischer Personen des Privatrechts — Ein Beitrag zur Schiedsgerichtsbarkeit —, Diss. Erlangen 1969.

Schumann, Ekkehard, Das Rechtsverweigerungsverbot, ZZP 81, 79 ff.

Schunck - de Clerck, Verwaltungsgerichtsordnung, 2. Aufl., Siegburg 1967.

Sieg, Karl, Hilfsstellung Dritter im schiedsrichterlichen Verfahren, JZ 58, 719 ff.

Siegert, Karl, Die Bedeutung der allgemeinen Grundsätze des Zivilprozeßrechts für die schiedsgerichtliche Praxis, KTS 56, 33 ff.

Soergel, Bürgerliches Gesetzbuch, 1. und 2. Band, 10. Aufl., Stuttgart - Berlin - Köln - Mainz 1967, zit.: Soergel und jeweiliger Bearbeiter.

v. Staff, A., Isolierte und institutionelle Schiedsgerichte, DJZ 25, 775 ff.

v. Staff - Schönke, Das Schiedsgerichtsverfahren nach dem heutigen deutschen Recht, 2. Aufl., Berlin - Köln 1954.

Starck, Felix, Kommentar zu den Einheitsbedingungen im deutschen Getreidehandel und den Sonderbestimmungen für Futtermittel sowie den Lieferungsbedingungen für Mühlenprodukte, 2. Aufl., Hannover 1967.

Steckhan II, Friedrich, Die Schiedsgerichtsbarkeit der deutschen Kartoffelwirtschaft, KTS 56, 3 ff.

Stein, Erwin, Die verfassungsrechtlichen Grenzen der Rechtsfortbildung durch die Rechtsprechung, NJW 64, 1745 ff.

Stein - Jonas, Kommentar zur Zivilprozeßordnung, 19. Aufl., Lieferung 6 und 11, Tübingen 1968, 1970, zit.: Stein - Jonas und jeweiliger Bearbeiter.

Straatmann, Kuno, Warum Schiedsgerichtsbarkeit? Sonderdruck aus den Mitteilungen der Handelskammer Hamburg, Hefte 7 und 8 1968.

Straatmann - Zinkeisen, Hamburgisches Börsenhandbuch, 12. Aufl., Hamburg-Altona 1969.

Sulzer, Alfred E., Die Schiedsgerichtsbarkeit in Geschäfts- und Organisationsbeziehungen schweizerischer Unternehmungen im nationalen und internationalen Verkehr, Diss. Zürich 1940.

Thomas, Will, Das privatrechtliche Schiedsgerichtsverfahren, 2. Aufl., Münster 1957.

Trops, Fritz, Grenzen der Privatgerichtsbarkeit, ZZP 52, 273 ff.

U. I. A., Arbitrage International Commercial, Band I, herausgegeben von der Union Internationale des Avocats, Paris 1956, zit.: U. I. A. und jeweiliger Bearbeiter.

Vierheilig, Wilfried, Das Kaufrecht der Bedingungen der Bremer Baumwollbörse, Band I, Berlin 1968.

Wagner, Erich, Ist das Schiedsgericht in seiner Entscheidung an das materielle Recht gebunden oder wonach hat es sonst zu entscheiden? Diss. München 1954.

Weber, Wilhelm, Die allgemeinen Geschäftsbedingungen, Sonderausgabe aus J. v. Staudingers Kommentar zum Bürgerlichen Gesetzbuch, Band II, Teil 1 a, 11. Aufl., Berlin 1967.

Weidemann, Helmut, Schiedsgerichtsbarkeit in verwaltungsrechtlichen Streitsachen, Diss. Marburg 1968.

Wieacker, Franz, Gesetz und Richterkunst, Karlsruhe 1958.

Wieczorek, Bernhard, Zivilprozeßordnung und Nebengesetze, Band IV, Teil 2, Berlin 1958.

Wieruczowski, Vortrag auf dem 34. DJT — 2. Sitzung der 3. Abteilung —, Verhandlungen des 34. DJT, Band II, Berlin und Leipzig 1927, S. 532 ff.

Wünsch, Horst, Schiedsgerichtsbarkeit in Handelssachen, Graz 1968.

Zeiss, Walter, Zivilprozeßrecht, Tübingen 1971.

Zinkeisen, Kurt, Hamburgisches Börsen-Handbuch, 11. Aufl., Hamburg 1950.

Zweigert, Kurt, Die zweite und dritte Gewalt im Kartellrecht, Festschrift für Rudolf Isay, Köln - Berlin 1956, S. 129 ff.

Printed in Dunstable, United Kingdom